Perlitz/Reinhardt (Hrsg.) • Neue Märkte

Neue Märkte

Strategien
für das 21. Jahrhundert

Herausgegeben von
Manfred Perlitz
Michael Reinhardt

Carl Hanser Verlag München Wien

Die Deutsche Bibliothek – CIP-Einheitsaufnahme

Neue Märkte : Strategien für das 21. Jahrhundert / hrsg. von
Manfred Perlitz ; Michael Reinhardt. – München ; Wien : Hanser,
1999
  ISBN 3-446-21081-4

© 1999 Carl Hanser Verlag München Wien
Internet: http://www.hanser.de
Umschlaggestaltung: MCP • Susanne Kraus GbR, Holzkirchen
Satz/Datenbelichtung: Wolframs Direkt Medienvertrieb GmbH, Attenkirchen
Druck und Bindung: Druckhaus „Thomas Müntzer" GmbH, Bad Langensalza
Printed in Germany

Vorwort

Neue Märkte – kaum ein Begriff zeigt in den 90er Jahren stärker die Hoffnung und die Erwartungen der globalen Ökonomien auf. Stagnierende und rückläufige Absatz-, Umsatz- und Beschäftigungszahlen haben bereits zu Anfang des Jahrzehnts einen grundlegenden Wandel unserer Gesellschaft eingeläutet. Dieser Wandel schlug und schlägt sich nicht allein im Umbau ganzer Industrien nieder. Auch die gesellschaftlichen Entwicklungen durchleben dadurch einen weltweiten Umbruch, der sich wiederum in einer Entwicklung niederschlägt, die die Dimension der industriellen Revolution am Ende des letzten Jahrhunderts einnimmt.

Spielte sich diese Revolution im Rahmen eines Wandels von der handwerklich geprägten Manufaktur zur industriellen Massenproduktion ab, so beherrschen heute weniger Begrifflichkeiten wie "economies of scale" unsere Wirtschaft als vielmehr die Frage nach "Technologieführerschaft", "Organisationaler Fitneß" oder die Suche nach neuen Absatzregionen. Der weltweite Technologiewettlauf wird durch neue Kommunikations- und Informationstechnologien immer rasanter. Die Frage nach dem "besten Standort" wird dadurch immer mehr von den bislang betrachteten Produktionsfaktoren entkoppelt.

Wer künftig erfolgreich im Wettbewerb bestehen möchte, steht vor der Herausforderung, neue Marktpotentiale zu erschließen. Das bedeutet für ein Unternehmen nicht nur, sich neue regionale Märkte zu eröffnen, sondern auch seiner Organisationsstruktur und Zukunftstechnologien ständige Aufmerksamkeit zu schenken.

Dieses Buch soll die angedeutete Komplexität des Themas "Neue Märkte" darstellen – in seinen verschiedenen Dimensionen, in seiner Mehrdeutigkeit aber auch seiner Mehrwertigkeit. Dahingehend erfaßt ein breites Spektrum von Beiträgen die unterschiedlichen Möglichkeiten, neue Märkte zu entdecken oder aber selbst zu gestalten. Damit verbindet sich die Hoffnung der Herausgeber, aber auch vieler Autoren, daß die Risiken einer sich immer komplexer darstellenden Umwelt als Chancen aufgenommen werden, den Fallstricken von verkürzten Produktlebenszyklen oder Globalisierungseffekten zu entgehen.

In diesem Sinne geht dieser Band der Frage nach, welche Veränderungen sich in den innerbetrieblichen und externen Rahmenbedingungen ergeben, die Unternehmen in der Zukunft neue Märkte eröffnen. Diese entstehen nicht nur durch die Öffnung und Neuorientierung vieler Länder, sondern auch durch neue Technologien. Aus diesem Grund befassen sich die Beiträge mit den beiden Fragekomplexen: wo entstehen die Märkte der Zukunft und wie werden durch neue Technologien neue attraktive Märkte entwickelt.

Der Dank der Herausgeber dieses Bandes richtet sich zunächst an die Autoren, die im Rahmen des III. Mannheimer Unternehmerforums nicht nur die Aufgabe übernommen haben, ein komplexes Thema in all seinen Facetten aufzuzeigen, sondern auch die hier vorliegenden Beiträge zu verfassen. Unser Dank richtet sich aber auch an die Betreuer des Hanser Verlags, allen voran Herrn Janik, die uns in allen technischen und redaktionellen Fragen immer eine große Unterstützung entgegenbrachten. Last but not least dürfen wir auch und vor allem unseren Mitarbeitern danken. Namentlich sei Herr Stefan Teufer bedankt, der in den langen Stunden des Korrekturlesens manchen Fehler ausgemerzt hat. Frau Stefanie Dvorak, ohne deren beharrliches Zusammentragen und die technische Überarbeitung der Beiträge dieser Band nicht entstanden wäre, gilt unsere besondere Verbundenheit.

Manfred Perlitz

Michael Reinhardt

INHALT

TEIL III: ORGANISATON UND KOOPERATION

KAPITEL 12:   RUSSLANDS NEUE MÄRKTE –
Von *Bernd F. Pelz*

KAPITEL 13:   EFFECTIVE PARTNERSHIPS
Von *Peter G. Brown*

TEIL I

STRATEGIEN ZUR ERSCHLIESSUNG REGIONALER MÄRKTE

KAPITEL 1

NEUE MÄRKTE

Manfred Perlitz

1 Einführung

Der Zusammenbruch der Sowjetunion führte zu einer neuen ökonomischen Weltordnung. Erstmals in der Geschichte können heute Unternehmen weltweit investieren. So stehen Standorte in Konkurrenz, die bis zum Ende des Kalten Krieges nichts miteinander zu tun hatten. Unternehmen entscheiden darüber, ob sie z.b. lieber in China, Usbekistan, Polen, Brasilien oder in Mexiko investieren wollen. Diese Entwicklung wird mit dem Stichwort der Globalisierung beschrieben. Die Globalisierung der Wirtschaft wurde erst durch die Entwicklung der Kommunikations- und Informationstechnologie möglich. Heute können Unternehmen rund um den Globus Forschung und Entwicklung betreiben, indem sie die unterschiedlichen Zeitzonen in der Welt benutzen und Zwischenergebnisse mit den neuen Informations- und Kommunikationstechnologien von einem Standort zum nächsten weitergeben. Im folgenden sollen die neuen Märkte, die mit der Globalisierung der Wirtschaft zusammenhängen, näher betrachtet werden.

2 Effekt der Globalisierung

2.1 Entstehen von globalen „betriebsinternen Märkten"

Zu Beginn dieses Jahrzehnts löste sich der politische Ost-West-Block auf, und es entstanden neue Wirtschaftsblöcke. Das führte zu einer neuen Weltwirtschaftsordnung. Diese basiert auf der Bildung von Wirtschaftsblöcken (z.B. EU, NAFTA, ASEAN, Mercosur, APEC), die den Welthandel immer mehr zu einem Regionalhandel werden lassen. Abbildung 1 macht deutlich, daß etwa 55 % des sogenannten Welthandels in Regionen abgewickelt wird. So werden heute rund 63 % des Außenhandels der EU-Mitgliedsstaaten innerhalb der Europäischen Union vorgenommen. Rund 49 % des Außenhandels der NAFTA-Staaten werden zwischen ihnen abgewickelt, und etwa 23 % des Außenhandels der Mercosur-Staaten erfolgen zwischen den betreffenden Ländern.

Trotz GATT-Abkommen läßt sich feststellen, daß die Wirtschaftsblöcke und -regionen einen zunehmenden Protektionismus ausweisen. Dies läßt sich auch für die Europäische Union feststellen. Deshalb werden Unternehmen zunehmend gezwungen, in den einzelnen Wirtschaftsregionen tätig zu werden, wenn sie diese Märkte nicht verlieren wollen. Mit der Globalisierung der Wirtschaft geht auch eine neue Einstellung des Managements einher.

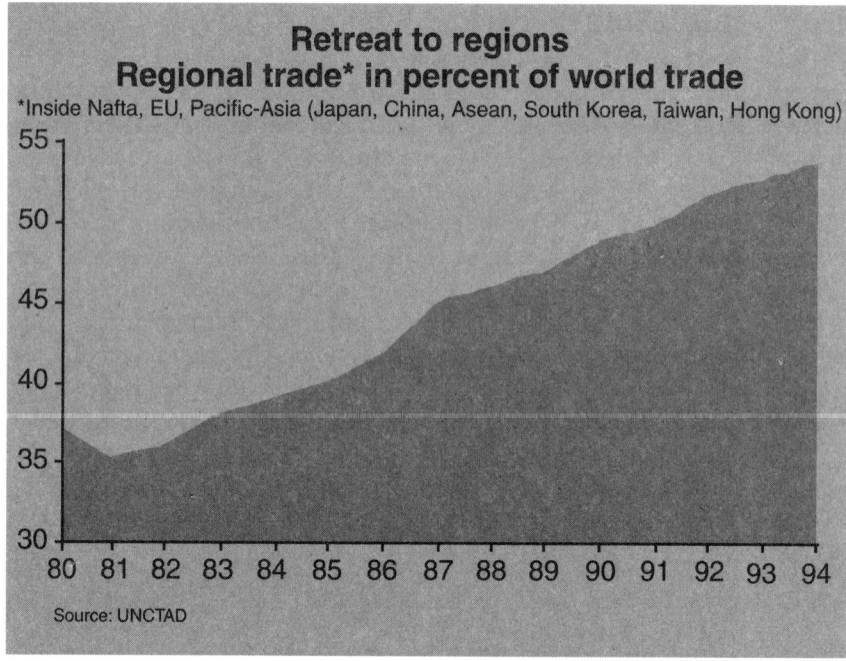

Abbildung 1:   Regionalhandel

Man kann feststellen, daß sich Unternehmen immer mehr zu globalen
Netzwerkstrukturen entwickeln. In diesem Zusammenhang entstehen
auch innerhalb von Unternehmen verstärkt „neue Märkte". Wie Abbildung 2 verdeutlicht, wird etwa ein Drittel des Welthandels innerhalb von
transnationalen Unternehmen abgewickelt. Wenn Daimler-Benz z.B.
Vormaterialien für die Smart-Produktion von Stuttgart ins Elsaß liefert,
ist dies für Deutschland ein Export. In Wirklichkeit hat dieses Produkt
den Konzern jedoch nicht verlassen. Ein Drittel des Welthandels wird
zwischen den transnationalen Unternehmen abgewickelt, und nur das
restliche Drittel entspricht der traditionellen Vorstellung von Welthandel.

Durch die globale Netzwerkstruktur von Unternehmen entsteht das Problem der internationalen Standortwahl. Heute können Unternehmen ihre
Wertschöpfungskette aufbrechen, und an jeder Stelle der Wertschöpfungskette stellt sich die Standortfrage. Abbildung 3 stellt die globale
Netzwerkstruktur von General Motors dar. Dieses Unternehmen kann
bei der Entwicklung eines neuen Autos die gesamte Wertschöpfungskette
globalisieren. So kann General Motors zunächst über den Standort der
Entwicklung des neuen Autos entscheiden; soll dieser Standort z.B. in Eu-

ropa, Amerika oder Asien sein? Selbst wenn der Motor in Europa entwickelt wird, ist damit noch nicht entschieden, daß der Motor auch in
Europa produziert wird. Hier kann dieses Unternehmen wiederum entscheiden, in welcher Region der Welt die Produktion des Motors stattfinden soll. Auch eine Produktion des Motors in Europa bedeutet nicht, daß
das Auto, in das dieser eingebaut wird, dort erzeugt wird. Auch hier kann
sich das Unternehmen für die Erzeugung des Autos zwischen Standorten
der ganzen Welt entscheiden. Mit dieser Entwicklung entstehen im Unternehmen konkurrierende „Märkte". Erst wenn Unternehmen sich intern optimiert haben, werden sie global wettbewerbsfähig werden.

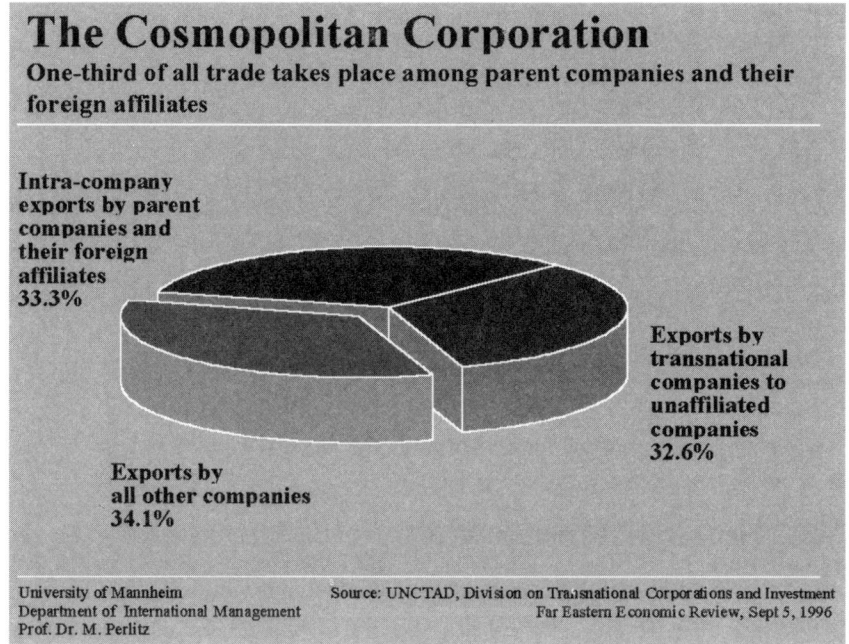

Abbildung 2:   Struktur des Welthandels

Bei der betriebsinternen Optimierung der „Weltmärkte" spielen strategische Allianzen eine zentrale Rolle. Mit ihnen versuchen Unternehmen
Kernkompetenzen zu bündeln, die dann ein „Überleben" in einem globalen Netzwerk ermöglichen. Solche strategischen Allianzen können be-
triebsintern mit anderen Unternehmensteilen oder durch Kooperationen
mit externen Partnern angestrebt werden. Letztlich geht es darum, genügend attraktiv im eigenen Netzwerkunternehmen zu werden, um seinen

eigenen Standort zu bewahren und damit als Knotenpunkt im unternehmensinternen „Markt" bestehen zu können. Mit diesen Aktivitäten werden „Märkte" im Unternehmen geschaffen, die, wie bereits dargestellt, rund ein Drittel des gesamten Außenhandels der Welt ausmachen.

Abbildung 3:   Die globale Netzwerkstruktur von General Motors

2.2   Neue Märkte in der Welt

Der Zusammenbruch der Sowjetunion öffnete viele neue Märkte für Unternehmen und führte zu einem Wettbewerb zwischen europäischen, asiatischen und amerikanischen Standorten. So stellt sich die Frage, welche Region in Zukunft die attraktivsten neuen Märkte haben wird. Nach den Meinungen westlicher Topmanagern war diese Frage bereits 1996 beantwortet. So sehen z.B. von den 1500 befragten Topmanagern aus westlichen Industrieländern 45 % Südostasien und 41 % Nordamerika als die Regionen an, die in den nächsten 10–15 Jahren ökonomisch am stärksten sein werden (vgl. Abbildung 4).

In einer weiteren Befragung sehen 75% der befragten westlichen Topmanager China und 14% Osteuropa als die Regionen an, welche über die besten Potentiale für Investitionen in das verarbeitende Gewerbe verfügen (vgl. Abbildung 5).

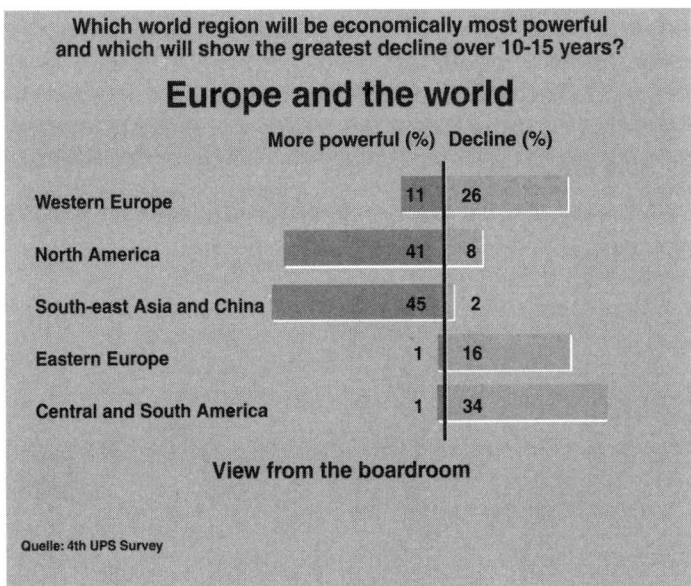

Abbildung 4: Befragung von Topmanagern aus westlichen Industrieländern über die ökonomisch stärksten Regionen der Welt in den nächsten 10–15 Jahren

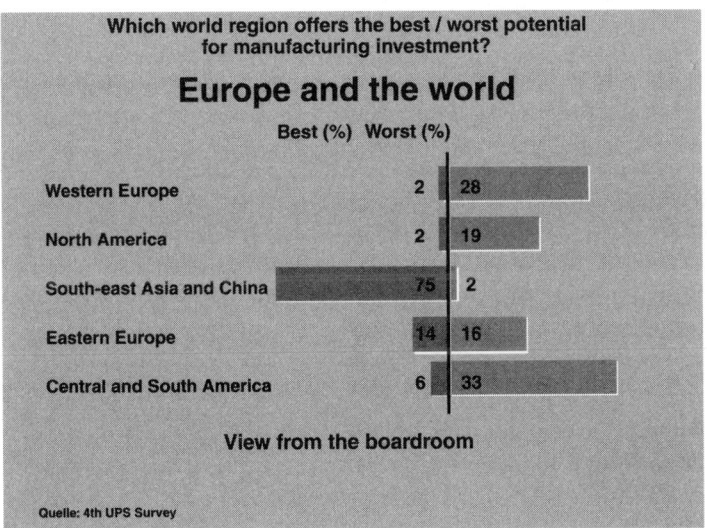

Abbildung 5: Befragung von Topmanagern aus westlichen Industrieländern über die Regionen der Welt mit den besten/schlechtesten Potentialen für Investitionen ins verarbeitende Gewerbe

Asiatische Topmanager betrachten fast nur noch Asien als Zukunfts-
markt. Auf die Frage, wo sie in den nächsten fünf Jahren ihre Geschäfte
forcieren werden, antworteten 59,2 % in Südostasien, 31,1 % in China
und 10,7 % in Indien.

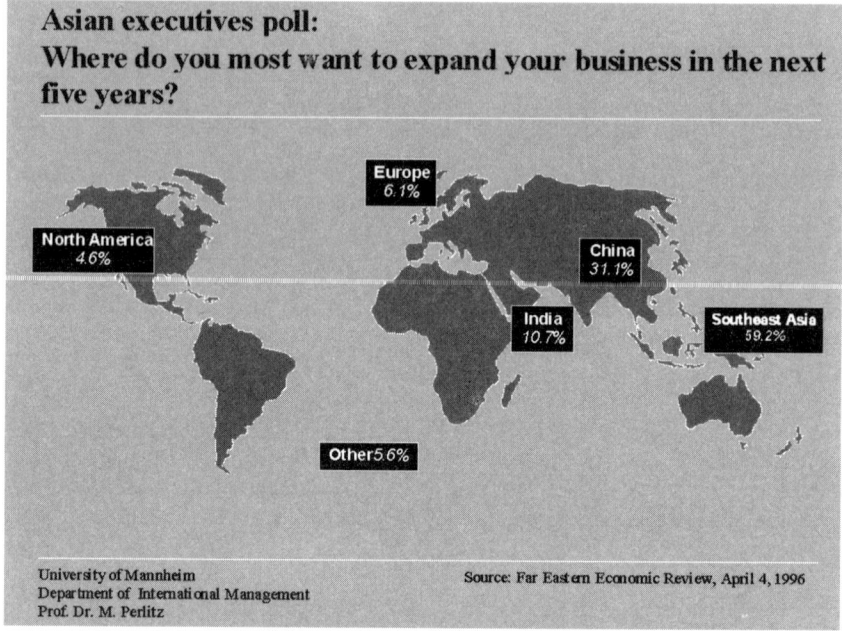

Abbildung 6:   Befragung asiatischer Manager über ihre zukünftigen Investitionen

In beiden Untersuchungen spielte der Rest der Welt, also auch Westeuropa, keine Rolle mehr. Oft stimmen jedoch Befragungen und reale Verhaltensweisen nicht überein. Auf die Frage des Fortune-Magazins an den
CEO und Präsidenten von General Electric Jack Welsh, warum er 10
Mrd. Dollar in Europa und nicht in Asien investiert hat, antwortete dieser: „Asien mag zwar gut für die Presse sein, Europa ist aber gut für das
Business." Daß Jack Welsh mit dieser Ansicht nicht allein steht wird dadurch deutlich, daß bis heute 52,1 % aller US-amerikanischen Direktinvestitionen in Europa durchgeführt wurden und nur 14,6 % im asiatisch-
pazifischen Raum. Dabei erhöhte sich der Anteil in Europa von 1996 auf
1997, während der Anteil des asiatisch-pazifischen Raums abnahm (vgl.
Abbildung 7).

Selbst asiatische Manager antworteten auf die Frage, wie wahrscheinlich es sei, daß sie ihre Verbindungen nach Europa intensivieren werden:
32 % sehr wahrscheinlich und 41 % wahrscheinlich (vgl. Abbildung 8).

U.S. Foreign Direct Investment by region				
	1982 share (%)	1994 share (%)	1995 share (%)	1995 Income (%)
ASIA-PACIFIC	13,6	17,7	17,7	20,9
CANADA	20,9	11,9	11,4	9,7
EUROPE	44,5	49,0	51,2	47,8
LATIN-AMERICA	13,6	18,8	17,2	17,3
AFRICA	3,1	0,9	0,9	2,2
MIDDLE EAST	1,7	1,1	1,1	1,6
OTHER INTERNATIONAL (MAINLY PETROLEUM TANKER)	2,6	0,6	0,5	0,3

Source: Department of Commerce, Far Eastern Economic Review, May 9, 1996, p. 42, Stat-USA/Internet, Professor Dr. M. Perlitz, University Mannheim

Abbildung 7: Regionale Verteilung der US-amerikanischen Direktinvestitionen

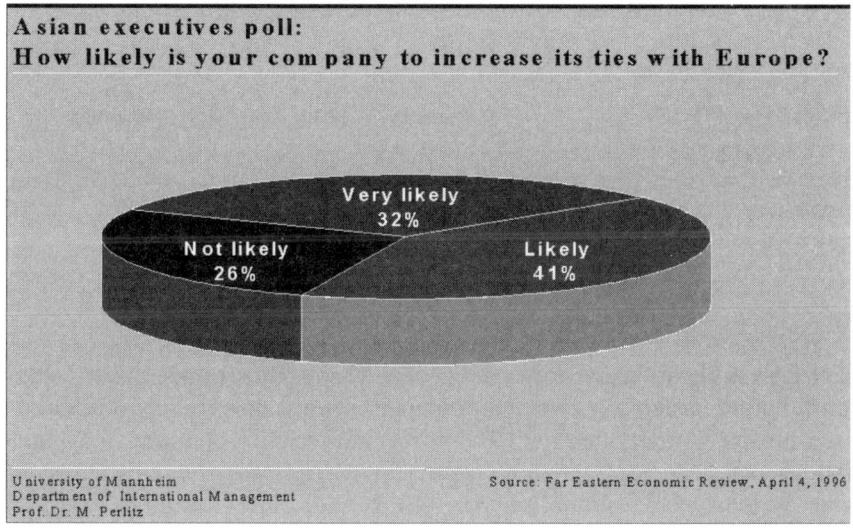

Asian executives poll:
How likely is your company to increase its ties with Europe?

Very likely 32%
Not likely 26%
Likely 41%

University of Mannheim
Department of International Management
Prof. Dr. M. Perlitz

Source: Far Eastern Economic Review, April 4, 1996

Abbildung 8: Befragung asiatischer Manager über ihre Geschäftsbeziehungen mit Europa

Nicht erst durch die aktuelle Krise in Asien wird die Überschätzung des Marktes Asien deutlich. So entsprach 1996 das kumulierte Bruttoinlandsprodukt von Süd-Korea, Indonesien, Thailand, Malaysia und den Philippinen in etwa dem von Kalifornien (vgl. Abbildung 9). Wegen der Abwertungen der dortigen Währungen gegenüber dem Dollar entspricht es heute dem von Ohio.

Comparison of GDP 1996 between Asian countries and California

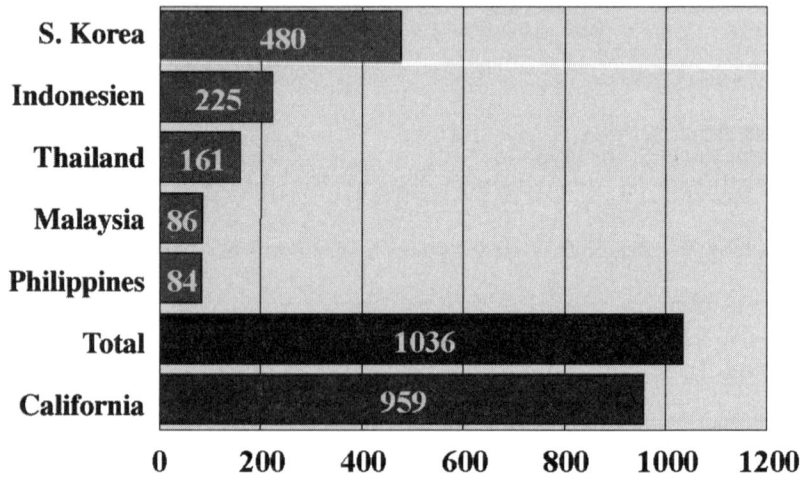

Fortune, March 16, 1998   Professor Dr. M. Perlitz, University of Mannheim

Abbildung 9: Vergleich des Bruttoinlandsproduktes zwischen asiatischen Ländern und Kalifornien

Was macht Europa so attraktiv für Amerikaner und Asiaten?

Zur Zeit findet in Westeuropa der größte Wohlstandstransfer aller Zeiten statt. Dieser basiert auf zwei Phänomenen. Erstens durchlebt Kontinentalwesteuropa erstmals in seiner Geschichte eine Periode von mehr als 50 Jahren Frieden. Das bedeutet zum ersten Mal in der Geschichte dieser Region eine 50-jährige Akkumulation von Wohlstand, ohne ihn durch kriegerische Handlungen zu zerstören. Zweitens verzeichnen wir in Europa eine demographische Struktur, die dazu führt, daß z.B. rund 40 % aller Häuser in Westeuropa in den nächsten zehn Jahren vererbt werden. Beide Effekte zusammen führen z.b. dazu, daß in Großbritannien 1987 rund 10 Mrd. Pfund vererbt wurden, im Jahre 1997 waren es 25 Mrd. Pfund. Noch größer ist der Wohlstandstransfer in Westdeutschland. Von 1990 bis zum Jahre 2000 werden hier rund 2500 Mrd. DM vererbt. Davon etwa 1000 Mrd. DM in Geldvermögen, etwa der gleiche Betrag an Immobilienvermögen und ca. 500 Mrd. an Lebensversicherungen. Diese Vorgänge machen die europäischen Märkte zu den reichsten der Welt. Nun stellt das Erbe keine Generation von neuem Wohlstand dar, sondern nur eine Umverteilung. Für die Erben stellt sich jedoch die Frage, ob sie das geerbte Vermögen in Finanzanlagen übertragen oder konsumieren sollen. Für die traditionellen europäischen Märkte wird der Erbeffekt wenig neue Impulse bringen. Die Erben besitzen nämlich in der Regel bereits alle Konsumgüter, wie z.b. Fernseher, Waschmaschinen, Gefriertruhen, Kühlschränke usw. Gesucht werden in Europa Märkte, die einen höheren Kaufreiz bieten als Finanzanlagen. Betrachtet man den Anstieg der Finanzanlagen von privaten Haushalten, dann fehlt es in Europa offensichtlich an attraktiven Märkten, die einen Anreiz zum Konsum bieten. Wie unterschiedlich sich die Märkte in der Welt entwickeln, soll an einem Extrembeispiel dargestellt werden.

Was in Europa, aber auch in den alternden Strukturen in Nordamerika und Japan, benötigt wird, sind Produkte und Dienstleistungen, die das Altern angenehm machen. Da die demographische Struktur in den westlichen Industrienationen mit der geringen Kinderzahl zusammenhängt, entsteht bei alten Menschen zunehmend ein Vereinsamungseffekt. Die neuen Partner älterer Menschen werden Katzen und Hunde sein. Geht man heute durch einen Supermarkt, so findet man dort Luxus-Nahrung für Hunde und Katzen. UNICEF fand heraus, daß die Tiernahrung in der westlichen Welt gesünder ist als die Kindernahrung in mehr als 150 Ländern der Erde. Da ältere Menschen ihrem „Partner" etwas Gutes zukommen lassen wollen, haben die Franzosen Bier und Mineralwasser für Hunde auf den Markt gebracht. Da diese Nahrung dick macht, gibt es in Japan ganze Produktserien von Diätnahrung für Tiere. Die Produktbedürfnisse der Weltmärkte splitten sich damit mehr und mehr auf. Man versuche einmal einem Bürger aus einem Entwicklungsland zu erklären, daß in der westlichen Welt ein Produktbedürfnis besteht, wie man mit einem Hund einen „sozial netten Abend" verbringen kann. Er würde das als dekadent empfinden, nicht jedoch der Hundebesitzer, der seinem Partner nur etwas Gutes tun will. Wer die neuen Märkte erreichen will, muß sich damit anfreunden, daß sich die Produktbedürfnisse in dieser Welt mehr und mehr aufspalten. Heute werden rund 10 % der Weltbevölkerung immer reicher, zahlenmäßig wird die Weltbevölkerung immer weniger und im Durchschnitt immer älter. 90 % wird immer ärmer, ihre Anzahl steigt, und sie wird im Durchschnitt immer jünger. Dabei verfügt die erste Gruppe, obwohl sie anteilsmäßig nur 10 % der Weltbevölkerung ausmacht, über 60 % des Welteinkaufspotentials. Für Unternehmen entsteht dabei das Entscheidungsproblem, in welchen Märkten sie sich in Zukunft vermehrt engagieren wollen und mit welchen Produkten.

Auch die US-Amerikaner erben. Wenn diese jedoch ihr Erbe antreten, können sie in der Mehrzahl der Fälle das Geerbte an American Express, Visa und Mastercard überweisen.

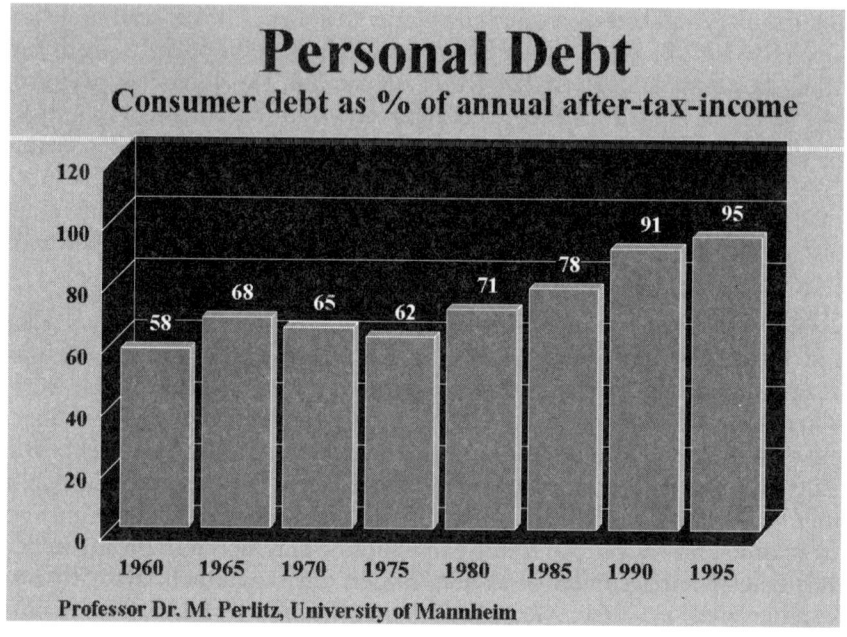

Abbildung 10: Konsumentenschulden der US-Amerikaner

Die US-Amerikaner haben heute rund 95 % ihres Jahreseinkommens durch Konsumentenkredite ausgegeben, ehe sie auch nur einen Dollar verdient haben. Wenn die Amerikaner erben, werden sie sich zunächst entschulden. Das hat auch positive Effekte, denn sie können wieder mit neuen Konsumentenschulden beginnen. In Europa wird das Ererbte zu einem großen Teil gespart.

Beträchtliche Erbprozesse spielen sich auch in Japan ab. Japan ist jedoch heute das Land mit den höchsten internen Schulden. Abbildung 11 macht dies deutlich. Man muß hierbei berücksichtigen, daß in dieser Abbildung alle Schulden erfaßt sind und damit auch die Hypothekenschulden, die in Japan besonders hoch sind.

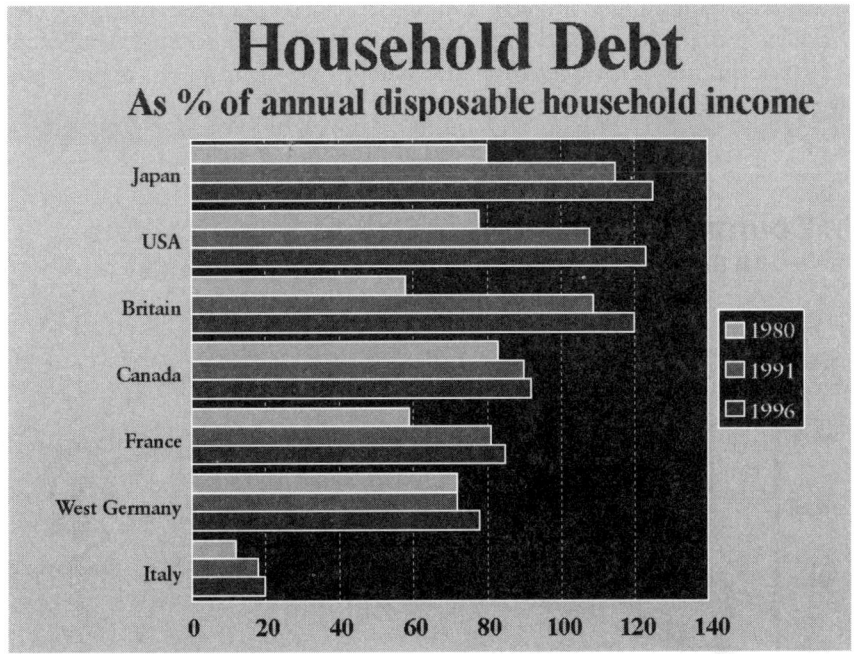

Abbildung 11: Gesamtschuldenlast ausgewählter Länder

3   Wird das 21. Jahrhundert durch Europa, Asien oder die USA geprägt?

Welche neuen Märkte erfolgreich sein werden, hängt davon ab, welche Weltregion die besten „Werkbänke" besitzt. So hat heute Japan mit China und den südostasiatischen Ländern eine billige Werkbank bekommen. Westeuropa bekam mit den mittel- und osteuropäischen Ländern Zugang zu billigen Arbeitskräften, und Nordamerika gewinnt mit Mexiko im Rahmen der NAFTA einen kostengünstigen Partner. Ob es ein europäisches, asiatisches oder amerikanisches 21. Jahrhundert geben wird, hängt entscheidend davon ab, welche Region die qualifiziertesten Arbeitnehmer hat.

Bei einer genauen Betrachtung zeigt sich, daß die europäischen „Werkbänke" nicht nur über Mitarbeiter mit dem besten Bildungsniveau verfügen, sondern auch kostenmäßig mit den Ländern in Asien sowie Zentral- und Lateinamerika mithalten können.

Auch was Erfindungen anbetrifft, nimmt Europa eine Spitzenstellung ein. Vergleicht man die Anmeldung internationaler Patente, so zeigt Abbildung 12, daß die meisten internationalen Patente von Europäern angemeldet werden.

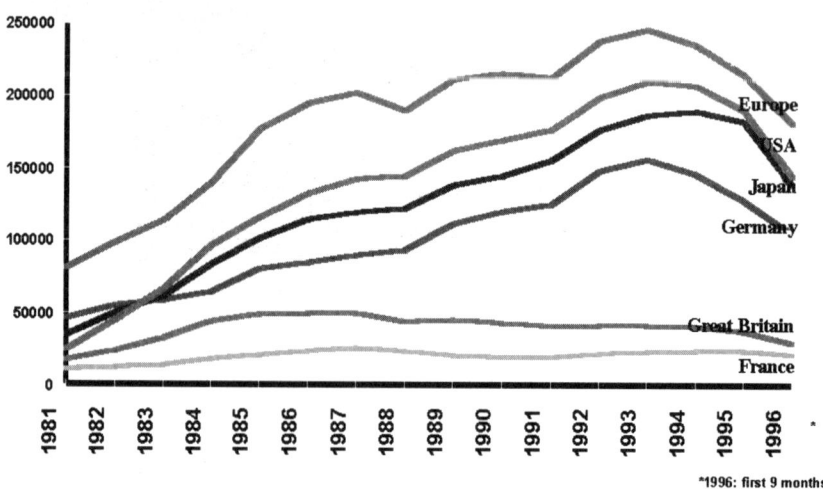

Country Comparison of Patent Registrations
All fields of technology (only international patents)

Abbildung 12: Vergleich der Anmeldung internationaler Patente

Doch nicht die Patentanmeldungen bestimmen über die Zukunftsträchtigkeit von neuen Märkten, sondern die Umsetzung der Patente in erfolgreiche Markteinführungen. Hier sind die Europäer nicht so erfolgreich wie die Amerikaner. Die Zukunft der neuen Märkte wird weitgehend von der Qualität des Innovationsmanagements bestimmt. In diesem Kontext haben die Europäer im internationalen Vergleich mit Sicherheit einen Nachholbedarf.

Ein weiterer Vorteil kann für Europa die Einführung des Euro darstellen. Leider zeigen eigene Untersuchungen, daß sich mehr als die Hälfte der deutschen Unternehmen noch nicht intensiv mit der Einführung befaßt haben. Die Einführung des Euro wird in Europa zu einer Preistransparenz führen, die den Wettbewerb auf diesem Markt sicherlich schärfer werden läßt. Letztlich kann es zu einem „survival of the fittest" kommen, die sich dann erfolgreich auf den Weltmärkten behaupten können.

Faßt man das Gesagte zusammen, dann stehen die Zeichen für Europa im 21. Jahrhundert nicht schlecht. Wenn es Europa gelingt, seine politischen und sozialen Rahmenbedingungen wettbewerbsfähig zu machen, die Länder in Mittel- und Osteuropa ökonomisch vorwärtszubringen und den westeuropäischen Einigungsprozeß zu stabilisieren, dann kann es zu einem europäischen 21. Jahrhundert kommen. Asien steht am Anfang einer riesigen Umbruchphase, in der diese Region ein neues Gleichgewicht in sozialer, ökonomischer und politischer Hinsicht finden muß. Die USA stehen langfristig vor dem Problem, wie sie mit ihrer extrem hohen internationalen Verschuldung umgehen können. Heute haben die USA rund 44 % aller staatlichen Auslandsschulden. Die Einführung des Euro kann ein Problem für die US-amerikanische Auslandsverschuldung bringen. Bis jetzt sind alle Rohstoffpreise in US-Dollar notiert. Damit tragen die US-Amerikaner nur ein Risiko, nämlich das der Rohstoffpreisänderung. Alle anderen Nationen, ob rohstoffproduzierend oder -verbrauchend, müssen zwei Risiken tragen, einmal die Unsicherheit über die Entwicklung des Rohstoffpreises und zum anderen das Risiko der Dollarkursentwicklung. Gelingt die Einführung des Euro, ist zu erwarten, daß die rohstoffproduzierenden Länder ihre Währungsrisiken „hedgen" werden, indem sie eine Dollar/Euro-Notierung für die Rohstoffpreise fixieren. Dann gibt es in der Welt auch für die USA neue Spielregeln auf den neuen Märkten.

KAPITEL 2

ERSCHLIESSUNG NEUER MÄRKTE

David J. Herman

1 Globalisierung als Herausforderung

Wer vor einiger Zeit die IAA besucht hat, konnte sehr anschaulich erleben, in welch umfassendem internationalen Wettbewerb die deutsche Automobilindustrie insgesamt und Opel als weltweit tätiges Unternehmen im besonderen permanent stehen. In der in Frankfurt gezeigten Vielfalt der Marken und Hersteller wollen und müssen wir uns behaupten, um die Zukunft von Opel zu sichern. Dabei heißt das zentrale Stichwort – für manche auch Reizwort – Globalisierung. Sie ist für uns Dreh- und Angelpunkt zur Erschließung neuer Märkte.

Ich möchte Ihnen zunächst einen kurzen Überblick über die Globalisierung bei Opel geben, um Ihnen dann die Gründe für diese Entwicklung darzustellen. Anschließend werde ich über unsere Erfahrungen, die wir in den unterschiedlichen Phasen der Globalisierung gemacht haben, berichten und an konkreten Beispielen zeigen, wie wir uns von der Produktion über die Entwicklung bis hin zur Organisation und Personalentwicklung darauf einstellen.

Um die Jahrhundertwende spielte sich der Vorgang, den wir heute Globalisierung nennen, vor allem im Bereich der Rohstoffgewinnung und des Handels ab. 100 Jahre sind seitdem vergangen, und mit der Zeit haben sich auch die wirtschaftlichen und politischen Rahmenbedingungen geändert. Heute forschen, entwickeln und produzieren wir global, denn unser ökonomisches Denken und Handeln wird mehr und mehr von einer weltweiten Perspektive geleitet. Der weltweite Wettbewerb stellt alle Unternehmen vor neue Herausforderungen.

Mit dem Ziel, die Wettbewerbsfähigkeit zu stärken, hat Opel bereits Anfang der 80er Jahre eine Globalisierungsstrategie entwickelt. Schon zu dieser Zeit gab es in Rüsselsheim Aktivitäten, die als Geburtsstunde des Globalisierungsprozesses bei Opel gewertet werden können.

Damals haben wir ein Projektzentrum mit Vertretern aus Brasilien, Australien und Deutschland ins Leben gerufen. Innerhalb dieser Arbeitsgruppe planten Mitarbeiter aus unterschiedlichen Bereichen gemeinsam die Fertigung einer neuen Motoren-Generation, die in Rüsselsheim entwickelt worden war. Dieser Motortyp wird seitdem in Brasilien, Australien und Deutschland – im Werk Kaiserslautern – beinahe baugleich hergestellt. Konzeptionell sind wir damals so vorgegangen, daß Motoren für Fahrzeuge, die in Deutschland in großen Mengen absetzbar waren, zum Teil aus unseren Partnerländern zugekauft wurden. Spezielle Motorvarianten, die weltweit in geringeren Stückzahlen bestellt wurden, fertigten wir in Kaiserslautern. Auf diese Weise ließen sich die Kapazitäten aller Standorte bestmöglich auslasten.

Betrachten wir zunächst den westeuropäischen Markt. Opel hat sich im Laufe der Zeit zur europäischsten der europäischen Automobilmarken entwickelt. Die Marke Opel ist zusammen mit den baugleichen britischen Vauxhall-Fahrzeugen im sechsten Jahr in Folge Marktführer in Westeuropa.

Die Expansion fand dabei zunächst in Deutschland statt. Zu unserem traditionsreichen Standort Rüsselsheim kamen im Zuge der Expansion auf dem deutschen Markt bald neue Produktionsstätten hinzu. 1962 fuhren die ersten Opel Kadett in Bochum vom Band. Darauf folgte 1966 das Komponentenwerk in Kaiserslautern. Nachdem wir bereits 1990 – noch vor der Wiedervereinigung der beiden deutschen Staaten – mit der Montage von Fahrzeugen in Eisenach begonnen hatten, eröffneten wir schon 1992 ein neues Werk, die Opel Eisenach GmbH.

In Europa werden Opel- und Vauxhall-Automobile sowie deren Komponenten an zehn weiteren Standorten gefertigt. Diese sind Azambuja in Portugal, Zaragoza in Spanien, Luton und Ellesmere Port in Großbritannien, Antwerpen in Belgien, Bertone in Turin, Italien, Aspern in Österreich, Szentgotthard in Ungarn, Warschau in Polen und schließlich Torbali in der Türkei.

Mit der Inbetriebnahme eines Dieselmotorenwerks in Kaiserslautern im September vergangenen Jahres und dem Produktionsanlauf des neuen integrierten Automobilwerkes im polnischen Gleiwitz im Herbst 1998 stärken wir den europäischen Produktionsverbund weiter.

Heute beschäftigen Opel und Vauxhall in Europa insgesamt fast 80000 Mitarbeiter. Unser europäisches Händlernetz erstreckt sich auf über 36 Staaten mit über 7600 Vertragspartnern.

Außerhalb Europas werden Opel-Automobile in Ägypten, Australien, Ecuador, Indien, Indonesien, Kolumbien, Mexiko, Südafrika, Taiwan, Venezuela und bald auch in Argentinien und Thailand gefertigt. In Brasilien heißen unsere Autos „Chevrolet" und zwar wegen des dort seit Jahrzehnten bewährten Händlernetzes dieser Marke. Weltweit werden in über 100 Ländern Fahrzeuge der Marke Opel verkauft.

Welche Gründe waren es nun, die uns Anfang der 80er Jahre veranlaßt haben, den Weg der Globalisierung einzuschlagen?

Marktnähe ist ein Motiv, das gar nicht oft genug genannt werden kann. Sich am lokalen Bedarf der jeweiligen Region zu orientieren ist die beste Voraussetzung für zufriedene Kunden. Echte Kundennähe, die Basis erfolgreicher Kundenbindung, verlangt nach unserer Präsenz vor Ort. So steht in Argentinien das neue Werk für die Produktion von Corsa-Modellen kurz vor der Pilotfertigung. Unser erstes Werk in diesem südamerikanischen Land macht eines offenkundig: das Argument des fehlenden technischen Fertigungs-Know-how, das in der Vergangenheit deutsche Produzenten häufig von der Auslandsproduktion abhielt, trifft heute nicht mehr zu. Technisches Know-how ist heute ebenso rasch und flexibel verfügbar wie Kapital und Informationsleistungen.

Für ein Unternehmen sind sicherlich Wechselkursschwankungen ein zusätzlicher Beweggrund, die Globalisierungsstrategie zu verfolgen. Die verstärkte Internationalisierung bietet aber auch den deutschen Standorten die Chance, ihre Wettbewerbsfähigkeit zu sichern. Die hohen Entwicklungskosten für Produkte werden auf eine breitere Volumenbasis verteilt. Die Entwicklungskosten pro produzierter Einheit sinken.

Auch sind Unterschiede in den Produktionskosten, darunter neben der Besteuerung auch temporäre Lohnkostenvorteile, ein Kriterium bei der Standortwahl. Was unser Unternehmen betrifft, so gilt, daß für uns das Lohnkostenniveau nicht zum alleinigen Kriterium wird. So haben die Restrukturierungsmaßnahmen und der kontinuierliche Verbesserungsprozeß der letzten Jahre an den deutschen Opel-Standorten einmal mehr gezeigt, daß unausgeschöpfte Verbesserungspotentiale erschlossen werden konnten.

Die Errichtung von Werken im Zuge der Globalisierung lohnt sich immer dort, wo Märkte mit einem großen Volumenpotential zu dynamischem Wachstum angesetzt haben.

Zukunftsträchtige Wachstumsmärkte lassen sich allerdings nicht überall ohne weiteres erschließen. Oftmals erschweren Importkontingente die Einfuhr oder machen unsere Fahrzeuge im Falle prohibitiver Zollbelastungen zum Luxusgut. Montagewerke oder Fertigungsstätten vor Ort sind vielfach die einzige Möglichkeit, um den oft geforderten *local content* oder eine entsprechende Wertschöpfung erreichen zu können.

2 Globalisierung als Chance

Globalisierung ist so Herausforderung und Chance zugleich. Mit den richtigen Antworten können wir wirtschaftlich in ganz neue Dimensionen vordringen:

- Aus einem ursprünglich lokalen Anbieter wird eine Weltmarke.
- Aus der Bündelung innovativer Kompetenz entsteht ein technologischer Entwicklungsschub.
- Aus der Direktinvestition *im* Ausland entsteht auch Nachfrage *aus* dem Ausland. Und:

- Eine durch internationalen Wettbewerb verbesserte Qualität von Arbeitsteilung sichert Einkommen, Beschäftigung und Wohlstand.
- Wenn wir unseren Blick zurück auf die Anfangsphase der Globalisierung lenken, mag uns die damalige Vorstellung von weltweiter Präsenz bereits überkommen und veraltet erscheinen. Damals handelten wir nach der Maßgabe:
- Wir bauen gute Fahrzeuge, die wir beinahe baugleich in der ganzen Welt verkaufen.

Seit überall in der Welt Automobilhersteller existieren, die ihre Autos in der ganzen Welt verkaufen, ist auch der Wettbewerb global. Daraus resultiert eine neue Qualität unserer Bemühungen um höhere Produktivität. Die Anforderungen an unsere Flexibilität nehmen zu. Globalisierung heißt auch: Wir können uns nicht mehr in Sicherheit wiegen; es gibt keine Ruhe mehr in einmal eroberten Märkten und Segmenten. Der Wandel, das Erfordernis zur Wandlungsfähigkeit ist allumfassend. Unsere Reaktion darauf hat Phase II des Phänomens Globalisierung hervorgebracht:

- Wir investieren in die Märkte der Welt, um dort Wettbewerbsvorteile zu nutzen.

Dies allein reicht jedoch nicht aus. Denn unsere Maxime ist höchste Kundenzufriedenheit in *allen* unseren Märkten. Unsere jahrzehntelangen Erfahrungen aus Forschung und Entwicklung von Automobilen für den deutschen Markt machen überdeutlich, daß der Investition nicht automatisch die Kundenzufriedenheit folgt. Dazu müssen wir einen weiteren Schritt gehen:

- Wir denken uns in die Märkte der Welt hinein; wir entwickeln uns zum organischen Bestandteil der jeweiligen Region.

Heranwachsende Märkte bedeuten für uns nicht nur Wettbewerb, sondern vor allem ein neues Marktpotential für unsere Produkte. Wir haben zentrale Bereiche des Unternehmens einer intensiven Globalisierungs-Kur unterzogen. Fortwährende Neuorientierung und Restrukturierung bleiben aktuell – in einem Umfeld, das durch raschen technologischen Wandel, durch ständig wechselnde Wettbewerbsbedingungen und durch wachsende und zusammenwachsende Märkte geprägt ist. Der Restrukturierungsprozeß bei Opel erfaßt alle Bereiche. Stellvertretend steht dafür die interne Organisation von Opel, die Produktpolitik, das Logistiksystem und der Bereich Human Ressource Management.

3   Restrukturierung als Voraussetzung für Globalisierung

Weiter zunehmender Wettbewerb von außen und schlanke Prozesse im Innern sind Ursache und Wirkung von Globalisierung. Im Restrukturierungsprozeß von Opel lag der Fokus klar auf unseren Kernkompetenzen. Dazu zählen wir:

- Die Planung, Entwicklung und Konstruktion von Fahrzeugen
- Das Engineering im Bereich Produktionsanlagen
- Die Herstellung von Blechpreßteilen
- Den Karosseriebau
- Die Lackiererei
- Motoren und Getriebe
- Die Endmontage

Schlank sein meint zugleich, frei sein von nicht-wertschöpfenden Tätigkeiten und fit sein für die Herausforderungen der Weltmärkte.

Den Maßstab in Sachen „Schlanke Produktion" setzt immer noch das bereits vor fünf Jahren eröffnete Opel-Werk in Eisenach. Unser thüringisches Werk ist konsequent nach den Prinzipien „Gruppenarbeit", „Kontinuierlicher Verbesserungsprozeß", „Taktgenaue Materialanlieferung" und „Flexible Automation" organisiert.

So entstand eine Produktionsstätte, die zu den modernsten der Welt zählt. Nach einer Wirtschaftsstudie der Economist Intelligence Unit ist Opel-Eisenach eines der produktivsten Automobilwerke Europas. So wundert es auch nicht, wenn das Projekt Eisenach Pate stand für die laufende Restrukturierung der Standorte Bochum und Rüsselsheim und für das neue Dieselmotorenwerk in Kaiserslautern. Das in Eisenach erfolgreich eingeführte Produktionssystem hat inzwischen Vorbildfunktion für alle Opel-Werke weltweit. Neue Werke in Argentinien, Polen, Thailand, Brasilien und China werden konsequent nach diesem System ausgerichtet.

Was aber heute als innovatives Qualitätskonzept gilt, kann morgen bereits veraltet sein. Deshalb mußten wir Instrumente finden, die unsere Innovationskraft auch in Zukunft sicherstellen. Eines dieser Instrumente sehen wir im Kontinuierlichen Verbesserungsprozeß. Gemeinsam optimieren unsere Mitarbeiter Arbeitsabläufe, die sie wiederum eigenverantwortlich standardisieren.

Permanente Optimierung und Standardisierung von Prozessen machen aus unserem Unternehmen eine lernende Organisation. Und beides liegt zum großen Teil in den Händen unserer Mitarbeiter. Wir nutzen das

Wissen und den Erfahrungsschatz unserer Mitarbeiter, denn wer wüßte genauer, wo die Verbesserungsmöglichkeiten in den Arbeitsschritten sind, als diejenigen, die sie täglich ausführen.

4 Die Produktstrategie für neue Märkte

Im Zusammenhang mit unserer internationalen Produktstrategie werden wir vielfach auf das sogenannte Weltauto angesprochen. Hierzu beziehen wir eine klare Stellung. Es ist *nicht* unsere Absicht, die Gegebenheiten auf den Weltmärkten, die in ihrer Vielfalt unterschiedlicher nicht sein können, mit einer Einheitslösung zu beantworten. Die Globalisierung der Marke Opel erfordert eine Produktstrategie, die sich sowohl an generellen Trends und technischen Entwicklungen als auch an den unterschiedlichen Kundenansprüchen einzelner Märkte orientiert.

5 Organisationale Anforderungen

Diesen Anforderungen wird die Opel-Plattformstrategie gerecht. Als Plattform definieren wir einen fest umrissenen Umfang bestimmter Fahrzeugkomponenten, die eine einheitliche Basis für verschiedene Varianten eines Modells bilden. Dabei weist jedes einzelne Fahrzeug aber einen eigenständigen Charakter auf. Individuelles Design und der modellspezifische Einsatzzweck als Opel-typische Fahrzeugeigenschaft bleiben somit bestehen.

Eine wichtige Voraussetzung für eine erfolgreiche Umsetzung der Plattformstrategie ist ein weltweites Netz von Entwicklungsstützpunkten. Hier werden auf technisch identischer Basis unterschiedliche Modellvarianten entwickelt und auf marktspezifische Anforderungen abgestimmt. Im internationalen Verbund von Opel und General Motors gibt es insgesamt sechs solcher Stützpunkte: in Australien, Brasilien, Großbritannien, Japan, Schweden, Südafrika und künftig auch in China.

Dreh- und Angelpunkt dieser internationalen Organisation ist das Internationale Technische Entwicklungszentrum (ITEZ) von Opel in Rüsselsheim mit seinen rund 8 500 Ingenieuren, Wissenschaftlern, Technikern und weiteren Mitarbeitern. Das InternationaleTechnische Entwicklungszentrum trägt die Verantwortung für alle Modelle, die im General Motors-Verbund außerhalb Nordamerikas entwickelt werden, und für die Konzeption der Werke, in denen sie gebaut werden. Eine seiner Aufgaben ist damit auch die Koordination der Arbeit der verschiedenen Entwicklungsbereiche. Ziel ist die optimale Nutzung aller konzerninternen Ressourcen.

Herausragendes Beispiel für die Umsetzung der Opel-Plattformstrategie ist der Corsa. Auf der Plattform dieses Fahrzeugs haben wir vorwiegend für die europäischen Märkte eine drei- und fünftürige Schrägheck-Variante, ein sportliches Coupé, den Tigra sowie einen Lieferwagen, den Combo, entwickelt. Brasilien hat in Zusammenarbeit mit Rüsselsheim auf der Corsa-Plattform einen Kombi, eine Stufenheck-Limousine und einen Pick-Up realisiert.

Diese Modelle erfüllen den spezifischen Bedarf der lateinamerikanischen Märkte. Der Corsa wird in seiner Variantenvielfalt bereits seit Jahren in Spanien, Portugal, Brasilien und Deutschland gefertigt. Gerade erst vor zwei Jahren ist eine Corsa-Produktion in Mexiko angelaufen. 1996 kamen drei weitere Montagewerke in Südamerika hinzu: Kolumbien, Venezuela und Ecuador. In diesen Wochen beginnt die Fertigung in Argentinien.

Die Plattformstrategie eröffnet Opel nicht nur die Chance, neue Nischen zu belegen, sondern seinen Kunden auch ein attraktives Preis/Leistungsverhältnis zu bieten.

Eine solche Aufgabenvielfalt kann mit einer herkömmlichen Unternehmensorganisation nicht mehr bewältigt werden. Sie erfordert auch eine interne Anpassung der Strukturen. In einer solchen Matrix-Organisation arbeiten Entwicklung, Produktion, Einkauf, Marketing und Vertrieb nicht mehr nach- oder nebeneinander. Sie arbeiten zeitgleich im Team.

Als ständige Einrichtung während der gesamten Entwicklungsphase eines neuen Konzepts haben wir sogenannte „Product and Process Development Teams" (PPDT) eingeführt. Sie ergänzen unsere herkömmliche Linienorganisation und bestehen aus Vertretern von Bereichen wie Marketing, Finanzen, Produktion und Produktentwicklung.

Die Matrix-Organisation darf aber nicht die Entscheidungsfähigkeit der Unternehmensleitungen vor Ort in den jeweiligen Ländern schwächen. Sie müssen qualifizierte, verantwortungsbewußte Gesprächs- und Verhandlungspartner für Politik, Wirtschaft und Gesellschaft bleiben.

Genauso ist unser Selbstverständnis bei Opel. Dabei hängt viel von den Qualitäten der Führungskräfte auf allen Ebenen ab. Ich erinnere meine Mitarbeiter gerne in diesem Zusammenhang daran, daß es ihre Aufgabe ist, zu überzeugen und Perspektiven für die Zukunft aufzuzeigen – und dies kann nur vor Ort getan werden.

Der Erfolg unserer globalen strategischen Überlegungen steht und fällt mit den Mitarbeitern. Daher müssen wir uns die Frage stellen, welche personellen Anforderungen mit einer Globalisierungsstrategie verbunden sind.

Es reicht nicht aus, Kapital und Know-how irgendwo in der Welt einfach auf die grüne Wiese zu setzen. Wenn wir uns in die Märkte der Welt hineindenken wollen, wenn es unser erklärtes Ziel ist, uns zum organischen Bestandteil einer Region zu entwickeln, dann müssen wir in erster Linie bei den Menschen ansetzen. Wir müssen alle Anstrengungen unternehmen, damit die Umsetzung unserer Strategien von jedem einzelnen Mitarbeiter mitgetragen wird.

Daher legen wir großen Wert darauf, daß unsere Mitarbeiter intensive Auslandserfahrungen sammeln. Üblicherweise erfolgt dieser Wissens- und Erfahrungsaustausch durch regelmäßige Einsätze von Mitarbeitern bei unseren ausländischen Schwestergesellschaften und der Muttergesellschaft. So haben wir seit 1992 die Zahl der Auslandsentsendungen mehr als verdoppelt. Heute befinden sich rund 240 Opel-Mitarbeiter in Europa, in Nord- und Südamerika, Asien und Australien.

Führend hierbei ist vor allem das Internationale Technische Entwicklungszentrum. Derzeit arbeiten 126 Ingenieure bei ihren ausländischen Kollegen. Gemeinschaftsprojekte mit den GM-Entwicklungszentren in Nordamerika, wie etwa die Zusammenarbeit bei der Entwicklung des Cadillac Catera, einer Premium-Limousine auf Basis des Opel MV6, oder der Großraumlimousine Sintra, machen einen Austausch unter den Ingenieuren in wachsendem Maße erforderlich.

Über die rein fachlich geprägten Auslandseinsätze hinaus qualifizieren wir unsere Mitarbeiter auch systematisch im Hinblick auf die Erfordernisse globaler Unternehmensführung.

6   Zusammenfassung

1. Nur wer nah am Kunden und damit am jeweiligen Markt präsent ist, kann international erfolgreich sein.
2. Die Zeit einheitlicher Weltautos ist vorbei, bevor sie begonnen hat. Die Zukunft gehört vielmehr der Plattformstrategie. Dabei werden nicht nur all jene Teile, die vom Kunden direkt wahrgenommen werden, marktgerecht entwickelt, sondern Gesamtkonzeption und Charakter des Fahrzeugs auf den jeweiligen Markt abgestimmt.
3. Die Internationalisierung sichert die Chancen auch der deutschen Standorte, da wir so unsere Wettbewerbsfähigkeit stärken und unsere Entwicklungskosten in Deutschland durch international wachsende Stückzahlen senken können.
4. Das internationale Engagement setzt auch eine entsprechende Weiterentwicklung des Unternehmens voraus – von der Entwicklung über die Produktion bis zur Unternehmensorganisation und Personalentwicklung.

KAPITEL 3

DAS VOLKSWIRTSCHAFTLICHE UMFELD ALS VORAUSSETZUNG FÜR INNOVATIONSERFOLGE

Friedrich Reutner

1 Einleitung

Eine wirtschaftliche Bedrohung für Deutschland wird zunehmend darin bestehen, daß das Land laufend Marktanteile verliert und in den meisten Zukunftstechnologien keine führende Position mehr einnimmt, sondern mehr von den Innovationen der 50er und 60er Jahre lebt, obwohl das Ausbildungsniveau nach wie vor einen hohen Standard besitzt. Deshalb ist eine Untersuchung der nachfolgenden Fragen von grundlegender Bedeutung: Warum hat Deutschland in den 50er und 60er Jahren fast ohne staatliche Unterstützung hohe innovative Leistungen erbracht und überdurchschnittlich viele Unternehmen gegründet? Warum gelingt dies heute trotz öffentlicher Förderung mit hohem Aufwand und mit Gründungsinitiativen nicht mehr, obwohl die Arbeitslosigkeit oft als letzte Lösung das Selbständigwerden läßt?

Der Begriff der Innovation soll hier umfassend betrachtet werden, einerseits im engeren Sinne, in dem Innovationen mit neuen Werkstoffen, Verfahren, Formen etc. zu Produkten mit neuen Eigenschaften führen, aber auch im weiteren Sinne, in dem neue Werkstoffe, Verfahren, Organisationen etc. kostengünstigere Lösungen ermöglichen.

2 Benchmarking führt zum Konzept für ein kreatives volkswirtschaftliches Umfeld

Es gibt Bedingungen, unter denen sich Kreativität besser oder schlechter in der Volkswirtschaft entfaltet. Wie unterschiedlich die Innovationsimpulse sein können, zeigt der Vergleich der Entwicklung zwischen der Bundesrepublik Deutschland und der ehemaligen DDR nach 1945. Hierzu ein Beispiel:

Eine westdeutsche keramische Gruppe verlor ihre ostdeutschen Betriebe nach 1945. Alle Betriebe waren auf einem in etwa gleichen Standard. Es wurden Großbehälter als Lagergefäße für die chemische Industrie, keramische Exhaustoren und Steinzeugrohre gefertigt. Bei der Öffnung der Grenzen 1990 und einer Besichtigung der Betriebe konnte man feststellen, daß das Programm noch nahezu mit dem vor über 40 Jahren identisch war. Im Westen hatten sich die Betriebe dagegen völlig gewandelt. Die Substitution der traditionellen Keramik durch modernere Werkstoffe wie Kunststoffe oder metallische Legierungen hatte die Produkte verdrängt, zum Teil waren völlig neuartige Produkte für neue Märkte entwickelt worden.

Dieser Fall ist typisch für viele ostdeutsche Betriebe. Da die Produkte und Verfahren zuwenig durch Kreativität weiterentwickelt worden waren, nahm der Abstand im Laufe der Jahre zu, und die Umsätze brachen nach der Öffnung der Märkte durch die interessanteren Angebote aus dem Westen sehr schnell zusammen. Entscheidend für dieses Problem war, daß es über fast 50 Jahre kaum Innovationen gab. Die DDR besaß also ein extrem ungünstiges Umfeld für Innovationen.

Die Sozietäten zeigen je nach ihrer Organisation alle Unterschiede: von hoher Innovationskraft bis zur absoluten Innovationslosigkeit. Man muß folglich die Bedingungen finden, unter denen es zu möglichst starken Innovationen kommt. Hier bietet sich besonders ein Vergleich mit Erfolgsunternehmen an, denn:

- die wirtschaftlichen Gesetzmäßigkeiten sind gleich, ob man eine Volkswirtschaft steuert oder eine Holding mit 30 oder 1000 Gesellschaften,
- die Holding setzt auch nur Rahmenbedingungen, und
- diese Rahmenbedingungen entscheiden über die Innovationsleistung.

Ein Vergleich mit Erfolgskonzernen ist deshalb besonders geeignet, weil diese sich unter Wettbewerbsbedingungen ständig verbessern mußten. Dabei war die Innovationsfähigkeit eine wichtige Erfolgsbasis. Das ständige Training unter motivierenden wirtschaftlichen Zwängen war entscheidend für deren Spitzenleistung. Ein Benchmarking zwischen der Wettbewerbswirtschaft und der volkswirtschaftlichen Verwaltung zeigt also, wie der Erfolgsfaktor „Innovationsfähigkeit" deutlich zu verbessern wäre.

3   Motivation und Leistungskultur fördern

Die wohl wichtigste Erfolgsgrundlage läßt sich unter den Schlagworten „Motivation" und „Leistungskultur" zusammenfassen. Die Motivation erhält durch die Leistungskultur ihre Eigendynamik in Richtung der gemeinschaftlichen Ziele. Jeder erfahrene Unternehmer weiß: Motivation nutzt den Mitarbeitern aufgrund der Arbeits- und Lebensqualität und dem Unternehmen durch höheres Wachstum und Rendite.

Auch für die Volkswirtschaft gilt, daß die Leistungskultur die Basis für langfristige Erfolge und insbesondere für die Innovationsfähigkeit ist. So zeigten erfolgreiche Länder während der Erfolgsphase typische Merkmale der Leistungskultur. Diese gibt oder gab es in Deutschland, USA, Japan, Korea oder Singapur. Nicht selten verliert sich diese Leistungskultur mit zunehmendem Erfolg: Der Wohlstand macht träge, die Ansprüche an die Gemeinschaft steigen, die Bereitschaft, Mühen auf sich zu nehmen, sinkt. Eine Tendenz, die man auch in Erfolgsunternehmen beobachten kann. So wie die Führung von Erfolgsunternehmen sich bemüht, die Leistungskultur weiter anzuregen, um den Wohlstand des Unternehmens und die Einkommensmöglichkeiten für die Mitarbeiter zu steigern, müßte es das Ziel der Politik, Gewerkschaften und Verbände sein, gemeinsam mit den Unternehmen die motivierende Leistungskultur zu entfalten. Leider werden hier statt dessen normalerweise viele negative Impulse gegeben:

Arbeit wird als Maloche und Belastung gesehen, und die Menschen werden entsprechend beeinflußt, die Administration und die Zahl der kleinlichen Vorschriften wächst und behindert vor allem leistungsbereite Menschen, man denkt ständig darüber nach, wie man Leistungsträger höher besteuern kann, Zahl und Umfang der Subventionen steigen durch zunehmende Forderungen, man sieht einseitig die Gefahren der Innovation etc.

Die volkswirtschaftliche Führung hätte dagegen ein Umfeld zu schaffen, in dem sich eine Leistungskultur entfalten kann. Sie müßte z. B. klarmachen, daß ein angemessenes Maß an Leistung und eine menschlich orientierte Leistungskultur zur Arbeitsfreude führt, den Lebensstandard und die Lebensqualität steigert. Sie hätte allerdings darauf zu achten, daß die Leistungskultur motivierend wirkt und menschlich bleibt. Alles, was leistungsfeindlich ist, wie kleinliche Vorschriften, Entlohnung ohne Leistungsorientierungen, Transferzahlungen ohne Gegenleistung, Subventionen aller Art, kleinliche Kontrollen etc., müßte abgeschafft werden. Wer den Leistungsträger braucht und will, muß ihn belohnen, hervorheben und zeigen, daß er ihn mag. Die Belohnung erfolgt dadurch, daß man ihm genügend große Teile von seinem Einkommen läßt, daß man ihn herausstellt, ehrt und fördert. Transferleistungen und Subventionen sollten so gering wie möglich gehalten werden, weil sie zu Streit führen, Leistungsträger entmutigen, demotivieren, die Kreativität umlenken und die Korruption anregen. So ist auch jede Sozialpolitik, die zur Ausnutzung des Staates führt, ungerecht und beeinträchtigt die Leistungsbereitschaft. Sie führt damit zu Schäden für die Leistungskultur und für die gesamte Volkswirtschaft. Ein typisches Beispiel:

Die Betriebskrankenkasse in einem Unternehmen mit 1 200 Beschäftigten entwickelt sich sehr günstig und kann dadurch den Beitragssatz erheblich senken. Die Vorschriften führen jedoch dazu, daß diese Gewinne im Rahmen des Risiko-Struktur-Ausgleichs abgeführt werden. Die erfolgreichen Mitarbeiter sehen also keinen Sinn darin, Gewinne zu erzielen, und versuchen, ihre Kosten zu steigern. Wer so erzogen wird, kann bald nicht mehr anders denken und handeln. Genau das ist aber von Nachteil für die Gemeinschaft.

Durch eine komplizierte Verwaltung werden kreative Mitarbeiter entmutigt oder bestenfalls zu kreativen Administratoren. Eine straffe Budgetierung und Berichterstattung, kleinliche Abrechnungen führen letztlich dazu, daß die Kreativität umgelenkt wird. Sie richtet sich mehr darauf aus, die Entwicklungsarbeit im Sinne der Vorschriften abzuwickeln, um Zuschüsse zu erhalten, als darauf, innovative Lösungen zu finden. In einem administrierten Umfeld kann sich nützliche Kreativität nur begrenzt entfalten, die Kräfte verzehren sich in unnützer Kreativität.

4   Wirtschaftlich orientierte Zwänge erzeugen

Eine weitere Erfahrung besagt, ohne wirtschaftlich orientierte Zwänge sinkt die kreative Leistung. Der Mensch geht grundsätzlich den bequemsten Weg. So fallen geschützte Wirtschaftsbetriebe stets zurück, der Zwang zur Innovation nimmt ab. Es ist typisch, daß in guten Zeiten die innovativen Leistungen zur Verbesserung der Produktivität sinken. Nach Ermittlungen der Bundesbank hatte die einst gleich produktive Wirtschaft im Osten Deutschlands 1990 nur noch 26 Prozent der Produktivität der westdeutschen Betriebe. Staatsunternehmen im Westen, die keinem wirtschaftlichen Zwang unterlagen, wie Bundespost oder Bundesbahn, fielen in ihrer Produktivität weit zurück. Es fehlte an Innovationen zur produktiven Verbesserung. So hat das Verbot der Monopole durch Kartellgesetze für die Volkswirtschaft zweierlei Vorteile:

• Monopolisten können nicht mehr den Verbraucher durch Abschöpfung schädigen.
• Die hohe Produktivität bleibt aufgrund des Wettbewerbs erhalten.

Die öffentliche Hand und ihre Unternehmen kennen keine kontinuierlich wirkenden wirtschaftlichen Zwänge. Diese greifen bei ihnen viel zu spät, wenn sich schon die gesamte Volkswirtschaft in Not befindet. Viele Chancen blieben unausgeschöpft, viel Potential ist dann bereits verloren. Es fehlten bis dahin über Jahrzehnte Anstrengungen zur Innovation mit dem Ziel von Kosteneinsparungen und Strukturverbesserungen. Es gab keinen motivierenden Zwang, schon frühzeitig unangenehme Maßnahmen zur Strukturverbesserung durchzuführen. Die Folge ist, daß der Staatsanteil in der Tendenz ständig bis zu einer Obergrenze wächst, die Verschuldung bis zur Ausschöpfungsgrenze ansteigt, die Administration zu- beziehungsweise die Effizienz abnimmt, etc.

Als **Maßnahmen** bieten sich an:

a) Privatisierung aller Aktivitäten, falls eine Wettbewerbssituation möglich ist. – Warum haben Städte eigene Fuhrparks, Handwerksbetriebe etc.? – Warum haben Länder Notariate, Banken, Unternehmen? – Dies sind keine hoheitlichen Aufgaben.

b) Der Staat sollte sich auf seine hoheitlichen Aufgaben konzentrieren. In den hoheitlichen Aufgaben liegen seine Kernkompetenzen.

c) Jeder muß über seine direkten Einnahmen und Ausgaben entscheiden. Es darf keine Fremdbestimmungen geben. Wer über Kosten entscheidet, muß auch zahlen beziehungsweise die Konsequenzen tragen. Wenn aber eine Gemeinde oder ein Land über Mehrkosten des Bürgers entscheidet, muß eben auch eine Ausweichmöglichkeit für den Bürger gegeben werden.

d) Es ist Wettbewerb zu schaffen, wo dies nur möglich ist. Auch unter Gemeinden, Ländern und Staaten sollte es einen Wettbewerb geben. Zum Beispiel wäre zur Entfaltung des Wettbewerbs zu formulieren, unter welchen Bedingungen die Verlagerung von Wohnsitzen und Gesellschaften möglich ist, um Anreiz für die einzelnen Länder oder Gemeinden zu geben, sich wirtschaftlich zu verhalten. Gegen solche Regelungen werden viele Argumente ins Feld geführt. Wer aber die wirtschaftlich orientierte Reaktion unterbindet, konserviert die Unwirtschaftlichkeit zum Schaden aller Bürger. Mit Recht verbietet man die Kartelle in der Wirtschaft. Politiker bilden dagegen politische Kartelle. Genau das ist der falsche Weg. Das Kartellamt sollte auch die öffentliche Hand überwachen. Warum wird es heute unterschiedlich betrachtet, wenn ein Bürger als Unternehmer, als Mitarbeiter der öffentlichen Hand oder Politiker Entscheidungen trifft, die Schäden in der Gesellschaft verursachen?

e) Die Arbeitsgebiete der öffentlichen Hand sind mit objektiven Kennziffern vergleichend zu messen. Der Staat hat dazu ideale Voraussetzungen. In ca. 15 000 Kommunalverwaltungen gibt es eine Vielzahl gleicher Stellen wie Einwohnermeldeamt, Kfz-Stelle, Schulen etc. Hier lassen sich aussagefähige Vergleiche erstellen. Die Mitarbeiter sind anhand dieser objektiv gemessenen Kennziffern zu befördern und zu prämieren. Warum kann der Bundesrechnungshof, der ständig das Verhalten zum Schaden der Gesellschaft ermittelt und veröffentlicht, nicht die Erstellung solcher Kennziffern verlangen?

f) Es ist kein Zweifel, daß es immer wieder Politiker geben wird, die versuchen, wirtschaftliche Grundsätze durchzusetzen. Genauso sicher ist aber, daß mit der nächsten Regierung oder in besseren Zeiten eine hohe Rückfallwahrscheinlichkeit gegeben ist. Deshalb sind die Grundsätze im Grundgesetz festzuschreiben.

5   Geldumlenkung verhindert Effizienz

Eine weitere Erfahrung besagt, daß jede Subventionierung von Abteilungen auf Dauer in den Unternehmen erhebliche Effizienzverluste mit sich bringt. Die Geldumlenkung über den Staat dürfte normalerweise zu einem Effizienzverlust von weit mehr als 50 Prozent führen. Warum ist das so?

a) Das Eintreiben der Mittel führt zu einer inneren Beschäftigung, die zusätzlich entsteht und nicht notwendig wäre, wenn man die Mittel beim erfolgreichen Unternehmen läßt.

b) Die Entscheidung über die Mittelverwendung ist grundsätzlich marktferner, weil Teilnehmer in den Gremien entscheiden, die nicht unmittelbar in diesem Markt arbeiten, wie zum Beispiel Hochschullehrer oder Behördenvertreter.

c) Die Kreativität subventionierter Stellen geht in Richtung Geldbeschaffung und weniger in Richtung auf kreative Lösungen für den Markt. Hierzu ein Beispiel: Für einen Teilbereich eines Unternehmens und dessen Entwicklungsarbeit wurden in den 60er und 70er Jahren vom Staat erhebliche Zuschüsse gewährt. Der zuständige, sehr kreative Mitarbeiter überlegte in erster Linie, wie er argumentieren konnte, die entsprechenden Gremien zu überzeugen, daß die gewünschten Zuschüsse erreicht wurden. Seine Tätigkeit und Berichterstattung richtete sich darauf aus, die Geldtöpfe auszuschöpfen. Es gelang ihm, durch kreative Zuordnung die vollen Ausgaben hereinzuholen, obwohl die Zuschüsse nur anteilig gedacht waren. Die Bedeutung des Marktes trat zurück. Er erhielt zwar im Laufe von 10 Jahren erhebliche Mittel, das eigentliche Ziel, einen Beitrag zur Umsatz-, Ergebnisentwicklung und zum Aufbau zusätzlicher Arbeitsplätze zu leisten, wurde jedoch nicht erreicht. Im volkswirtschaftlichen Sinne waren dies Fehlinvestitionen.

d) Subventionen sind Kostentreiber, weil die zu verrechnenden Ausgaben in den Vordergrund treten und die Bemühungen sich nicht auf eine Relation von Kosten und Erlöspotential beziehungsweise eine Gegenleistung ausrichten. Der unwirtschaftliche Einsatz der Mittel führt für die Mitarbeiter nicht zu den negativen Konsequenzen, die der Verlust eigener Mittel mit sich bringt. Die Wahrscheinlichkeit der Kapitalfehllenkung ist dadurch erheblich erhöht. Allein hierdurch kann die Produktivität der Bemühungen auf längere Sicht auf einen Bruchteil sinken.

e) Subventionspolitik führt im allgemeinen zu einer hohen Komplexität, weil viele Stellen unterschiedliche Subventionen gewähren. So wird die Zahl der Subventionen in Europa auf 20 000 geschätzt. Die Folge ist, daß aufwendige produktivitätssenkende Berater- und Lobbyorganisationen entstehen.

f) Die Gefahr der Subventionsbetrügerei wächst mit der Zahl der Investitionen und beträgt nach dem EU-Bericht bereits 13 Prozent der Aufwendungen. In zahlreichen Analysen werden weit höhere Sätze genannt.

g) Als Folge der Betrügerei wird eine aufwendige Kontrolladministration geschaffen; es kommt zu Prozessen, Hausdurchsuchungen etc., die alle im Sinne des Wertschöpfungsprozesses wertvernichtend sind.

h) Der Geldentzug aus produktiven Bereichen der Volkswirtschaft belastet diese. Damit schwächt man die besseren Unternehmen. Subventionen und Transferleistungen führen in der Volkswirtschaft generell zu einer Konzentration auf die Schwächen. Genau das Gegenteil ist aber das Ziel einer guten Wirtschaftspolitik.

Zusammenfassend läßt sich feststellen, daß Subventionen und Transferzahlungen jede Organisation erheblich schwächen, wenn das Volumen einen nennenswerten Anteil des Gesamtvolumens ausmacht. Bei großen Volumina wird ein großes Potential an Kreativität und Lebensstandard verspielt.

Die **Maßnahmen** liegen auf der Hand:

a) Die Geldumlenkung über den Staat sollte auf ein Minimum begrenzt werden, im sozialen Bereich hieße dies Hilfe zur Selbsthilfe und Hilfe für diejenigen, die sich nicht selbst helfen können.

b) Subventionen dürfen nur in äußersten Notfällen gewährt werden, vor allem wenn ohne sie die Zukunft gefährdet würde. Aber auch dann müssen alle Subventionen für die Wirtschaft zeitlich begrenzt werden. Ohne eine klare Zielsetzung mit stufenweisem Abbau und einer gewissen Erfolgswahrscheinlichkeit darf es keine Subventionen geben.

c) Am ehesten sind noch Zukunftsindustrien zu fördern, weil sich hier neue Stärken der Volkswirtschaft aufbauen.

d) Da stets wieder die Gefahr besteht, daß Lobbyorganisationen Umlenkungen über den Staat erzwingen, sind die Grundregeln im Grundgesetz zu verankern.

6 Verwaltungen so klein wie möglich

Die Erfahrung in den Unternehmen beweist, daß große Verwaltungen komplexe Vorschriften schaffen und Freiheitsgrade senken. Komplexe Regelungen ersticken Kreativität, senken die Produktivität, verlängern und verlangsamen die Wertschöpfungskette, gefährden die Leistungskultur und schaffen Streß, Ärger und Auseinandersetzungen. Gut geführte Unternehmen haben 5 bis 9 Prozent des Personals in ihrer Verwaltung, gut geführte Holding-Gesellschaften etwa 0,1 bis 0,5 Prozent, Gesellschaften in Problemen etwa 1 Prozent, staatliche aber nicht selten über 10 Prozent der Mitarbeiter. Im Vergleich dazu haben gut geführte Volkswirtschaften als ständige Monopolisten etwa 20 Prozent aller Beschäftigten in der staatlichen Administration.

Auch Untersuchungen bestätigen die Erfahrung in den Unternehmen, daß staatlicher Dirigismus den Wohlstand und die Lebensqualität senkt. Das Fraser-Institut in Vancouver bildet seit 1975 eine Rangfolge der Länder mit den größten wirtschaftlichen Freiheiten. Der Wohlstand durch Kreativität und Unternehmertum mehrt sich dort am meisten, wo die wirtschaftlichen Freiheiten am größten sind.

Aus diesen Erkenntnissen leiten sich folgende **Maßnahmen** ab:

a) Die Vorschriften sollten sich auf wirklich Wichtiges beschränken, die Zahl der Gesetze und Vorschriften ist zu entrümpeln. Dazu bietet es sich an, einen Teil der Beamten mit der Aufgabe zu beauftragen, Gesetze zu straffen, Vorschriften zu streichen und auf Wichtiges zu beschränken. Eine starke Belastung der Volkswirtschaft sind die steuerlichen Gesetze. Zur Zeit gibt es 65. Warum ist nicht eine Reduzierung auf fünf Ansätze möglich? Entsprechend müßte auch die Zahl der Gebührenregelungen reduziert werden.

b) Neue Gesetze und Gesetzesänderungen sind nur nach Beurteilung der volkswirtschaftlichen Gesamtbelastung zu verabschieden. Bisher wird meistens nur die Auswirkung auf die öffentliche Hand gesehen. Auch Belastungen der Wirtschaft und der Bürger wirken wertvernichtend, führen zu Schäden und müssen mit berücksichtigt werden.

c) Die Zersplitterung in der Zuständigkeit führt zu Ungerechtigkeit, Komplexität und hohem wertvernichtendem Arbeitsaufwand, mit dem vor allem kleinere Unternehmen kaum fertig werden. Durch neue Organisationen sind die Schnittstellen zu reduzieren.

d) Entscheidungen sollten bei praxisnahen Gremien liegen. Warum können selbst Organisationen der Wirtschaft wie zum Beispiel die Industrie- und Handelskammern nicht über den Wirtschaftsbau, die Gewerbeaufsicht und Genehmigungsverfahren entscheiden?

7 Die gute wirtschaftliche Führung als Erfolgsprämisse

Die Erfahrung in der Wirtschaft besagt und wirtschaftliche Studien beweisen: Erfolgsunternehmen basieren immer auf exzellenten Führungspersönlichkeiten. Große Gremien sind stets schlechter als kleine. Eine gute Ausbildung der Führungspersönlichkeiten erhöht die Erfolgswahrscheinlichkeit.

Die genannten langfristigen Fehlentwicklungen sind also stets das Ergebnis mangelhafter Führung, sei es daß die Entscheidungsgremien zu groß, zu wenig fachlich erfahren, überfordert, zu wenig entscheidungsfähig sind oder durch falsche Zwänge verführt werden. Eine gute Führung ist somit die Erfolgsprämisse schlechthin: Erfolge sind nur erzielbar, wenn die Führung die entsprechenden Voraussetzungen mit einbringt und nicht überfordert ist. Die Führung prägt die Kultur und die Struktur. Deshalb ist es so wichtig, Volkswirtschaften so zu organisieren, daß die besten Spitzenkräfte in die volkswirtschaftliche Führung eintreten.

Die Demokratie ist trotz ihrer großen Vorteile vor allem im Hinblick auf die Auswahl der wirtschaftlichen Führung und die Zwänge, sich wirtschaftlich zu verhalten, sehr verbesserungsbedürftig: Obwohl die höchste Verantwortung und das größte Schadensrisiko in volkswirtschaftlichen Spitzenpositionen gegeben ist, setzt der Beruf des Politikers als einziger keine Spezialausbildung und Erfahrung voraus. Die Gewählten entscheiden oft ohne geeignete Vorbildung und Erfahrung über Milliarden, bevor sie mit Hunderttausenden geübt haben. Das Argument, daß die Fachleute in den Ministerien sitzen, gilt hier sowenig wie für die Betriebe. Jeder Konzern besitzt ebenfalls seine Stäbe, aber der Vorstandsvorsitzende muß die Zusammenhänge aus vertiefter Erfahrung kennen, um die Vorschläge richtig zu beurteilen und die Prioritäten richtig setzen zu können. Dazu ist ein vertieftes Spezialwissen notwendig.

Hinzu kommt, daß unsere Umwelt immer komplexer wurde. Ein Fürst oder König hatte vor Jahrhunderten noch eher die Chance, die damals gegebenen Situationen zu übersehen. In der heutigen Zeit ist eine langjährige Spezialausbildung notwendig, um erfolgreich auf einem Gebiet zu sein. Jeder Politiker ist unter den heutigen Bedingungen überfordert. Zu viele kennen zwangsläufig die Auswirkungen der Gesetze nicht, über die sie entscheiden.

Will man die Leistungsfähigkeit der demokratischen Führung verbessern, so bieten sich zwei Konzepte an:

Die erste Alternative führt zu graduellen Änderungen, die aber die Erfolgswahrscheinlichkeit bereits deutlich erhöhen würden.

a) Man könnte die Anforderungsprofile der politischen Bewerber definieren. Warum sollte man von einem Politiker nicht gute Ausbildungs- und Erfahrungsvoraussetzungen verlangen, wenn seine Fehlentscheidungen zu großem Schaden in der Volkswirtschaft führen?

b) Um dem Wähler die Chance zu geben, sich richtig zu entscheiden, müßten Lebensläufe mit Erfolg und Mißerfolg veröffentlicht werden.

c) Durch einen ständigen Wechsel zwischen Wirtschaft und Politik wächst das Verständnis der politischen Entscheidungsträger.

d) Alle Politiker sind höher und erfolgsabhängig zu bezahlen, wobei es keinerlei Sonderstellung im Hinblick auf die steuerliche Belastung geben darf. Je nach Wachstum erhalten sie eine Prämie, die große Teile ihres Einkommens ausmachen müßte. Das reale Wachstum bestimmt die Gehaltserhöhung. Ohne ein reales Wachstum darf es auch keinen Inflationsausgleich geben.

e) Einerseits sollte man solchen Politikern eine höhere Entscheidungsvollmacht geben, zum anderen muß eine Mißbrauchsaufsicht im Sinne eines gewählten Aufsichtsrates die operative Führung überwachen.

Bei dem ersten Konzept bleibt aber nach wie vor die Frage der Überforderung ungelöst. Auch Manager bringen nur hohe Leistungen, wenn sie sich über viele Jahre oder Jahrzehnte spezialisiert und ihr Wissen vertieft haben. Vom Politiker erwartet man eine tiefe Kenntnis auf allen Gebieten, zum Beispiel internationaler Zusammenhänge, Sozialpolitik, Gesundheitsfragen, Familienfragen, Umwelt, Kultur, Erziehung etc. Geschickte politische Redner nehmen auch zu allem Stellung, selbst wenn ihr Wissen zwangsläufig oberflächlich sein muß. Deshalb ist die Frage, ob wir in einer komplexen Umwelt nicht eine stärkere Führungsspezialisierung benötigen. – Ist unsere Struktur nicht trotz einer gewissen Gewaltenteilung immer noch zu stark vom feudalistischen Denken geprägt? – Warum muß eine Regierung für alle Entscheidungsgebiete zuständig sein? Die Kernaufgaben der Politik sollten die innere und äußere Sicherheit sein. Die Rechtsprechung und die Zinspolitik wurden im Zuge der Gewaltenteilung in den meisten Ländern dezentralisiert. Warum ist es nicht auch möglich, die Wirtschaftspolitik auf ein Fachgremium zu übertragen? In das gewählte Gremium sollten nur Menschen mit vertieften Kenntnissen der wirtschaftlichen Zusammenhänge und einem Beweis einer erfolgreichen Tätigkeit gewählt werden können. Ihr Einkommen sollte sich an den Erfolgen bemessen.

8 Resümee

Um langfristig im globalen Wettbewerb zu den führenden Wirtschaftsnationen zu gehören, ist ein umfassendes Konzept einer neuen Wirtschaftspolitik erforderlich. Ein Vergleich mit Erfolgsunternehmen zeigt, daß die gültige Struktur der meisten Volkswirtschaften die Quellen für Innovationsfähigkeit und damit für steigenden Lebensstandard und angemessene soziale Leistungen mehr und mehr verschüttet, daß das hohe Potential ständig unausgeschöpft blieb und bleiben wird, daß sich dieser Mangel durch staatliche Eingriffe nicht beseitigen läßt und daß der Rückstand mit zunehmender Zeit immer größer wird. Die Chancen sind vertan.

Diese Erfahrungen bestätigen die These, daß in den meisten Volkswirtschaften im Laufe von etwa 50 Jahren ein Vielfaches des erreichten Lebensstandards unter optimierten Bedingungen denkbar wäre. Das verschenkte Potential ist ungeheuer groß. Die neue, strukturierte Volkswirtschaft könnte weit besser die Chancen beziehungsweise das Potential nutzen, die Voraussetzungen für Wachstum, Erfolg und Wohlstand wären durch eine gesteigerte Kreativität wesentlich günstiger.

9 Literatur

[1] *Friedrich Reutner:* „Der effiziente Staat – Fiktion oder Vision; Führungsqualität, Kulturen und Strukturen bestimmen Lebensqualität und Wohlstand“, (3. Auflage, Gabler-Verlag, Wiesbaden 1996)

[2] *Friedrich Reutner:* „Die Strategie-Tagung – Strategische Ziele systematisch erarbeiten und Maßnahmen festlegen“ (Gabler-Verlag, 2. Auflage 1995)

[3] *Friedrich Reutner:* „Turn around. Strategie einer erfolgreichen Umstrukturierung“ (Verlag Moderne Industrie, 3. Auflage 1991)

KAPITEL 4

ERFOLGSFAKTOREN BEIM EINTRITT IN DIE DYNAMISCHEN MÄRKTE SÜD- UND OSTASIENS

Dieter K. Schneidewind

1 Notwendige und hilfreiche Kenntnisse

Je stärker Produkt und Marke eines Unternehmens sind, desto kraftvoller kann es in einem Gastmarkt auftreten. Im Zeitalter globalen Wettbewerbs und häufig austauschbarer Produkte gilt es, relative Wettbewerbsvorteile zu erreichen. Mit zunehmender sozio-kultureller Distanz eines Marktes von Mitteleuropa wächst seine „Fremdartigkeit". Japan und Korea stellen trotz ihrer oberflächlichen Verwestlichung anschauliche Beispiele dafür dar. Der Erfolg in solchen Märkten hängt gewöhnlich von dem Ausmaß des Wissens und Verstehens für sie ab. Das ist für die sehr heterogene Region Süd- und Ostasien eine anspruchsvolle Aufgabe.

1.1 Geschichtsverlauf; koloniale Prägungen

Fast alle Länder der Region weisen unterschiedliche Geschichtsverläufe auf. Mit der teilweisen Ausnahme der Philippinen liegen ihre kulturellen Entfaltungen, sozialen Ordnungen und verwaltungstechnischen Standards früher als etwa die im Europa nördlich der Alpen. Hierbei sind mindestens tausend Jahre anzusetzen, und im Falle Chinas und Indiens muß man mit über viertausend Jahren rechnen. Letztere übten einen tiefen Einfluß auf ihre kleineren Nachbarn aus, obgleich ihre Geschichte durchaus unterschiedlich verlief. Interessanterweise lassen sich auch arabisch-islamische Einflüsse bis hin nach China und den Philippinen feststellen.

Eine entscheidende Prägung erhielten alle Länder (außer Japan und Thailand) durch Kolonialmächte. Indien, Bangla Desh, Sri Lanka und Malaysia durch Portugal und Großbritannien, Myanmar (Burma), Singapur, Brunei und Hongkong durch England, Indonesien durch die Niederlande, die Philippinen durch Spanien und die USA, Laos, Khmer (Kambodja) und Vietnam durch Frankreich, sowie Taiwan und Korea durch Japan. In China kreuzten sich die Interessen und Herrschaftsansprüche vornehmlich von Japan, Großbritannien, Rußland und zum Beispiel auch Deutschlands und der USA. Das übte jeweils einen großen Einfluß auf Kultur, Lebensweise, Rechtsprechung und Sprache der kolonialisierten Länder aus. Damit gingen auch wirtschaftliche Abhängigkeiten und Verflechtungen einher. So wies Indonesien lange Zeit eine direkte Flugverbindung nach Amsterdam, nicht jedoch eine nach Manila auf, das von Jakarta aus nur über Singapur oder Hongkong erreicht werden konnte.

1.2   Ökonomische und geographische Daten

Die Volkswirtschaften der Region sind äußerst unterschiedlich entwik-
kelt; das gilt für das BSP pro Kopf ebenso wie für die Anlage von Infra-
strukturen, den Grad der Technisierung oder Bildungseinrichtungen.
Auch die Bodenschätze sowie Energiereserven sind unterschiedlich verteilt und gleicherweise die landwirtschaftlichen und maritimen Ressourcen. Der Managementstil weist neben Gemeinsamkeiten gleichfalls große
Unterschiede auf. Das gilt auch für die allgemeine Wirtschaftsgesinnung,
arbeitstechnische Fertigkeiten und die Arbeitsmoral.

Geographisch und klimatisch gibt es eine Reihe von Unterschiedlichkei-
ten, aber auch viele Gemeinsamkeiten. Fast alle Länder weisen lange Kü-
stenlinien auf, und die Hauptstädte oder Industriezentren liegen zumeist
am Meer. Praktisch überall ist Reisanbau möglich. Die Sommer sind gewöhnlich warm und feucht, während die Winter in den nördlichen Regionen (China, Nordindien, Japan, Korea) kühles, sonniges und
trockenes Wetter haben. Das alles hat großen Einfluß auf die Lebensgewohnheiten und ist daher von Land zu Land sorgfältig zu studieren.

1.3   Politische Konstellationen/gesetzliche Situation

Die politische Landschaft der Region zeigt sehr unterschiedliche Gesichter.
Alle Länder neigen zu staatswirtschaftlichen Regelungen und strengen Rah-
mensetzungen, wobei die Märkte intern relativ frei bleiben. Abgesehen von
Nordkorea, werden auch die Eigentumsrechte respektiert. Überall gibt es
Demokratie oder demokratische Bestrebungen, wobei Indien auf der einen
Seite westlichen Idealen nahekommt, während sich China oder Burma da-
von noch weit entfernt befinden. De facto liegt Herrschaft jedoch in vielen
Fällen bei wenigen Parteien, Familien, Cliquen oder auch dem Militär. Un-
ternehmen müssen sich darauf einstellen. Alle Regimes haben eine positive
Einstellung zur Wirtschaft und lassen ihr prinzipiell Förderung angedeihen.
Die Pressefreiheit wird von Land zu Land unterschiedlich gehandhabt.

Rechtsstaatlichkeit ist im strengen Sinne nur in wenigen Systemen gegeben. Hier weisen Japan, Korea, Taiwan und Indien rühmliche Entwicklungen auf, wenn auch dem letzteren eine hohe Korruption nachgesagt
wird. Der westliche Manager muß vor allem damit zurechtkommen, daß
weniger die Buchstaben von Verträgen gelten, sondern daß die Richter
danach forschen, was jeweils gemeint war. Verträge werden danach beurteilt, unter welchen Umständen sie geschlossen wurden und wie diese
sich verändert haben.

1.4 Soziokulturelle und geisteshistorische Aspekte

Unter soziokulturellen und geisteshistorischen Aspekten läßt sich die Region grob in vier Kreise einteilen: China; Japan/Korea; malayischer Raum; Indien.

1.4.1 Chinesischer Kulturkreis mit Konfuzius und Kanji

Der chinesische Kulturkreis wird neben Konfuzianismus, Taoismus und den Kanji (Schriftcharaktere) stark von chinesischen Lebensgewohnheiten geprägt, die sich etwa bei Eßgewohnheiten, Baustilen, Möbeln oder Werkzeugen niederschlagen. Auch in der Kunst finden sich vielfach chinesische Grundzüge. Der generelle Lebensstil ist pragmatisch und den Freuden des Lebens zugeneigt. Auffallend ist der allgemeine Spieltrieb, der einerseits Wagemut freisetzt, andererseits jedoch zu Übertreibungen und fatalen Fehlentwicklungen neigt.

Die chinesische Denkweise folgt der Logik des Go-Spiels: Felder werden nach eigenen strategischen Vorteilsweisen besetzt; es gilt nicht, den Gegner verlustreich zu schlagen, sondern ihn einzukreisen und zu umzingeln; dazu bemüht man sich um den Aufbau eigener, doch durchweg vernetzter Strukturen; das erfolgt gemäß einer ganzheitlichen und nicht-linearen Logik (große Unterschiede zur Anlage eines Schachspiels).

Die Familie rangiert vor allen anderen Bezugsgruppen, insbesondere vor öffentlichen und staatlichen Interessen. Nachteilig auf mittlere und längere Sicht ist der Nepotismus zu bewerten. Die Unternehmensführung geht fast ausschließlich auf die Nachkommen und zumeist die älteren Söhne über; damit kommen nicht die tüchtigsten Kräfte in den Unternehmen beim Aufstieg ins Topmanagement zum Zuge. Somit entfallen nicht nur wichtige Management-Optionen sondern, gute Kräfte meiden sie oder verhalten sich illoyal oder zumindestens entfalten ihre vollen Kräfte nicht.

Während kleinere Länder gewöhnt sind, sich an den Spielregeln der großen zu orientieren und sich an allgemeingültig geltende Verfahrensweisen zu halten, liegt es im Selbstverständnis der ebenso alten wie mächtigen chinesischen Kulturnation, die eigenen Werte und Verhaltensweisen zu betonen. Auf Zwänge von außen wird widerwillig reagiert, und das Gesicht gilt hierbei oft mehr als der Nutzen.

Äußerlich müssen die Überseechinesen in ihrer Diaspora naturgemäß viele Kompromisse schließen, doch innerlich fühlen sie sich auch dort der chinesischen Ethnizität tief zugehörig und beziehen daraus Kraft und Stärke.

1.4.2 Sonderstellung von Japan und Korea

Über die Halbinsel Korea gelangten starke chinesische Einflüsse nach Japan. Beide Kulturen sind somit weitgehend von chinesischer Kultur geprägt, und es gelten sowohl Konfuzius als auch Kanji.

Doch der Hochmut von Chinesen und Sinologen, die beide Kulturen als Anhängsel und Randerscheinungen chinesischer Kultur betrachten, greift entschieden zu kurz. Beide Länder wurzeln in originären eigenen Traditionen. Sie haben sich das Chinesische einverleibt und hinreichend verdaut, dennoch durchaus eigenständige Verhaltensweisen und Werte entwickelt. Daraus erwuchs ein formidabler Nationalismus, der auch beim gemeinen Bürger die nationalen oft über die eigenen Interessen zu stellen vermag. Auffällig im Gegensatz zu den Chinesen ist auch der martialische Grundzug beider Länder, deren Gipfel die Samurai-Ideale in Japan bilden.

Beide Kulturen teilen handwerkliche Traditionen und Grundzüge des Schamanismus, in Japan jedoch in besonderer naturbezogener Ausprägung. Sie trennt hingegen ästhetische Auffassungen, die vordergründig in Japan sublimer und in Korea handfester erscheinen.

Während die Japaner in der Töpferei, der Holzschnitzerei und der Zimmermannskunst (seit Mitte des ersten Jahrtausends der Neuzeit) auf koreanischen Einflüssen fußen, zeigt die Organisation der koreanischen Verwaltung deutlich die Einflüsse der kolonialen Herrschaft Japans (zwischen etwa 1900 und 1945) sowie der enormen ökonomischen Entfaltung des Nachbarn seit etwa 1965. Die Zahl der japanischen Lehnworte in der koreanischen Sprache ist beträchtlich.

Bedauerlicherweise trennt beide fähige Nationen eine profunde Animosität, an deren Überwindung sie energisch arbeiten sollten. Rückblicke in geschichtliche Epochen sollten als anachronistisch angesehen werden (wenngleich würdevolle Worte des Bedauerns der japanischen Seite gut anstünden).

1.4.3 Erwachender malayischer Kulturkreis

Auch der malayische Kulturkreis wird von chinesischen Einflüssen mehr (Vietnam) oder minder (Philippinen) berührt. Das gilt jedoch abgeschwächt ebenso für Berührungen mit der indischen Kultur. Wie alle malayischen Gruppen in historischer Zeit kommen zum Beispiel auch die Siamesen (Thailand) ursprünglich aus Südchina. Jahrhundertelang war ihre Kultur stark chinesisch geprägt, danach fand eine Indisierung (etwa seit 1250) statt, die in Gestalt des Buddhismus (der heute in Indien weitgehend erloschen ist) ihren sichtbaren Ausdruck findet. Über das wirtschaftliche Geschehen hinaus gewinnen chinesische Einflüsse nun wieder Geltung, während die Administration fest den Söhnen des Landes vorbehalten bleibt.

Der Buddhismus herrscht auch in Myanmar (Burma), Khmer (Kambodja), Laos und Vietnam vor. Mit dem Christentum auf den Philippinen (Ausnahme moslemisches Mindanao), dem Islam in Indonesien (mit der hinduistischen Insel Bali), Brunei und Malaysia sowie zahlreichen Naturreligionen z. B. in Laos oder auf Kalimantan (Indonesien) offenbart der malayische Raum wenig geisteshistorische Geschlossenheit.

Der malayische Raum zeichnet sich durch Freundlichkeit, Lebensfreude, familiäre Strukturen und Spieltrieb aus. Man lebt gern von der Hand in den Mund. Die Vorliebe für Pomp und feudale Strukturen dürfen als Charakteristika gelten. Das Militär wurde kaum je verherrlicht, was dem Eindringen fremder Invasoren häufig Vorschub leistete. Freilich stammt auch das Wort „Amok laufen" aus dem malayischen Kulturkreis, und den Menschen dort wird „die Seele des Tigers" zugeschrieben. Das Raubtier gilt in seiner Geschmeidigkeit als Vorbild für die Beherrschung des eigenen Körpers, wobei zusätzlich animistische Vorstellungen eine Rolle spielen. Natur und Mensch wirken zusammen.

Überraschende Naturereignisse (Erdbeben, Zyklone, Vulkanausbrüche und Flutwellen) finden ihr Pendant in den Organisationen, die beständig im Fluß sind. Das gilt für politische Strukturen ebenso wie für Ehen, deren Scheidungsrate auf über 50 % geschätzt wird. Spontane Sympathie und Berechnung bilden die Grundlagen von Zusammenschlüssen.

1.4.4 Einflüsse der „großen Mutter Indien"

Zumindest die indische Elite ist davon überzeugt, daß sie die Mutter aller Kulturen der Räume nach Osten hin darstellt. In der Tat gewannen auch die Chinesen ihre abstrakten Begriffe und handwerklichen Kunstfertigkeiten aus indischen Traditionen. Inder eint heute fast nur das Band des Hinduismus und die gemeinsame Vergangenheit des kolonialen Territoriums. Rassisch betrachtet finden sich indogermanische, malayische, mongolische und auch protonegroide Bevölkerungsgruppen.

Dieser umfangreiche Genpool garantiert ein großes Reservoir an besonderen Begabungen. Indische Anwälte sind in der UN-Organisation ebenso gefürchtet wie ihre Vettern bei den Softwarespezialisten in den USA, Europa oder Japan. Von den Engländern hat man zusätzlich Verwaltungsfähigkeiten, eine moderne Sprache und eine bedeutende, leidlich funktionierende Demokratie erhalten. Wenn sich die Spiritualität der extrem auf das Jenseits gerichteten Religionen aufweichen wird, dann kann Indien ein moderner kapitalistischer Gigant werden.

Dem steht zur Zeit noch die Unbeweglichkeit der Gesellschaft entgegen, die durch ein Kastensystem zementiert und durch führende – zumeist brahmanische – Familien beherrscht wird.

2   Mögliche Reihenfolge des räumlichen Vorgehens

Fraglos besitzen Unternehmen unterschiedliche Voraussetzungen und Zielsetzungen. Daher gibt es kein dogmatisches Vorgehensschema für den Markteintritt in Süd- und Ostasien. Der Verfasser kann über gute Erfolge mit der Beachtung einer nachfolgenden Reihenfolge berichten.

2.1   Start in Japan: „Das Brett an der dicksten Stelle bohren"

Japan verfügt über die Hälfte des Bruttosozialproduktes der gesamten Region. Das Inlandspreisniveau ist noch immer hoch, auch wenn es unter dem Einfluß der Globalisierung zu bröckeln beginnt. Daher lassen sich hier die größten Umsätze in der Region tätigen und die besten Ergebnisse erzielen. Für ein deutsches Unternehmen müßte daher die Reihenfolge der Bedeutung derzeit noch klar EWG, USA, Japan lauten. Der Zugang zu diesem Markt galt stets als schwierig, doch viele Unternehmen zeigten auf, daß sie dort gut zum Zuge kommen konnten, und zudem ist der Marktzutritt generell mit den Jahren kontinuierlich weniger schwierig geworden.

Es gilt, das Brett zunächst an der dicksten Stelle zu bohren. Ein altes Sprichwort besagt „fallen das Haupt, dann fallen die Glieder". Japan setzt im ökonomisch-technischen Bereich die Maßstäbe in Süd- und Ostasien. Wer sich in seinem Markt durchgesetzt hat, dem öffnen sich viele Türe auch anderen Ortes.

Zudem kann mit dem Potential eines gesunden japanischen Tochterunternehmens in bezug auf Management, Fachleute, Finanzierungsmöglichkeiten, Marketingkonzepte, aber auch seiner Beziehungen zu Banken und Handelshäusern wegen mancher Stein in Süd- und Ostasien aus dem Weg geräumt werden.

Die Fujibank leistete bei einem Fabrikbau in Tianjin bereits Hilfe, als deutsche Finanzinstitute noch abwehrend die Hände erhoben. Ein japanischer Fertigungsmanager konnte dort mit seinen chinesischen Kollegen hinreichend kommunizieren, schnell Maschinen und Ersatzteile aus Nippon heranschaffen, mit den kargen Lebensbedingungen zurechtkommen, und seine Erholungsurlaube waren wenig kostenaufwendig.

2.2 Standortbetrachtung für ein „Regional Headquarter" (RHQ)

Die Kernfrage lautet, ob man ein RHQ benötigt. Die meisten Unternehmen werden eine unterschiedliche Interessenlage in diesem Punkt aufweisen. Generell ist es nicht wünschenswert, zwischen die Bürokratie eines Stammhauses und die lokale Verwaltung vor Ort noch eine weitere administrative Schicht einzuschieben. Dennoch können drei Gründe dafür sprechen:

1. Für die Gründungsphase verschiedener Länder in der Region kann man temporär eine kompetente Mannschaft mit der Hilfestellung für die Neugründungen beauftragen, da das Stammhaus nicht nur geographisch von den betroffenen Märkten weit entfernt liegt. Nach erfolgreichem Start entläßt man die Landesfirmen in die eigene Verantwortung und löst das Regional Headquarter auf.

2. Es überschreitet die Ressourcen eines Unternehmens, ein bis zwei Dutzend lokale Firmen zu gründen und zu führen. Daher ernennt man Agenturen oder erwirbt Minderheitsbeteiligungen. In solchen Fällen koordiniert das RHQ insbesondere das regionale Marketing, evtl. auch Logistik und Fertigung.

3. Das Stammhaus hat sich für eine weitgehende Dezentralisierung entschieden, um z.B. näher vor Ort zu sein oder die hohen deutschen Personalkosten durch lokale Mitarbeiter zu verringern. Einige wenige internationale Unternehmen besitzen eine regionale Vorstandsstruktur, und der Regionsverantwortliche residiert in seinem RHQ in der Region.

Etwa im Zentrum der Region liegt Manila, das wegen der eingeschränkten Liberalität und mangelhaften Infrastruktur jedoch nur selten als RHQ in Betracht kommt. Bevorzugte Orte bilden daher Singapur und Hongkong, die ausgezeichnete Standorte abgeben; hierbei leidet letzteres derzeit nicht nur unter seiner hohen Kostenstruktur, sondern auch unter gewissen Unsicherheiten, die der Anschluß an China mit sich bringt. Einige wenige Unternehmen wählen daher gleich Shanghai als RHQ-Standort, da es in einem künftigen Riesenmarkt liegt. Das gilt auch bei Entscheidungen für Tokyo insoweit, als man hier aus dem größten Markt der Region heraus operieren kann. In seltenen Fällen wurde mit Rücksicht auf die Expatriates und deren Familien auch Sydney zum regionalen RHQ erkoren.

2.3   Einen kräftigen Fuß in die chinesische Tür stellen

Nach Japan sollte der chinesische Markt ins Auge gefaßt werden. Dabei muß konsequent selektiert werden, denn alle Geschäftsbereiche in allen Landesteilen gleichzeitig in Angriff zu nehmen bedeuten einen enormen finanziellen und personellen Ressourceneinsatz und eine Risikomaximierung.

Insbesondere Mittelständler können hier durch Kooperationsformen ihre Mittel schonend einsetzen. Ganz von China fernzubleiben erscheint nicht opportun, denn es gilt, für die Zukunft die richtige Ausgangsbasis zu gewinnen und diesen Markt systematisch zu erlernen. In dem einen oder anderen Segment sollten zumindest probeweise Geschäfte begonnen oder wenigstens ein Verbindungsbüro betrieben werden. Bei normaler Entwicklung wird in China ein Mega-Markt entstehen, wie ihn die Welt bisher noch nicht gekannt hat. So wie in früheren Zeiten beherrschende Industrienationen der Welt auch ihren kulturellen Stempel aufdrückten (Frankreich, Großbritannien, USA), kann dies in der nächsten Generation durch China erfolgen.

2.4   Es gilt, frühzeitig Indien „zu lernen"

Die deutsche Industrie war bis vor einigen Jahren in Indien rühriger als in Japan oder China; daran hat sie recht getan. Indien hätte mehr noch als China das Zeug dazu, der größte Wirtschaftsmarkt der Welt zu werden, wenn es eine dazu entschlossene Führung hätte, seine Kräfte darauf richten und eine liberale Beteiligung des Auslandes stimulieren würde. Es mangelt allerdings bei Eliten wie beim einfachen Volk an Wirtschaftsgesinnung dazu. Entsprechende Prozesse entfalten sich jedoch, wenngleich Tempo und Intensität dieser Entwicklungen schwer vorhersehbar sind. In jedem Falle ist es opportun, auch „Indien zu lernen" sowie dort mit Aktivitäten zu beginnen und mindestens ein Verbindungsbüro zu errichten.

2.5   Koreas erklärtes Ziel: „Deutschland überholen"

Nach seiner Wiedervereinigung wird Korea über 60 Mio Einwohner zählen, und es folgt seinem Lehrmeister Japan mit gleichem Geschick und noch größerem Einsatzwillen. Die Überholung Deutschlands in der Höhe des absoluten BSP gilt als erklärtes Ziel der Regierung; der erklärte Wille dazu wird nicht ausreichen, und heftige Rückschläge sind vorhersehbar. Doch bringt es gewiß Vorteile, sich dort mit einigen Geschäftsfeldern festzusetzen, wozu für Mittelständler insbesondere Kooperationen empfehlenswert erscheinen. Der Marktzutritt zählt allerdings zu den schwierigsten in der Welt. Doch lohnt es sich, da hier ein Markt von der Größe und Bedeutung wie etwa Italiens, Frankreichs oder Großbritanniens heranwächst.

2.6 Der indonesische Riese erreicht große Fortschritte

Zu den wirtschaftlichen Mittelmächten wird in der Zukunft auch Indonesien zählen. Die Größe von Land und Bevölkerung stellt bei der Entwicklung dabei zunächst ein Handicap dar, langfristig jedoch wird der enorme Markt von über 200 Mio. Konsumenten große Attraktivität gewinnen. In kluger Weise verstand man es bisher, das kaufmännische Geschick der kleinen, agilen chinesischen Bevölkerungsminderheit einzubinden. Bei der partiellen Unterentwicklung der Wirtschaft kann man bereits jetzt mit einigen wenigen Projekten dort einsteigen, insbesondere wenn dem Lande dadurch dringend benötigtes Know-how zufließt.

2.7 In Vietnam kann man noch der Erste werden

Zwar bildet Vietnam weiterhin ein schwieriges Pflaster für Unternehmensgründungen. Doch hier wächst ein weiterer potenter „Tigerstaat" heran, der das mit 75 Mio. erfolgshungrigen und lern- beziehungsweise arbeitswilligen Einwohnern auf mittlere Sicht erfolgreich honorieren wird. Ein großes Reservoir an deutschsprachigen Technikern erleichtert die Gewinnung von Schlüsselpersonal für Unternehmen des deutschsprachigen Raumes. In jedem Falle gehört der Investor hier in fast allen Branchen noch zu den Ersten.

2.8 Hoffnungen für Thailand, Philippinen, Myanmar (Burma), Taiwan, Singapur, Brunei

Engagements in Thailand, den Philippinen, dem sich öffnenden Myanmar (Burma), Taiwan, Singapur und Brunei können in dieser Reihenfolge eingegangen werden. Aus unterschiedlichen Gründen erscheinen die Aussichten dort vielversprechend. Mit der Ausnahme von Myanmar (eine japanische Domäne) lassen sich zahlreiche Erfolgsbeispiele nachweisen.

2.9 Geringe Aussichten: Bangla Desh, Sri Lanka, Khmer (Kambodja), Laos, Nepal, Mongolei

Für Bangla Desh (120 Mio Einwohner), Sri Lanka, Khmer (Kambodja), Laos, Nepal, Bhutan und der Mongolei können vorerst aus betriebswirtschaftlicher Sicht keine Investitionsempfehlungen ausgesprochen werden, auch wenn hier Ausnahmen gelegentlich die Regel widerlegen.

3 Wichtige Voraussetzungen für ein erfolgreiches Vorgehen

In den kurz vorgestellten 13 Märkten lohnen Engagements jedoch nur, wenn sie von einer gewissenhaften Vorbereitung begleitet und vor dem Start einige wichtige Voraussetzungen beachtet werden. Der schönste strategische Plan nützt wenig, wenn hinterher die Menschen fehlen, die ihn ausführen sollen. Daher muß besonderes Gewicht auf eine gute Personalplanung und Ausbildung gelegt werden.

3.1 Selektion und Ausbildung guter deutscher Manager

Für jede gute Mühle benötigt man einen guten Müller. Mühlen in Ost- und Südasien mahlen jedoch in vielen Fällen anders als in Europa. Nicht jeder im eigenen Kulturkreis erfolgreiche Manager eignet sich jedoch für einen Einsatz in Märkten mit ungewohnten Voraussetzungen. Es gilt daher bei der Personalauswahl potentieller Kandidaten die richtige Selektion zu treffen. Fachliche Kenntnisse und eine starke Persönlichkeit bilden nur eine notwendige, jedoch keine hinreichende Bedingung für den späteren Erfolg in Indien oder Japan.

Gespür für die Landesmentalität und psychologisches Einfühlungsvermögen sind flankierend gefordert. Keinesfalls darf die künftige Führungskraft für Süd- und Ostasien die Idee nähren, daß sie dort als Heilsbringer auftreten könnte. Man ist dort sehr selbstbewußt geworden, die Allgemeinbildung ist häufig hoch, und es gibt jede Menge Konkurrenten aus Asien und anderen westlichen Ländern.

Daher ist neben dem fachlichen Training ebenfalls Führungstraining notwendig, und das Erlernen von Kultur sowie Sprache kann langfristig Delegierten kaum erspart werden. Das Tochterunternehmen in Malaysia etwa genießt weder einen Botschafts- noch sonstwie exterritoralen Status, sondern gehört der lokalen Gemeinschaft an, deren Regeln zu befolgen sind. Ein Direktor, der die einheimische Zeitung oder ein Buchhalter, der Steuerausführungsbestimmungen nicht lesen kann, steht in der Gefahr, sich einer gewissen Lächerlichkeit preiszugeben, was er durch menschliche Ausstrahlung kompensieren kann.

3.2   Selektion, Motivation und Ausbildung guter lokaler Manager

Auf die Dauer benötigt man in Asien einheimisches Führungspersonal. Zwar sind die Gehälter in vielen Fällen für gute Kräfte kaum unterschiedlich von den in Deutschland gezahlten, doch es entfallen Kosten für Wohnung, Urlaubsreisen, besondere Versicherungen, Umzüge etc. Zudem sind für bestimmte Leistungen einheimische Kräfte unverzichtbar. Aus sprachlichen Gründen können z.b. deutsche Ingenieure kaum in Fachorganisationen des Gastlandes mitwirken. Wichtig ist jedoch auch die Motivation der einheimischen Führungskräfte, die rasch frustriert sind, wenn sie keine Aufstiegschancen erhalten.

Auch die lokalen Manager sind sorgfältig zu selektieren, wobei sich die Beurteilung ungleich schwieriger als im Heimatland darstellt. Es wird empfohlen, bei der Gewinnung lokaler Kräfte ebenso auf deren Loyalität wie auf ihre fachliche Kompetenz zu achten.

Die Ausbildung sollte zum Teil im deutschen Stammhaus erfolgen, damit die asiatischen Mitarbeiter den dortigen Geist einatmen und wichtige menschliche Beziehungen herausbilden können. Es ist ebenso wichtig für sie, deutsche Gewohnheiten und möglichst auch die Sprache zu erlernen, wie dies für die Expatriates in deren Gastland gilt.

3.3   Gewinnung und Training einheimischer Kräfte

Anders als Führungskräfte, die oft im Ausland studiert haben, sind fachliche Mitarbeiter in den meisten Ländern Mangelware oder – wie Japan oder Korea – nur schwer aus ihren Firmen herauszulesen. Ihre Gewinnung fällt leichter, wenn das ausländische Tochterunternehmen für seine annehmbaren sozialen Bedingungen, sein gutes Betriebsklima und seine Ausbildungschancen bekannt ist. Idealerweise wird das intensive Training vor Ort durch deutsche Ausbilder bei fachlich wichtigen Kräften durch eine zumindest kurzfristige Ausbildung in Deutschland ergänzt, die neben ihrem fachlichen auch einen hohen Motivationswert besitzt.

3.4   Süd- und Ostasien mit Europa und Nordamerika gleichsetzen

Bisher hatte es sich in den Köpfen festgesetzt, daß das Weltwirtschaftszentrum um den Nordatlantik herum liegen würde und Nordamerika sowie Westeuropa mit ihren Produkten die Welt beherrschten. Inzwischen ist als dritte wirtschaftliche Machtregion Süd- und Ostasien dazugestoßen; nicht nur japanische Waren besetzen globale Märkte, auch Stahl und Softwareleistungen aus Indien, elektronische Komponenten aus Malaysia und den Philippinen, Computer und Segelyachten aus Taiwan oder Microchips aus Korea erarbeiten sich ihre Weltmarktanteile. (Viele erkennen bereits, daß sich das Weltwirtschaftszentrum vom Nordatlantik zum Nordpazifik verschoben hat.)

Herablassende oder gönnerhafte Einstellungen vergangener Jahre gegenüber diesen Märkten sind inzwischen Achtung, Respekt und manchmal auch Furcht gewichen. Nicht nur in den Köpfen, sondern auch den Organisationsformen der Unternehmen muß dem Rechnung getragen werden. Ihnen ist der gleiche Stellenwert wie den anderen beiden Regionen einzuräumen. Das gilt für die Führungsstrukturen, die Personalausbildung, die Mittelbereitstellung und allfällige Prioritäten in den Planungen.

3.5   Entwicklung einer „Identifikation mit der Region"

Naturgemäß bildet auch in globalen Unternehmen der asiatische Markt nur einen Teil des Geschäfts. Doch so wie sich die Verantwortlichen für den deutschen Markt (oder den US-amerikanischen) emotional und mit aller Kraft engagieren und mit ihm identifizieren, so muß ein für Süd- und Ostasien verantwortliches Team ebenfalls eine starke Bindung an diese Region entwickeln und nachdrücklich beim märktebezogenen Interessenausgleich innerhalb der Unternehmen für sie eintreten. Das gilt für Ressourcenzuteilung, Belieferungen oder Forschungs- und Entwicklungsvorhaben.

Auch in der heterogenen Region selbst ist ein Zusammengehörigkeitsgefühl zu entwickeln. Dazu dienen regionale Konferenzen von Geschäftsführern und Fachleuten an wechselnden Standorten und vor allem auch mit dem Asienteam des Stammhauses in Deutschland. Neben dem fruchtbaren Erfahrungsaustausch werden auf diese Weise Bindungen und Kontakte geschaffen, die zu gegenseitiger Hilfestellung führen. Man holt dann beim Kollegen am Telefon Rat ein, hilft sich mit Fachleuten und Materialien aus und bringt Erfahrungen in Marketingvorhaben ein. Die Region organisiert sich teilweise selbst.

Zwischen den Thesen des „alles sollte global laufen" und dem „jedes Geschäft ist lokal zu betreiben" ergibt sich dann häufig eine ökonomisch regionale Zwischenlösung. Auch innerhalb der Region wird der Wettbewerb angestachelt, wenn man etwa den erfolgreichsten „Manager des Jahres" wählt, die beste technologische Idee prämiert oder das Land mit dem höchsten erreichten ROI auszeichnet. Darüber hinaus kann die Region mit anderen geographischen Regionen insgesamt in Wettbewerb treten und danach streben, zum Beispiel für das kräftigste reale Wachstum belobigt zu werden.

Diese Maßnahmen fördern das Interesse am Gesamtunternehmen und den Einsatz für seine Ziele. Sture, unbeteiligte Tagesarbeit in begrenztem Rahmen vermag weder zu motivieren noch Leistungsreserven freizusetzen.

3.6 Langfristiger Aufbau von Beziehungen

Noch wichtiger als materielles Anlagevermögen und Finanzmittel sind in Süd- und Ostasien in vielen Fällen die menschlichen Beziehungsgeflechte. Sie werden gewöhnlich von Wirtschaftswissenschaftlern etwas abschätzig als „soft factors" qualifiziert. In der Realität jedoch können die „hard factors" sich oft als weich erweisen, wenn Maschinen verrosten, Land zur Bebauung nicht freigegeben wird oder Geld in der Inflation verfällt. Demgegenüber erweisen sich feste Vertrauensverhältnisse zu fähigen Menschen häufig als ein „Kapital", das sehr nutzbar werden kann und auch harte Belastungsproben aushält.

Dies ist den Persönlichkeiten des regionalen Netzwerkes der Überseechinesen – das sich inzwischen global ausweitet – sehr geläufig und begründet zum großen Teil seine Erfolge und seinen Wagemut, der, traditionell auf vielen Beinen stehend, Risiken abfedert. Innerhalb Japans finden sich ähnlich starke menschliche Verflechtungen in der Wirtschaft (und darüber hinaus).

Es ist äußerst schwer, jedoch keineswegs unmöglich, in solche Beziehungen hineinzuwachsen. Das wird durch Kompetenz, Verläßlichkeit, Loyalität, unbedingte Vertrauenswürdigkeit und menschliche Sympathien erreicht. Die Stärke der Beziehungen steigt überproportional mit der zeitlichen Länge der Bekanntschaft. Es genügt nicht, einige Reisen in Luxushotels der Region zu unternehmen, sondern hier ist in Jahren oder Jahrzehnten häufiger Begegnungen und vieler miteinander durchgeführter Vorhaben und Geschäfte zu denken.

Dabei sind politische connections oft unsicher und von den Wechselfällen der Politik bedroht; anders verhält es sich bei gestandenen Geschäftsleuten, die quasi nebenher auch in der Politik eine Rolle übernommen haben. Insbesondere Pioniervorhaben gedeihen unter dem Schutz gegenseitigen Vertrauens besser als unter abstrakten Kontrollmechanismen, was nicht bedeutet, daß sich beide gegenseitig ausschließen.

4   Strategische Vorgehensweisen

Einen wichtigen Erfolgsfaktor für den erfolgreichen Einstieg in die asiatischen Märkte bildet eine gute strategische Planung, die sich in die Gesamtstrategie des Unternehmens einfügen muß, diese jedoch durchaus erweitern kann. Dabei sind einem mittelständischen Unternehmen Grenzen gesetzt, die allerdings durch Phantasie, Einsatzwillen und einen fähigen und motivierten regionalen Verantwortlichen in vielen Fällen erheblich erweitert werden können.

4.1   Konzentration auf einen (oder einige) wichtige Märkte

Die unter Gliederungspunkt zwei aufgezeigte Reihenfolge ist durchaus als Prioritätenliste anzusehen, so daß Japan, China, Indien, Korea und Indonesien zunächst in Frage kommen. Will man sich auf einen Markt konzentrieren, sollte dies in der Regel Japan sein, insbesondere wenn man ein spezifisches technisches Know-how aufweist oder über eine attraktive Marke verfügt. Wer hier besteht, dem werden sich die anderen Türen Süd- und Ostasiens relativ leicht öffnen, denn Japan wird von fast allen Staaten in einer Vorbildrolle gesehen. Es kommt jedoch in vielen Fällen auf die Branche an, in der man tätig ist, und in manchen auf (oft zufällige) gute persönliche Bekanntschaften.

Auch innerhalb der großen Märkte ist gewöhnlich ein sehr selektives Vorgehen geboten.

4.2   Konzentration auf Kernkompetenzen im Marktfeld

Neben eine Selektion der Märkte tritt eine Konzentration auf ein wichtiges Marktfeld: das wird in der Regel im Rahmen der Kernkompetenz des in den Markt eintretenden Unternehmens liegen (obgleich es auch von dieser Regel Ausnahmen geben kann). Wichtig ist es in jedem Falle, eine frühzeitige Verzettelung zu vermeiden. In einer Marktnische kann man gewissermaßen unbeobachtet oder relativ unbehelligt auftreten, während ein Angriff auf breiter Front sogleich schlafende Hunde weckt und Abwehr provoziert. Dies gilt insbesondere, wenn man relativ rasch auf mehrere Märkte zugeht.

Idealerweise beginnt ein Mittelständler mit einem Produkt, das im ersten Markt so viel Gewinn produziert, daß dieser für den weiteren Ausbau der Region eingesetzt werden kann.

Verhängnisvoll wirkt es sich aus, wenn gleich beim ersten Auftritt ein nicht ausgereiftes Produkt eingesetzt wird oder andere schwere Fehler unterlaufen. Wenig ist in Asien so wirkungsvoll wie Mund-zu-Mund-Information – im schlechten wie im guten Sinne.

4.3 Knüpfen von Allianzen

Nicht nur wegen begrenzter Ressourcen, sondern vor allem um den kostbaren Faktor Zeit zu sparen, ist in den meisten Fällen zur Kooperation mit einheimischen oder auch dritten Partnern zu raten. Hierin liegen große Chancen für einen zügigen Erfolg – die jedoch, wie stets, auch von Risiken und Unbequemlichkeiten begleitet sein können. Es steht ein außerordentlich farbiges Spektrum von Allianzen zur Verfügung.

4.3.1 Wichtige Partner der Region: Huaren (Overseas Chinese)

Generell kommen in der Region zwei wichtige potentielle Verbündete und Helfer in Frage: die Overseas Chinese (auch Huaren genannt) sowie die großen japanischen Universalhandelshäuser (Sogo Shosha).

Man kann den chinesischen Markt zum Beispiel nur mit lokalen Partnern oder nur mit einer überseechinesischen Organisation angehen; vorteilhaft kann eine Kooperation mit beiden sein, so daß sich ein Dreierverhältnis ergibt.

Die Bedeutung der Huaren in der Region kann kaum überschätzt werden; über 2/3 aller in China getroffenen Investitionen stammen von Auslandschinesen, die entweder in Hongkong, Singapore, Taiwan, Indonesien, Thailand oder auch Malaysia sitzen. Sowohl aus Gründen der Risikostreuung als auch mit der Witterung für frohe Marktchancen begabt, haben sie gleicherweise eigene regionale Verflechtungen gewoben und sich in anderen weitgespannten Netzwerken eingerichtet.

Diese in einem Buch von Seagrave als „Lords of the Rim" apostrophierten Vollblutunternehmer sind gleicherweise in Handels- wie in Finanzgeschäften zu Hause, während sie in der Fertigung generell kooperieren und die Forschung gewöhnlich Dritten überlassen.

Ihre ausgedehnten Familienclans und Freundeskreise sitzen an allen wirtschaftlich wichtigen Punkten des asiatisch-pazifischen Bereichs (mit der Ausnahme Indiens). So weiß ein alter chinesischer Fuchs vom Schlage eines Lee Ka Shing, in Hongkong residierend, sofort, wenn etwa ein Schlachthofgebäude in Vancouver abgerissen werden soll und per Auktion zum Erwerb ansteht, da ein dort stationierter Neffe des Sohnes eines Bruders seiner Frau ihn telefonisch unterrichtet. Ein sofortiges Ferngespräch mit Verwandten, alten Klassenkameraden und guten Freunden in San Francisco, Bogotá, Sydney, Perth, Bangkok, Penang, Singapur, Djakarta und Taipei ergibt deren Zustimmung, sich an dem Risiko zu beteiligen. Der Mann in Vancouver muß nun über das Objekt endgültig entscheiden, wobei ein Fehlschlag ihn für weitere Aufgaben in diesem Kreise stark diskreditieren würde. Ehe die fact finding commissions und due diligence studies sowie die board decisions großer westlicher Unternehmen ihre Arbeit auch nur begonnen haben, hat der Verbund zugeschlagen und die Liegenschaft erworben. Dies alles per Vertrauen und Erfahrung in einem effizienten Netzwerk.

Auch eine nur periphere Zugehörigkeit zu einem solchen Netzwerk kann unschätzbare Hilfestellung bei der Erschließung asiatischer Märkte leisten.

4.3.2 Sogo Shosha (Japanische Universalhandelshäuser)

Ähnlich wirkungsvoll, wenngleich deutlich langsamer, funktionieren die großen Universalhandelshäuser (Sogo Shosha) japanischer Keiretsu. Letztere stellen Konglomerate mit einem Umsatz von über einer halben Billion DM dar, die durch Tradition, Vertrauen, minimale Kapitalverflechtungen und hohes Eigeninteresse zusammengehalten werden. Banken (Tokyo Mitsubishi, Sumitomo) und Sogo Shosha wirken gemeinschaftlich an deren Spitze.

Diese Sogo Shosha verfügen über große Datenbanken (z.T. über eigene Satelliten global miteinander vernetzt), Brain Trusts sowie eine enorme Anzahl von Niederlassungen in aller Welt (Mitsubishi allein in den USA mehr als 40).

In den Keiretsu sind alle denkbaren Wirtschaftsunternehmen horizontal und vertikal versammelt. So können sie als Partner für alle möglichen Projekte fungieren. Obgleich sie untereinander in harter Konkurrenz stehen – einer der Gründe für den extremen Wettbewerb in Japan – , verbünden sie sich dennoch bei Großprojekten zu Interessengemeinschaften.

Das Regional Headquarter eines deutschen Unternehmens in Singapur, an dessen japanischer Tochtergesellschaft Fuji und Mitsubishi mit je 5 % beteiligt waren, konnte so Personal und Hilfestellung für das japanische Geschäft gewinnen und den Aufbau verschiedener Gesellschaften in Asien sowie die chinesische Fabrik in Tianjin finanzieren, als europäische Finanzinstitute sich noch ängstlich von diesen Risiken fernhielten.

Die Sogo Shosha als die Speerspitzen dieser machtvollen Keiretsu verfügen über sprachkundiges Personal, gute persönliche Beziehungen und ausgedehnte Geschäfte in fast jeder größeren Stadt Süd- und Ostasiens (einschließlich Indiens). Sie stellen schwierige, aber nützliche und vertrauensvolle Geschäftspartner dar, obgleich mancher europäische Geschäftsmann davor warnt, daß sie vor allem ihre eigenen geschäftlichen Interessen (was gewiß normal ist) im Auge behalten.

In welcher Form können nun Kooperationen mit diesen in Asien alles beherrschenden Konfigurationen – zu denen sich inzwischen noch die koreanischen Chaebol (den Keiretsu ähnlich) gesellen – oder aber nützlichen lokalen Partnern geschlossen werden?

4.3.3 Lose Kooperationsformen

Die einfachste Kooperation ist die Absprache über Vertriebshilfe, technischen Beistand, Kow-how-Preisgabe, personal seconding (Abstellung von Mitarbeitern) oder Grundbesitznutzung für entsprechende Gegenleistungen.

Dies kann bei einem Markteinstieg sehr hilfreich sein und die eigenen Ressourcen schonen; es bedarf dazu jedoch eines geschickten (möglichst eigenen) Mittelsmannes vor Ort. Ideal wäre es, wenn der zukünftige Erbe eines mittlständischen Unternehmers sich auf diese Weise seine Sporen verdienen müßte (chinesische „Lords" oder Sogo Shosha ersparen in dieser Hinsicht ihren Söhnen/Töchtern oder jungen Führungsbegabungen gar nichts).

4.3.4 Lizenz- und Markenvergabe

Ein nächster Schritt kann der Abschluß formeller Lizenz- und Markenverträge sein. Das funktioniert in vielen Fällen recht gut, obgleich selbstverständlich auch in dieser Weltgegend vor „schwarzen Schafen" zu warnen ist. Die Vertragstexte sind sorgfältig auszuhandeln, wobei vor allem die glasklare Herausarbeitung der beiderseitigen (oft nicht kompatiblen) objectives wichtig ist. Auch hier kann es entscheidend sein, den richtigen Mann vor Ort zu haben, damit die Vertraulichkeit bei technischem Know-how oder die Grundsätze des Marketings bei Konsumgütergesellschaften gewahrt bleiben.

4.3.5 Kapitalbeteiligungen

Solche Lizenz- und Markenverträge können den Boden für Kapitalbeteiligungen vorbereiten, die zunächst auch als Minderheitsbeteiligungen Sinn ergeben; denn der Zweck kaufmännischen Handelns ist nicht Herrschaft oder zur Schau gestellte Macht, sondern der Gewinn. Man sollte jedoch darauf bestehen, eigenes Juniorpersonal in solche Gesellschaften zu delegieren, damit Erfahrungen und Beziehungen gewonnen werden können.

4.3.6 Zum klassischen Equity Joint Venture

Die nächste Form der Kooperation bildet das klassische Equity Joint Venture, also die Gründung einer 50:50 Kapitalgesellschaft (oder die Übernahme der Hälfte der Geschäftsanteile eines Partners). Hier sind viele Kompromisse notwendig, und die Zusammenarbeit verlangt viel Geduld (und gelegentlich auch Konsequenz). Viele solcher Joint Ventures haben ihren Zweck erfüllt, manche sind gescheitert. In jedem Falle wurden jedoch wertvolle Erfahrungen im lokalen Markt gewonnen.

4.4   Der gut vorbereitete Alleingang

Über ein Equity Joint Venture kann allmählich eine Kapitalmehrheit erreicht werden, wenn es nicht gleich opportun ist, mit einem (oder mehreren) lokalen Partnern eine Mehrheitsbeteiligung zu gründen.

In den meisten Märkten können zwischenzeitlich auch Alleingänge gewagt werden, die jedoch gut vorbereitet sein müssen; entweder durch das Durchlaufen einer oder mehrerer Stufen der oben vorgestellten Abfolge oder eine direkte Gründung. Letztere ist in der Regel nur starken Großunternehmen möglich, die sich Zeit lassen wollen, und sie benötigen enormen Aufwand zur sorgfältigen Vorbereitung. Auch bei ihnen muß auf die lokalen Gegebenheiten Rücksicht genommen werden, und was gut für Stuttgart erscheint, ist es noch lange nicht für Shanghai oder Pusan. Den Schlüsselpunkt bildet auch hier wieder die gute Ausbildung des Personals als Vorleistung sowie die Einholung wertvollen Rates von Kundigen vor Ort.

5   Ausblick für die Region

Die Nationen um das Pazifische Becken zeigen sich entschlossen, ihren Freihandel untereinander auszuweiten, und erklärten unlängst ihren Willen, eine hohe Wachstumsquote aufrechtzuerhalten. Ihre Organisation (APEC = Asia Pacific Economic Cooperation) erfaßt gegenwärtig 18 Mitglieder, darunter auch die USA, Canada und Mexiko am Westpazifik. Der Beitritt Rußlands – mit einer langen pazifischen Küstenlinie – als eines wichtigen Anrainers steht auf der Tagesordnung. Es nützt nichts, wenn die Westeuropäer vor diesen Entwicklungen, die sie in eine fatale Randlage bringen, den Kopf in den Sand stecken. Auffällig gering ist die Berichterstattung über die Gipfeltreffen der APEC in den großen Zeitungen, und der Fischer Weltalmanach 1998 widmet der Organisation der größten Wirtschaftsmächte nicht einmal ein Stichwort!

Über die außerordentlichen Chancen im wirtschaftlichen Gravitationszentrum der Welt dürfen die Risiken insbesondere in Asien nicht vergessen werden. Sie sind politischer sowie militärischer Art und schließen kataklysmische Naturkatastrophen nicht aus; auf temporäre Überhitzungserscheinungen werden Rückschläge erfolgen. Daher geht es bei Investitionen in Süd- und Ostasien um Maß und Augenmaß.

6   Literatur

[1] *Chung, T. Z. & Sievert, H. W.*: „Joint Ventures im chinesischen Kulturkreis"
     Wiesbaden 1995

[2] *Hiscock, Geoff*: „Asia`s Wealth Club"(St. Leonards 1997)

[3] *Kensey, Rainer*: „Japans postmoderne Konzerne"(München 1996)

[4] *Mc Neeley, J. & Wachtel, Sp.*: „Soul of the Tiger"(New York 1988)

[5] *Moore, L. F. & Jennings, P. D. (Eds)*: „Human Resource Management on the
     Pacific Rim"(Berlin New York 1995)

[6] *OAV = Ostasiatischer Verein* „Wirtschaftshandbuch Asien-Pazifik1994"
     (Hamburg 1994)

[7] *Schneidewind, D. & Töpfer A. (Hrsg)*: „Der asiatisch pazifische Raum"
     (Landsberg 1991)

[8] *Seagrave, Stephen*: „Lords of the Rim"(New York 1996)

[9] *Weggel, Oskar*: „Die Asiaten"(München 1989)

KAPITEL 5

CFO 2000: THE GLOBAL CFO AS STRATEGIC BUSINESS PARTNER

Stephen Gates

1 Introduction

The theme of my presentation is: "Aligning Shareholder/Stakeholder Interests and Management Performance: The Chief Financial Officer's Role in Europe, Asia and America." I will be talking about the chief financial officer (CFO) in the widest context of his or her role between shareholders and the chief executive officer (CEO) and operating management as well as a leader of financial staff in the company. Published last June, my study is The Conference Board's first truly global one in that we have been able to interview and collect substantial data from CFOs in Europe, Asia and the US, and I will be citing a number of approved quotes from these CFOs.

1.1 Objectives

The objectives of the study were to understand:

- how the CFO implements the concept of shareholder value in the company through improving communication, introducing new performance measures and aligning performance measures and compensation;
- how the CFO is working with the CEO and senior management to accomplish this goal and
- how the CFO is addressing the priorities for developing the finance function.

Also the study's goal was to reveal differences where they exist between CFOs in American, European and Asian companies.

1.2 Methodology

We interviewed 45 chief finance officers in large corporations: 15 in the US, 15 in Europe, 15 in Asia. The interviews also gave me the opportunity to write six CFO profiles – 2 Asian, 2 European and 2 American, and four case studies. Through these interviews we developed a questionnaire which we mailed out to CFOs worldwide and collected 300 responses (96 U.S., 129 European and 75 Asian).

1.3   Key Findings

- CFOs are leading Shareholder initiatives now and expect to spend more time and effort on this in the future. Seventy-five percent of CFOs consider that they lead shareholder value initiatives. They expect to spend more time communicating financial strategy and implementing new performance measures.
- CFOs will be partnering with operating with management more for the strategic business activities: CFOs expect to spend more time with their CEO and business executives on strategic activities such as mergers and acquisitions, strategic planning and business development. CFOs whose company's stock outperformed the competition were more likely to spend more than 20 percent of their time with business unit executives.
- CFOs are fostering decision-support activities among finance staff: CFOs whose company's stock outperformed the competition were more likely to make decision-support activities their top development priority. CFOs consider their greatest barrier to be the skills of their finance staff followed by senior management resistance.
- Regional differences: Clear differences in priorities exist between U.S., European and Asian CFOs: U.S. CFOs show more focus on shareholder value activities; European CFOs give comparatively more attention to stakeholder concerns and Asian CFOs (especially Southeast Asian CFOs) show more drive for revenue.

2   Leading Shareholder Initiatives

The first theme concerns how CFOs are leading shareholder initiatives, and I will be talking about shareholder initiatives as improving shareholder communication, shifting performance measures, and linking management compensation to shareholder value measures. I would also like to cite some quotes about the resistance CFOs meet from senior management before giving you an idea of the diversity of viewpoints worldwide about the appropriate balance between shareholder and stakeholder interests.

2.1   Business Initiatives of the CFO

Seventy-five percent of CFOs reported that they lead strategic initiatives to improve shareholder value. The majority of CFOs also take a leading role in business restructurings and major capital investments. Although fewer CFOs report that they lead change management initiatives such as aligning corporate reward and compensation structures or culture change programs, the majority say they participate in the process.

2.2   Allocation of the Finance Function's Time and Manpower

CFOs believe over the next three years that they will spend more time on financial strategy shareholder initiatives (up to 17.4 percent) and performance measurement (up to 18.1 percent), and less time on financial operations (down to 18.4 percent).

CFOs can facilitate direct communication of shareholders' expectations to senior and operating management. Barry Romeril, CFO of Xerox, said:

"It's good for investors to meet a broader spectrum of management, but it's probably more beneficial for the broader spectrum of management to understand who are the people making decisions to buy, what's driving their decision, and what their thought processes are."

Jakob Schlapbach, CFO of Ascom in Switzerland, said: "Inviting security analysts to give presentations directly to operating management has been highly effective. It was a shock for operating managers since they were never confronted with anything like that before. The worst operating managers were those who would simply not accept the facts."

Both in Asia and Europe, CFOs are responsible for mobilizing internal opinion in favor of increasing financial disclosure to the elevated standards of the Anglo-American investment community. Marc-Michel Delcommune, CFO, Petrofina, in Belgium said, "While the process of increasing disclosure to the level of U.S. GAAP could have moved faster than it actually did, developing a coherent, consistent message toward the outside investment community among all the operating managers takes time." Not all CFOs follow this trend, and one CFO in Hong Kong expressed concern about unthinking pressure for greater disclosure and exaggerated corporate governance principles which he believes can be misleading and dangerous.

There were several examples of U.S. CFOs communicating financial strategy internally. Rod Hook, CFO of an American insurance company, UNUM, provided a case study in shareholder value training for his operating and finance managers who analyze the company's financial statements and their own businesses as security analysts would do with shareholder cash flow and economic value concepts.

Another American CFO said, "To get our message about increasing cash flow across to line management, we added the present value of all cash flows of all our approved programs and subtracted the outstanding debt on our balance sheet. The balance equaled the market price. We showed that to the operating people and indicated that the way they can increase the share price is to find out how to increase cash flows out of investment programs by seeking out better technology or approaches or lowering the cost of capital."

2.3   Performance Measures

CFOs are increasingly investigating which performance measures enhance shareholder value (that is dividends and stock price) the most, and many are changing their performance measures as a result. Based on findings that cash flow is more closely linked to stock price than earnings, securities analysts, institutional investors, and many CFOs now often place greater importance on cash flow in reviewing performance measures. Barry Romeril, CFO of Xerox, said:

"All the studies seem to indicate that cash flow is the biggest driver of shareholder value rather than the bottom line, and now we measure our business units on pre-tax cash flow as well as pre-tax earnings. The top 40 managers have their compensation aligned on these measures."

Over the next three years CFOs report that earnings per share and return on capital are expected to drop in importance as top-priority performance measures, although they may still rank first and second, respectively, among performance measures. Over the next three years, economic value added (EVA) is expected to gain in importance quickly (from 7 percent to 20 percent of CFOs who consider it their top priority measure), while free cash flow remains stable as a top-priority performance measure for the sample as a whole.

Marianne Parrs, CFO of International Paper, talked about the need to maintain continuity while shifting new performance measures. She is changing the orientation of budgeting to focus on drivers that improve cash ROI as well as the more traditional measure of ROI. The late Clark Johnson, CFO, Johnson & Johnson, motivated greater cash flow by charging operating managers in their operating profit and loss account for the interest cost of their receivables and inventory.

2.4   Implementation of Cash-based Shareholder Value Measures

Many CFOs are implementing cash-based shareholder value measures. These are the measures which concentrate on the generation of cash as opposed to profit which can be distorted by accounting policies. These measures include revenue growth, cash profit margins, cash tax, fixed assets, working capital and weighted average cost of capital. These measures are most evident at the corporate level. Cash-based shareholder value measures are more present within performance measurement than within the annual budgeting process. Finally, CFOs report that cash-based shareholder value measures for performance measurement were implemented more at the corporate and business unit level than at an all-employee level.

J. Michael Kelly, CFO of GTE Corporation, said: "Based on an internal study we conducted about a year and a half ago, we tied together our key operational and financial performance indicators. One of the lessons we learned is that over time and the life cycle of a business or product, we need to adjust these measures."

About the transition to EVA performance measures, Jean-Pierre Tirouflet, CFO of Rhone-Poulenc, said: "We must educate operating managers to understand the EVA concept and which structure it works with. This means we may need to redraw the company into profit centers, which make sense with their own working capital, equipment, which have an economic meaning."

The way in which changes are made to performance measures can also vary widely. Patrice Mignon, Finance Director of Nestlé said, "If the company operates globally and in a somewhat decentralized way, it cannot assume that what works well in its small home-country market will work worldwide. Revolutionizing the company every year and imposing new performance measures from the head office just would not work."

Moreover in Southeast Asia, introducing new performance measures across the entire company is not a priority. Teo Soon Hoe, CFO of Keppel Corporation in Singapore said, "Since our company's goals are to diversify into many businesses, we do not apply either standardized performance measures or financial systems across our various subsidiaries."

2.5   Impact of Cash-Flow Drivers on Shareholder Value

CFOs consider profit and revenue to be by far the most important cash flow drivers of shareholder value. Several Japanese CFOs including Fujisawa's CFO Iida and Asahi's CFO Ueoka, indicated that while the primary company target was revenue growth as recently as five years ago, a gradual re-education process has replaced revenue with profitability. Year by year, operating managers are receiving more specific profit targets.

Revenue growth was clearly cited as the primary goal among Southeast Asian CFOs. Faizal Shiraj, CFO of Hicom in Malaysia, expressed it this way: "Our company's primary goal is to increase revenue two and a half times in four years to reach the minimum globally competitive production level. Since our focus is on revenue growth, our financial agenda has not yet been sorted out."

As for the weighted cost of capital, a senior financial executive at a diversified service company in Germany said it is a challenge since a correct and practical formula to measure capital employed or at risk depends on adjusting calculations from statutory book to market values, and there are substantial communication problems in-house with operating managers who are not very finance-minded in general. This is a clear generational issue since finance people with a market-educated view are in the younger generation."

The U.S. Department of Labor's recent ruling puts pension fund fiduciaries and their money managers under considerable pressure to evaluate the link between executive compensation and company performance. In a recent Conference Board study, 52 percent of top executives' long-term compensation was linked to stock price, while in this global study, 41 percent of CFOs reported that their compensation was linked with share price.

Aligning top management compensation with shareholder value measures can be a lengthy process, yet the CFO needs to demonstrate to senior management the importance of this link so that they in turn can convince operating managers of the need to deliver performance targets. Tore Bertilsson, CFO of SKF in Sweden is implementing EVA performance measures and said: "It is hard work to introduce this economic value added concept. First, you have to make the top management group understand what is affecting the performance of the company and what is behind the concept and the mechanics. We don't discuss EVA yet any further than with the top management group. Next year, we will take EVA down to the next level, that is the business division managers; once they are convinced and feel competent, then we will take it to the next step down. But this level below the division managers will not see the link to shareholder value since they have a more distant link than does top management to shareholders. So it is very important to have top and division management convinced and behind the concept and pushing it down."

Linking the entire workforce's compensation to shareholder value measures may be a complicated decision. One CFO in Germany stated that although his company is investigating linking compensation to shareholder return at lower levels, he is concerned that it could become part of collective negotiations with unions.

Still, aligning all employees' compensation on shareholder value has some very enthusiastic advocates, especially in the U.S. The Levi Strauss company announced that if it reaches the target of $7.6 billion in cumulative cash flow over the next six years, each of the 37,200 employees will receive a full year's pay as bonus which will cost an estimated $750 million.

2.6   Barriers to Improving Finance Function's Role

How CFOs rank the barriers to accomplishing the finance function's role: skills and competencies outdistance all others while senior management resistance is ranked as the second most important barrier. CFOs talked about senior management resistance to new performance measures as inertia, scepticism about the latest fad, lack of understanding, open resistance, or the credibility of the finance function.

- *Inertia.* The late Clark Johnson, CFO of Johnson & Johnson, said, "After nearly a decade of double-digit earnings per share growth, our senior operating management questioned why its financial performance measures needed to be changed at all." The CFO of one closely held German company said, "Shareholder return is calculated based on book, not market, value of investment. Since the return on book value continues to appear more than adequate and shareholders are happy, why should senior management switch to new performance measures?"
- *Latest fad.* Yves-Louis Darricarrere of Hydrocarbures, Elf Aquitaine said, "The problem is to change people's minds since they do not want to invest in something that might be a fashion right now, especially if there is a risk that in two years we'll be doing something else."
- *Lack of understanding.* Marianne Parrs of International Paper said, "If operating managers do not accept new performance measures, I keep working on them. Financial concepts come very easily, almost in-

tuitively, to some managers and not to others, depending on their background. Sometimes it takes time and patience."

- *Open resistance.* In one European industrial company, several senior operating managers felt independent enough to act against the board's strategy and ignored changes in performance measures until the company went through a financial crisis. During the crisis, five senior executives were removed and the new operating managers now fully accept new performance measures.
- *Credibility of the finance function.* Some CFOs admit that senior operating management accuses the finance function of taking too technical an approach and not understanding the business. One U.S. CFO said, "Finance people tend to have very technical skills and we call that a technical ghetto. It is a lot harder to move people from the technical side to the more creative, strategic side."

The problem of finance technical ghettos appears to be significant in German companies as well. One German senior financial executive at a diversified service company said, "The German management development system follows functional and hierarchical lines. As a result, the functional emphasis does not facilitate finance professionals' understanding of production people and vice versa. This can be a major problem for developing multi-functional perspectives, which, in turn, makes it more difficult for finance people to act as business partners to operating managers. Moreover, business schools and degrees in finance are a relatively recent phenomenon in Germany and are viewed as a foreign import coming in from the American culture. Traditionally, the brightest students entered highly reputed engineering schools, not business schools. This creates a reputational divide between younger, market-oriented finance professionals and older, senior operating managers."

2.7 Ownership Structure

The context in which the CFO operates determines to a great degree the initiatives toward shareholders – especially toward institutional shareholders. In the U.S., institutional investors are the dominant group among shareholders and accounted for 57.2 percent of ownership in the top 1,000 U.S. corporations in 1995. The more activist institutional investors have been involved in replacing chief executive officers at General Motors, IBM, American Express, Kodak and Westinghouse.

Nevertheless, shareholders other than institutional investors do exist and they do not always value maximizing share price and dividends as their top priority.

CFOs face a variety of shareholders, although institutional investors appear the most numerous among the 300 responding companies. When family or government shareholders are present, however, they are far more likely to have voting control than institutional investors, and they may not value share price as highly. For example, Chan Wing Leong, CFO of Sembawang in Singapore said, "Our primary shareholder, the government, has a different sense of shareholder value than just share price, moreover, it appoints the chief executive and chairman of the board. Of course, the government will be disappointed if the share price falls over three quarters, but it will not take drastic action to remove the entire board just for that. Let's just say they are more forgiving than others."

Again, institutional shareholders' interests may not always dominate as Patrice Mignon of Nestlé explained: "Our company has not really focused on shareholder value, but rather on building up in the very long term. Our CEO has regularly argued against the idea of shareholder value. He believes that our customers are most important and we must satisfy their needs first if any group should be priority. He believes the company is a combination of mutual interests and to focus very exclusively on one category – shareholders – without the others is misleading."

Although clear pressures are emerging in Continental Europe and Japan to give institutional investors' demand for higher dividends and stock appreciation greater priority, there are the first indications in the U.S. and the U.K. that the interests of other stakeholders should be taken into consideration:

- The U.S. Department of Labor established the evaluation of a corporation's investment in its workforce as part of corporate and labor union pensions' fiduciary duty.
- Hewlett-Packard's CEO, Lewis Platt, rejected the idea that he runs the company to increase the stock price while maintaining that his targets are customer satisfaction and sustained earnings growth.
- The Royal Society for Arts, Manufactures and Commerce published a report endorsed by many British firms in which it wrote: "... Those companies which will sustain competitive success in the future are those which focus less exclusively on shareholders and financial measures of performance and instead include all their stakeholder relationships ... in the way they think and talk about their purpose and performance."

3   Partnering for more strategic business responsibilities

The second theme concerns the relationship between the CFO and the CEO and senior management. First, I will talk about how CFOs will be re-allocating their time over the next three years and how they expect to gain more strategic responsibilities.

3.1   Allocation of CFO's Time to Relationships

As a group, the 300 CFOs expect to spend more time – up to half of their time – with the CEO and business unit executives as their time spent on accounting and control drops from 31 to 25 percent.

CFOs need to improve their understanding of the business and participate as fully as possible in the strategic planning process. One unusual example of this tendency for CFOs to become better business partners is the experience of Jerry Henry, former CFO of du Pont and now CEO of Schuller Corp, whose experience I profiled in a case study. Prior to his appointment as CFO, Henry was a senior operating officer with no experience in the finance function, and so he took private lessons from Wharton finance professors for six months. Du Pont recently selected as his successor another senior operating manager, Kurt Landgraf, who expects that in the future, any CFO should have managed a significant business during his or her career.

3.2   CFOs Who Spent More Than 20% of Their Time with Business Unit Executives

A relationship that I found using a statistical analysis called chi-square. t CFOs who spend more than 20 percent of their time with business unit executives are more likely to be found in companies whose stock price has outperformed that of their competitors.

3.3   CFO Reporting Responsibilities

To understand the interaction between the CFO, the CEO, and senior management, it is important to examine the activities CFOs are responsible for. CFOs expect that they will receive responsibility for more strategic activities, such as mergers and acquisitions, strategic planning, and business development.

When the CFO has reporting responsibility for mergers and acquisitions, the finance perspective gains greater importance. Hans Storr, Philip Morris's CFO, said, "This is a marketing company and it always has been. But finance plays a more important role in recent years as we focus on the financial aspects in our mergers and acquisitions program."

The late Clark Johnson, CFO of Johnson & Johnson, also said, "Our CEO told the organization that he wants the CFO's review before he will talk to anyone about an acquisition proposal. The operating managers were required to get the finance people involved right down the line."

On the other hand, the loss of reporting responsibility for M & A or strategic planning can make a difference to the CFO's role as Michael Steuert, CFO of GenCorp, explained. He said that his company is adding a corporate strategic management function, and an experienced executive is being brought in to lead strategic business development who has hired people in each of the business units to focus on strategic business development. This is putting a lot of pressure on upgrading the caliber of the finance staff.

4 Fostering Decision-Support Activities

The third theme concerns how the CFO is implementing shareholder value initiatives through his or her finance function.

4.1 Development Priorities for the Finance Function

CFOs cite that their greatest barrier remains the skills and competencies of their finance professionals. While cost reduction in the finance function might have been a priority in the past, CFOs are refocusing their attention on decision support activities, that is those activities which provide added value information to line management to assist them in improving business performance. Examples of decision support activities include:

- providing benchmark data, both within the company and in comparison to external comparative targets, whether competitors or not.
- performing sensitivity analysis relating to cash flow forecasts, capital investment proposals, etc.
- interpreting trends in the key performance measures

Over the next three years, CFOs expect a dramatic shift in development priorities for the finance function. The top priority will shift for 34 to 74 percent of CFOs who will make decision support activities their top priority.

4.2   CFOs Who Ranked Decision-Support Activities as Their Top Priority

Those companies whose CFOs reported that decision-support activities were their top priority over the past three years were linked with the companies whose stock price performed better than their competitors.

Ken Coates, CFO, Ford Motor Credit Company said, "Improving the overall caliber of the finance staff to move to a business-partner mentality has been very hard and very slow, but we are making some progress. We shifted the mix of people from about 75 percent accounting types to now probably about a third, with the balance being financial analysts."

4.3   Most Valuable Skills for the Finance Function

Financial accounting and control skills are dramatically decreasing as the most valuable skills. Conversely, over the next three years, problem solving/creativity shows a rapid rise to the top rank, and business partnering takes a higher priority as the greater importance placed on teamwork/coaching skills indicates.

There are three detailed case studies in my report concerning the programs that the CFOs of Saint-Gobain, International Paper and SKF initiated to upgrade the decision-support skills of their finance staffs.

5   Regional Differences

The survey data reveal contrasting patterns of priorities and initiatives between CFOs in the United States, Europe, and Asia. While U.S. CFOs may demonstrate more shareholder value initiatives, European CFOs evidence more concern for stakeholder interests, and Asian CFOs, although a highly disparate group, focus on expanding revenue.

5.1   U.S. CFOs – Implementing Shareholder Value

U.S. CFOs show the greatest tendency to take a leading role in shareholder value initiatives, corporate reward and compensation structures, and culture change programs. Moreover, U.S. CFOs are the most likely to have their own compensation linked to share price. They are also the most likely to be implementing cash-based performance measures.

U.S. CFOs spend significantly more time with the CEO than do their European or Asian counterparts. They are also more likely to lead the strategy process in their company. For example, James Chestnut, CFO, Coca-Cola, said that he, the CEO, the president and the marketing director set strategy. The company is very plan-driven, and his role is to make sure that the plans are carried out.

5.2   European CFOs – Stakeholder Concerns

European CFOs expressed greater concern with stakeholder interests since they are more likely to face shareholders who are government, family, industrial or financial partners, and they reported stronger challenges from unions and employee regulations. Yet, European CFOs rank reducing the number of sites and streamlining reporting as top priorities which may reflect on-going rationalization of European operations. Perhaps consistent with this observation, European CFOs will spend more time than either Asian or American CFOs on accounting and controls.

European CFOs will spend significantly less time with their CEO over the next three years than U.S. or Asian CFOs. They take a lower profile role than their U.S. counterparts in leading strategy. A senior financial executive at a diversified company in Germany made the following comment: "At the end of the day, I wonder what value-added finance can really bring since the company vision, new technologies, and products must come from operating managers, not finance people. Finance adds value by managing information better and assuring sound business logic to help in decision making."

Jan Engstrom, CFO of Volvo said, "I hope that finance will not become more important than marketing or research and development because I think that would be a mistake."

5.3   Asian CFOs – Revenue and Growth Priorities

Asia is a vast region with differing situations, however, the data did reveal significant differences. Although Japanese CFOs may be an exception, Asian CFOs are more likely to lead initiatives to enhance revenue such as developing markets and customers. They are also more likely to consider revenue to be the most important cash flow driver of shareholder value. They are more likely to face greater challenges in financing their acquisitions as well as in recruiting, training, and especially retaining skilled finance staff.

Cross-cultural differences were emphasized in discussing the role of the Asian CFO including the highly entrepreneurial CEO in Southeast Asia and the central corporate planning group in the Japanese kereitsu. Nevertheless, the role of the Asian CFO is also evolving, as Chong Kin Leong, CFO, Rashid Hussain Berhad in Malaysia, emphasized: "It is a challenging time in Asia as companies move from a family-business structure to a more corporate structure. There is a broader environment to respond to and companies can not be run on a basis of just reporting to a CEO-owner anymore and doing what the CEO wants. Previously companies were earning comfortable profits and there was no need to grow in an accelerated way. Now it is a different environment and operating managers must have differerent operating objectives and look at their results in different ways."

6   Conclusions

Although CFOs may emphasize different priorities within the several regions, the overall trends show that the CFO is emerging into a full member of the strategic management team whose special responsibility is to manage and meet shareholders' expectations. The key findings of the study were:

1. CFOs are leading shareholder initiatives now and expect to spend more time and effort on this in the future. U.S. CFOs are more likely to lead shareholder value initiatives than their Asian or European counterparts.
2. CFOs will be partnering with operating management more for strategic business activities. CFOs expect to spend more time with their CEO and business executives on strategic activities such as mergers and acquisitions, strategic planning and business development. CFOs whose stock outperformed the competition were more likely to spend more than 20 percent of their time with business unit executives.
3. CFOs are fostering decision-support activities among finance staff. CFOs are switching their focus to developing the decision-support skills of their finance staff. CFOs whose stock outperformed the competition were more likely to make decision-support activities their top development priority.

KAPITEL 6

CONDITIONS FOR THE CREATION OF NEW MARKETS IN EUROPE

Santiago García Echevarría

1   Introduction

It is a well-established fact that within the economy, as well as within the society, we face a historical moment that substantially modifies the organization of the economy and the way we understand the roles of the government and the Society in the organizational context.

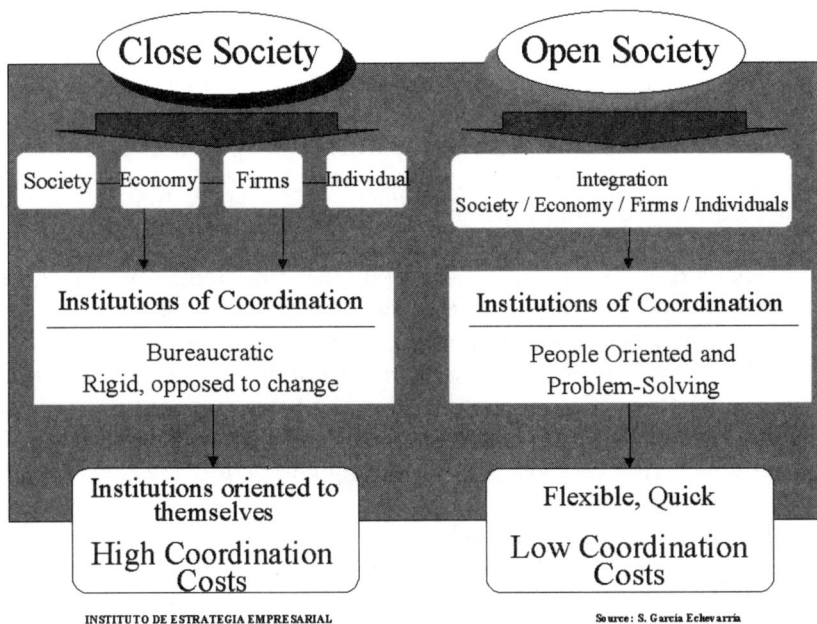

INSTITUTO DE ESTRATEGIA EMPRESARIAL   Source: S. García Echevarría

We are close to the end of a transition, which lasted for some three decades, of markedly openings and liberalization of some aspects of the economic and political life – e.g. financial issues have reached a universal dimension. Slower has been the liberalization of the distribution of products and services, which has received some impulse after the GATT rounds.

Nevertheless, these shifts have not known a parallel change of the national administrative regulations and norms, such as those affecting the labor market, services and infrastructure, administrative authorizations, etc.

In Europe, this has produced major dysfunctionalities, which generate too high coordination costs – this is shown in the differences among the countries of the European Union. Traditional markets are opening, and those dysfunctionalities are posing a serious burden upon the new dynamic of market creation.

1. Key factors to definitely break-up with the to-date transition that show the need for a new economic and social design are:
2. *Globalization of the economy*, which goes much further than a simple economic fact. Moreover, this globalization affects, in a dramatic way, society itself. Economic globalization has, as a prime requirement, the reduction of those problems regarding the functionality, i.e. the erasing of barriers and the spread out of a new understanding of the organization of the social and political life.
3. *Privatization of the economy*. One can hardly understand and accept globalization if there is no prior privatization of the public economic activities. This part of the economy account in Europe for some 50% of the European Union's GDP, with a special significance in the infrastructures industry. This high participation produces undesirable effects regarding functionality of the main economic services, which consequently produce enormous coordination costs, closing many opportunities to develop new markets.
4. *Deregulation of markets*, which implies the reduction of those functional barriers and thus the lowering of coordination costs. Deregulation of the economies cannot be conceived without privatization, and no privatization has sense if it is not followed by deregulation processes that generate new markets. And this is one of the keys of today's European contexts: How new markets could be developed, and which chances exist of establishing competition systems within narrow oligopolies.
5. The above is forcing the development of a *culture of stability*. Globalization and deregulation of the economy and the creation of markets can only work in a context of economic, social and political stability. Economic dynamic requires stability, thus demanding another economic and social order and other behaviors different from those of the past three decades.

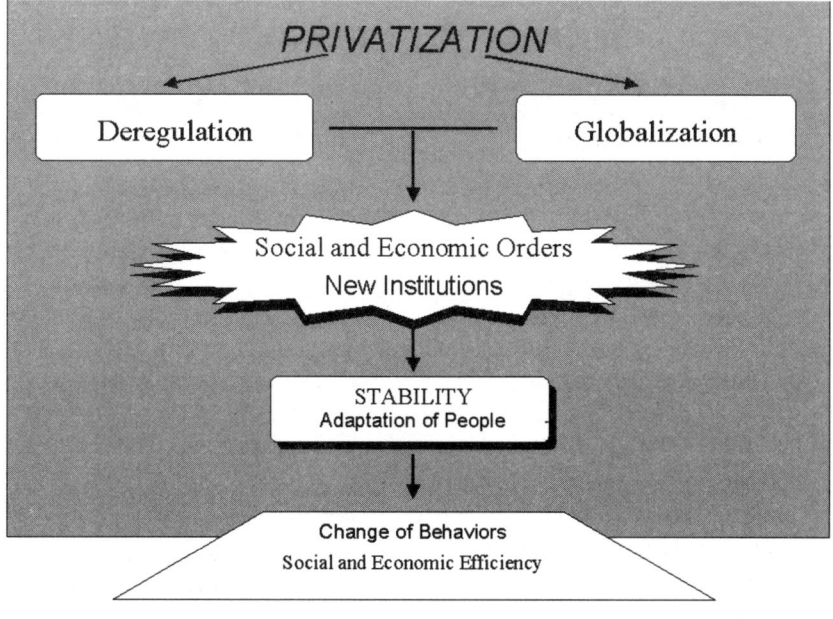

INSTITUTO DE ESTRATEGIA EMPRESARIAL   Source: S. García Echevarría

The above four factors are supported with the impressive technological advancement, but primarily by the value change of the societies worldwide, which is coupled with a value change of the political life. Development of communication technologies and the opening-up of societies are stressing two requirements:

- Reinforcement of the role of single institutions that are able of generating credibility and of integrating people in their project – being these either firms or institutions of another kind.
- A turn back to the person, i.e. in a firm one has to manage people, in the market one has to give answer to the demands of customers and vendors. The firm, the institution, has to seek for its legitimization within society.

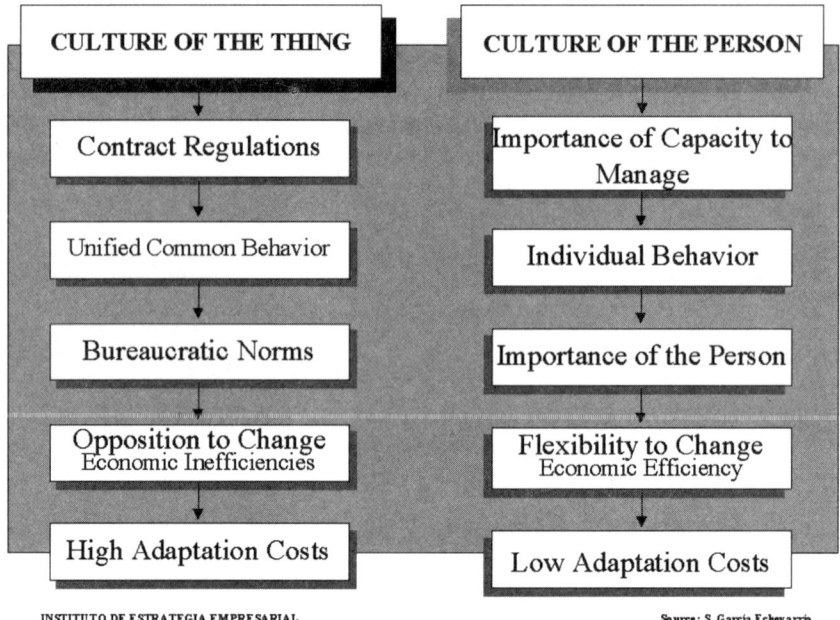

CULTURE OF THE THING	CULTURE OF THE PERSON
Contract Regulations	Importance of Capacity to Manage
Unified Common Behavior	Individual Behavior
Bureaucratic Norms	Importance of the Person
Opposition to Change Economic Inefficiencies	Flexibility to Change Economic Efficiency
High Adaptation Costs	Low Adaptation Costs

INSTITUTO DE ESTRATEGIA EMPRESARIAL   Source: S. García Echevarría

We can affirm that we are shifting from a "culture of the things" to a "culture of the person", breaking up with the institutional, "contract-based" relation among people. This contract concept has lead to a reduction of the alternatives and to the generation of high adaptation costs consequence of the rigidities that have traditionally blocked the blooming of a culture toward the person. It is the individual, with his/her behavior, the one that brings in flexibility and the one that allows the reduction of coordination costs when changes of the institution and the society occur. Now, it is not enough to have personnel policies, now the requirement is for a management of the people; it is not a management of the functions, but a management of the behavioral changes within the firm, the economy and the society.

2   Basic Conditions for the Creation of New Markets in Europe

Traditional conception of the market is already broken. This traditional concept links markets to specific products and geographical locations. And those two were the basic parameters for designing business policies, set traditionally after the marketing principles.

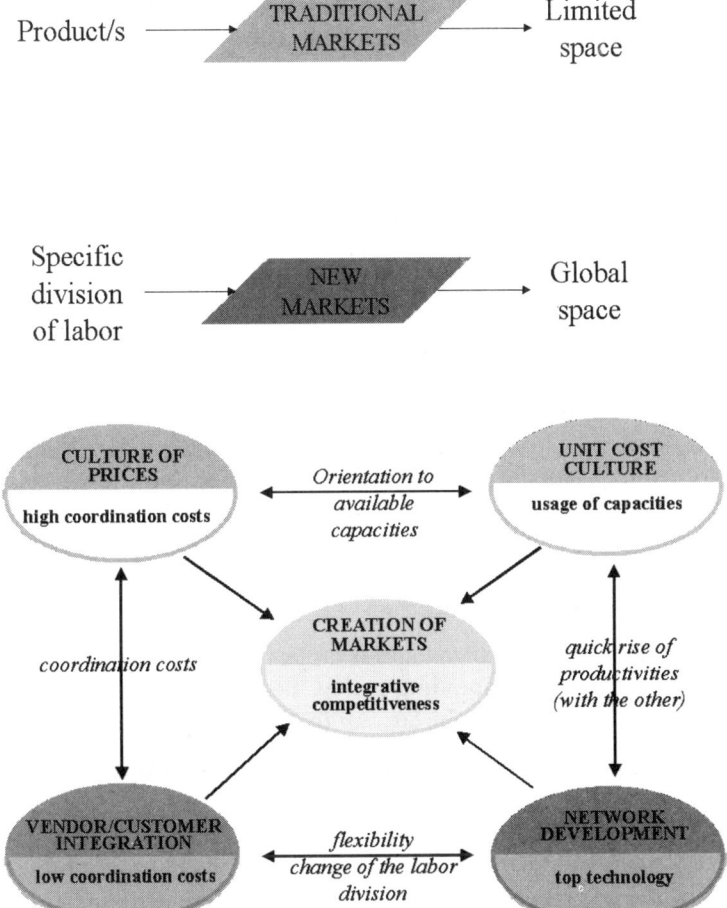

Product/s → TRADITIONAL MARKETS → Limited space

Specific division of labor → NEW MARKETS → Global space

CULTURE OF PRICES
high coordination costs

Orientation to available capacities

UNIT COST CULTURE
usage of capacities

coordination costs

CREATION OF MARKETS
integrative competitiveness

quick rise of productivities (with the other)

VENDOR/CUSTOMER INTEGRATION
low coordination costs

flexibility
change of the labor division

NETWORK DEVELOPMENT
top technology

INSTITUTO DE ESTRATEGIA EMPRESARIAL

Source: S. García Echevarría

Today, the market has a new dimension. This can be seen when analyzing what global sourcing means for the firm: the integration of customers and vendors, the development of networks, and a new dynamic of changes. All rest primarily on the globalization of the economy (the capacity of reaching worldwide economic potentials), and on the capacities generated by the technology (which make feasible a systematic reduction of the coordination costs). The traditional location scheme (*Standort*) basic for the interpretation of markets is gone due to the globalization trend and to the technological advancements.

This means that necessarily the classic concept of competition and its regulations has to be abandoned, particularly all those regulations and norms regarding the Trust Courts and legislation.

Regarding the markets, within the new organizational dimension of the economy, I must firstly refer to the two basic criterions needed to reach efficiency during the lifetime of those markets:

1. Coordination costs, resulting from the existing barriers and dysfunctionalities, should be lowered. Doubtless, an efficient market is one in which coordination costs and dysfunctionalities are kept in such levels were maximum efficiency can be reached.

2. Another key issue is unit costs; unit costs are to be understood not only as a consequence of the mere factor's prices, but also taking into account the utilization of external and internal technical and economic skills and knowledge of personnel and managers. The classic institutional scheme of the firm, understood as a close institution whose relationship with the environment is made through contracts is also broken. The firm is an original element of the economic and social environments, not specific of a determined physical location but in a wider open space.

Thus, markets are configured and disappear accordingly to the above criterions, since my understanding is that markets are organizational forms of the economy that, with the current dynamics, can change continuously.

It is true that the actual trend is clearly oriented toward *narrow oligopolies*, i.e. few elements fostering all the problems that can arise when trying to develop competition as the engine that moves the economy. In the new market configuration, the existence of such oligopolies – kept apart of the competition pressures – will flaw the generation of the dynamics sought for the lowering of coordination costs once the international division of labor within a world economy is set.

Therefore, it is of outmost importance for the development of markets to search for a division of labor that, supported by the firms themselves, sets the conditions for specific markets and organizational forms.

Globalization of the economy, together with the privatization of half of the economic processes (i.e. the part owned by the government), are impelling the development of new markets since they strongly promote deregulation processes. Privatization without globalization of the economy, i.e. the traditional concept of privatization, where public property changed hands to become privately owned, has no sense today. Neither it could produce the consequences of an improved economic and social efficiency as they actually come out after the globalization of the economy.

The two major consequences of the globalization/privatization pair are:

1. Increase of the competition, having found a solution for the configuration of the narrow oligopolies.
2. Cultural change of firms and institutions, which means new economic and social behaviors.

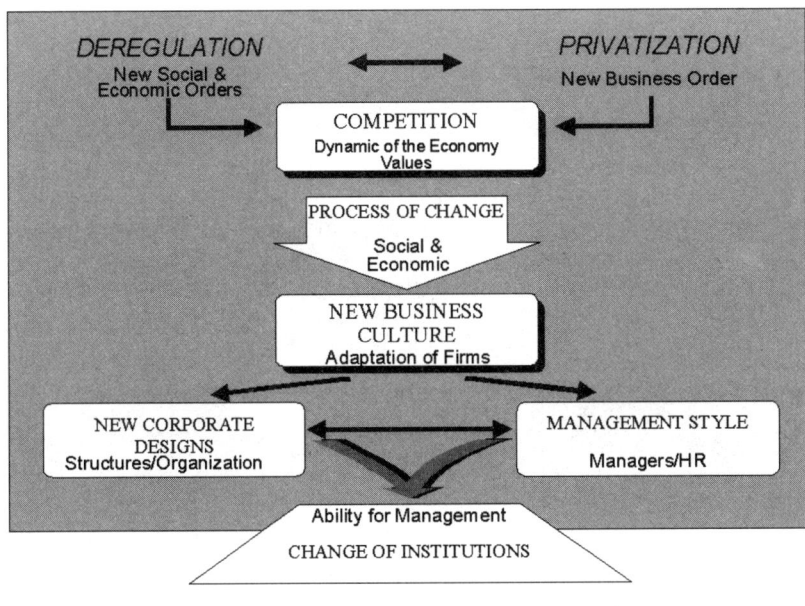

INSTITUTO DE ESTRATEGIA EMPRESARIAL   Source: S. García Echevarría

Deregulation of the economy coupled with privatization efforts are, doubtless, in a global environment key to the strengthening of the competition, which on its part will force in the processes of change and the need for a new business culture. This latter will influence both managerial and personnel behaviors and the organizational designs of the firms.

But the *sine qua non* condition for the development of the new ways of competition is the need, in a global economy, of an economic and social order that produces a stable framework within which the mentioned changes take place. In the past, the stable framework was provided by national regulations. Today, this framework of stability has to be consequence of a particular economic and social order – in Europe this is featured after the Maastricht Treaty and the Euro, which give the support for the spread-out of stabilized economic, social and financial environments.

Without this stable framework a culture of stability cannot be reached – and this is the basic premise for the global functioning of the economy. But the culture of stability would not spread much widely through the society, nor in the markets, if it does not imply a major change in the current culture of the firms and in the behavior of all the people committed to the business processes.

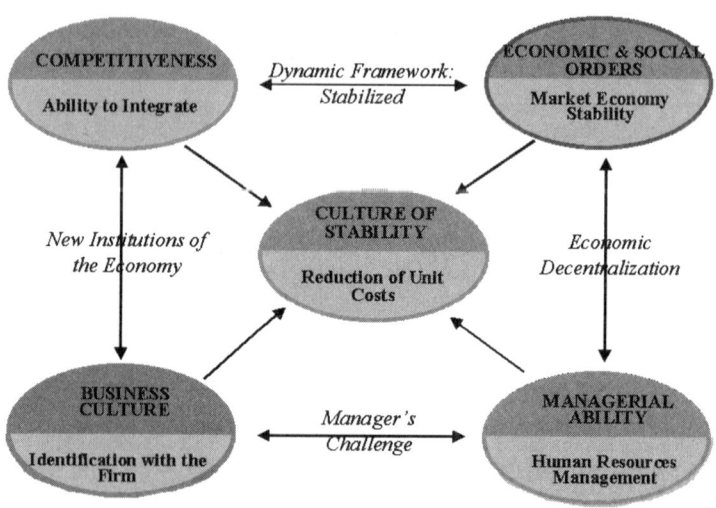

INSTITUTO DE ESTRATEGIA EMPRESARIAL   Source: S. García Echevarría

A culture of stability will allow the spawning of "confidence assets" which necessarily force the firm into a new role. This role should mean security and capacity of integration of the internal human resources and the customers and vendors. It also means a change of the human behaviors, which have to be oriented to develop a sense of competition that stimulates development of available capacities in the management and in the workforce: dialogue, decentralization, integration of people within the project, empowerment and enrichment. These latter are key elements that were already put into the economic thought through government regulations (e.g. democracy at the workplace). Today, those key conditions are a must if the aim is to highlight and make use of the available potentials of each firm. And thus achieve success of that firm through a better service to the society – in the form of high quality products and services at a premium cost.

We feature a move from a culture featured by instability and insecurity – typical of the last decades, which resulted from the bad functioning of the economic game consequence of government regulations, to a culture of stability founded on the framework established by firms and individuals. The spirit under this shift is that of Schumpeter – of seeking the most efficient division of labor. We are, therefore, facing a great opportunity to adopt a new concept of global economy and the challenge of developing prime ethical criterions to measure the outcomes of individuals and institutions based on their contributions to the global productivity of the economy.

And this means a less importance of what could be called a "culture of prices", i.e. a culture based on marketing tools – of high cost and primarily product/location-oriented, since this culture of prices can only be a coordination tool for specific locations and products. Success will rest on the condition of a move from that culture of prices to a "culture of costs". This latter should then be understood as a key factor for success of the economy's globalization within a stable economic and social environment.

Moreover, as indicated earlier, this is an upheaval in the way we understand the competition process. I believe we should rethink if "destructive competition", in the sense of excluding the other by means of artificial or natural barriers, is the best option to achieve the optimum of the available skills and capacities.

Reality is showing that the business world is steadily moving toward integrative competition, i.e. a competition that provides an answer to the key requirements already mentioned:

1. Economies of scale; this type of competition will lower the unit costs through the utilization of the available capacities. But in order to achieve this, one must be able to use not only his/her own capacities, but also abilities from the others, since processes are identical and competition would not be based on differentiation.
2. Competition; has to be centered on seeking all those elements that differentiate each firm, and that constitute a competitive advantage. These advantages can only be realized when the firm makes them available to others, to take advantage of them. There are many good examples of this in every industry.

PRICE CULTURE AND CULTURE OF 'COSTS'

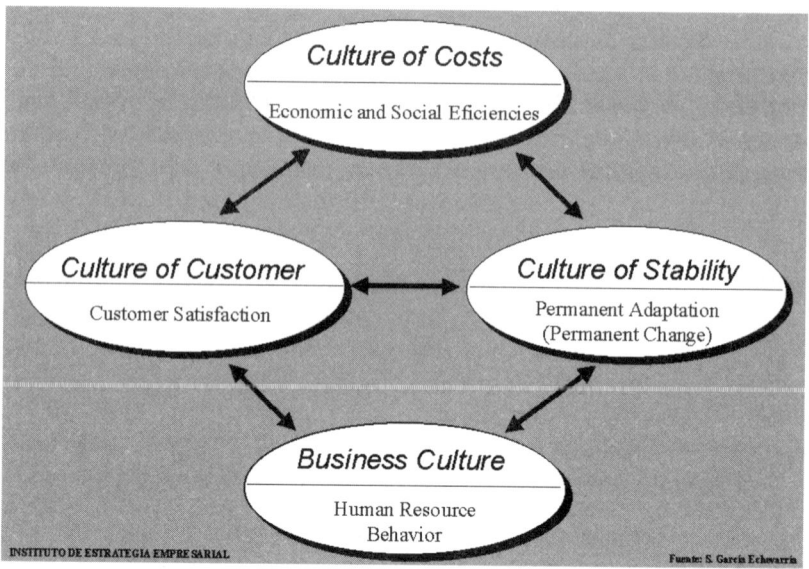

INTERNATIONAL COMPETITION

Is ussually interpreted as

Each morning, in Africa, the cebra wakes up, knowing that she has to run faster than the lion, or she will get killed.

Each morning, in Africa, the lion wakes up, knowing that he will have to bring down the slowest cebra otherwise he will starve to death.

In the end, it does not matter whether you are the cebra or the lion: the best you can do is running as fast as you can.

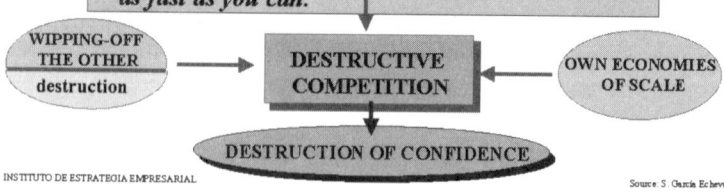

Definitely, the problem is how to design and organize the economy to give answer to:

1. The need of higher efficiency in the usage of available capacities to satisfy human needs, and
2. The need of an increase of competition that generates an economic dynamism forcing the permanent search of new divisions of labor, i.e. new markets, which use resources more efficiently.

One could also say that we are featuring the need of a new design of Anti-Trust institutions, to foster competition and not to hinder it. This is a new set demanding another understanding of the economy. And a very good example of it is the conclusions of the last International Monetary Fund meeting in Hong Kong.

3   The Business Answer

As already mentioned, privatization of the economy reinforces the globalization processes, and requires deregulation. In other words, it imposes a new regulation of markets and of the relations configuring business institutions.

The engine of privatization is key to achieve higher efficiency within the European economy since, thanks to the better utilization of the available abilities, it results in low unit costs and, consequently, in a better position in the global market.

Deregulation and globalization demand a new institutionalization in economic and social terms, but particularly in what regards to the competition. The new institutions should contribute decisively to the aim of stability that will allow the adaptation process of the people. The Maastricht Treaty and the Euro currency should set the conditions for stability, which permit the people (1) to concentrate on an efficient usage of limited resources and (2) on the quest for an economic and social dynamic – which will spawn permanent changes of the division of labor to uncover more efficient ways of increasing the global productivity of the economy. Economic and social efficiency should become a fundamental requirement in the behavior of people and institutions.

Globalization means, therefore, the pursuit of new economies of scale that are configured with the participation of the other thanks to networks. Networks that are realized sometimes in the form of alliances, or joint ventures, or taking-overs, or other forms that are yet to be discovered, and that will open new possibilities for a better usage of resources.

But globalization is, coincidentally, a much more complex system, not only for the ever-changing configurations but also for the permanent pursuit of an integration of the human behaviors and the rest of the resources – here the decentralization is one of the fundamental issues. A dramatic mistake would take place if the economic and social order and the firm's organization would answer to the complexity of the system derived from the economic globalization with a new centralized order. This would end up consequently in a dysfunctionality of the requirements for change (demanded from the decentralized units) and the imposed shift toward a centralized rigidity.

The new organizational forms of the economy, that are highlighted with the network configurations, and the new answers to the complexity of the systems – decentralization – lead to an increase of the competition based on the search for the most efficient division of labor. And this is the reason why I hold onto the idea that the current debate over the Standort is a mistake. The term Standort is usually conceived under a "real state" idea of attained positions, in close spaces and with defined products. Traditional Standort concept has always been the base for the economic thinking, and now should be banned. Today, it has to embrace the idea of how an economy (like the Spanish or the German), or a firm is included in the globalization process, and how the economy or the firm is able of using its potentials in the network, giving a growing importance to the person, and a diminishing importance to the things.

IMPACT OF GLOBALIZATION

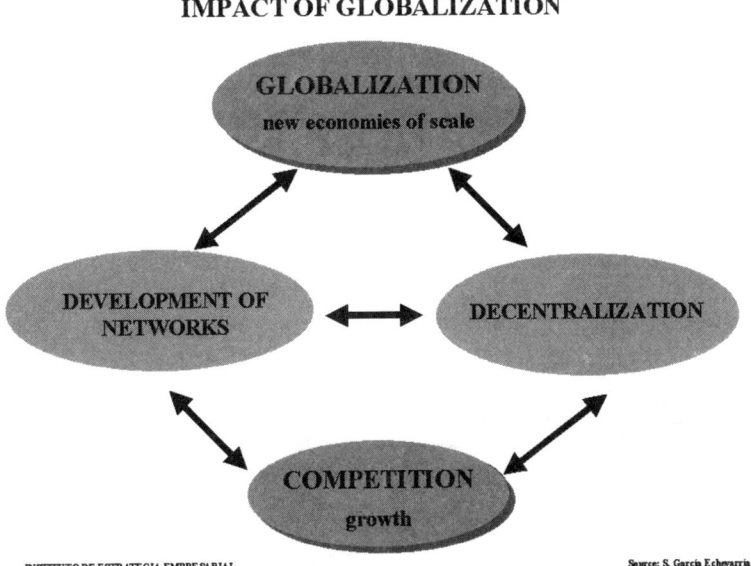

INSTITUTO DE ESTRATEGIA EMPRESARIAL   Source: S. Garcia Echevarria

Thus, business strategy rests on two basic principles:

1. "Own" economies of scale, i.e. those that are strategically based on business differentiation that will produce a growing demand from the environment, thus generating economies of scale.
2. Global efficiency that can only be achieved through its participation in strategic networks. This is what I call "virtual" economies of scale, i.e. the economies of scale that are reached through the use of potentials owned by others. This allows great flexibility against the changes that should be combined with a systematic reduction of unit costs and quality-assurance measures. An example of this is the current "global sourcing".

The prime objective of the business strategy in the globalization is that the firm needs a clear differentiation of before the customer, the employee and the vendor. A firm that dilutes its identity in the environment and that is not able of becoming a cultural or organizational reference in its markets will surely die.

BUSINESS STRATEGY IN A GLOBAL ENVIROMENTS

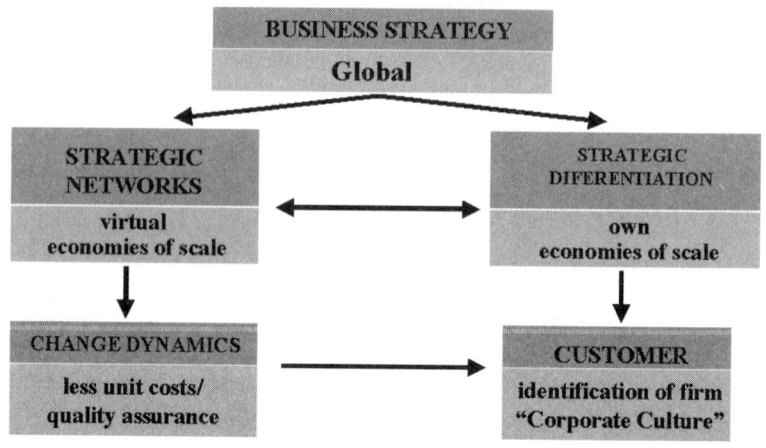

INSTITUTO DE ESTRATEGIA EMPRESARIAL

Source: S. Garcia Echevarria

The above leads me to draw upon the idea of a new business culture, which implies two major requirements:

1. Strategic thinking instead of analytic thinking. The strategy is based on the pursuit of differentiation that allows economies of scale, and on the participation in the globalization to use those differences.

2. Managing style, featured by the integration of the person in the project to achieve flexibility and quickness of adaptation. These two demand leadership, teamwork and process organization – the integration of the person does not have to be done through regulations, but through the manager's ability to dialogue, to identify values, and to generate a particular business culture.

This is a business culture that rests primarily on the behavior of the human beings. Again, this behavior should be mainly characterized by the stability. Without stability, the organization of the economy based on globalization and deregulation cannot be supported. Moreover, it rests on an efficient usage of available capacities in order to lower systematically unit costs, giving an answer to the customer and supporting itself the stability of economic and social processes.

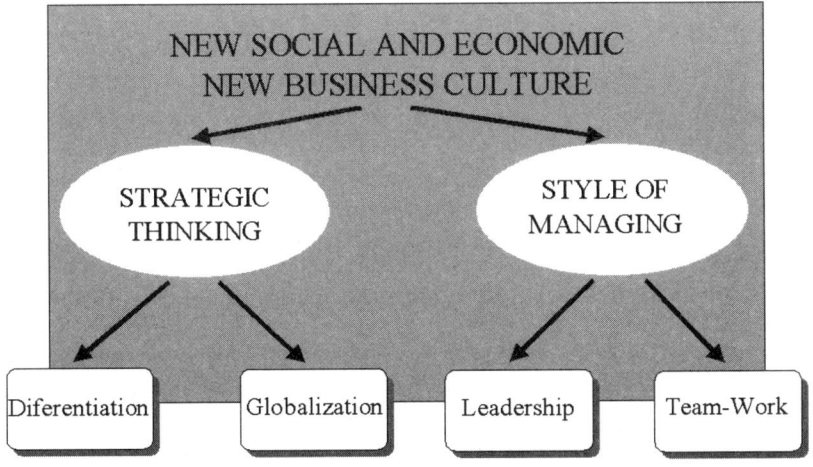

The key issue is, consequently, how coordination costs resulting from barriers and dysfunctionalities are reduced. And how those extra energies that become liberated after the breaking up of those barriers are put to the goal of a higher economic and social efficiency that gives answer to the needs of the people.

4 Conclusions

- Impulses for the generation of new markets in Europe, as the answer to Globalization, come from the processes of privatization and deregulation, and from the technological development and the new configuration of the division of labor.
- The strong government presence in the European economic scene (some 50% of the GDP) is a burden that limits economic efficiency. But at the same time it allows the opportunity to foster new markets, through deregulating those same markets.
- Synergies of the new markets, as opposed to the traditional markets, will motivate a new dynamic, due to the lowering of unit costs and the growing of the competition.
- Deregulation aims to the creation of a new business culture that boosts competition and an efficient – and global – usage of available resources.

- Privatization would miss its goals if it did not contribute (1) to spread the culture change among firms, and (2) to originate the values needed for the new social and economic environments.
- Globalization of the economy and the implementation of the EURO are key elements in promoting the new economic and social cultures, which should be based on a new concept of stability – one that fosters competition.
- These new economic and social cultures rest on the values that shape competitive behavior, abilities and skills. These values will generate intelligent organizations, which integrate society, economy, firms, and persons.
- The orientation of the new economic and social orders should meet the demands of a culture of stability, which is needed for the development of a global economy, and a strong EURO.
- Only through a change of the business culture can the change of the social and economic orders (environments) be realized. The aim is also an increase of the competitiveness of the European firm.

5   Bibliography

[1] *Banco Bilbao Vizcaya; García Echevarría, S. (Ed.)*(1996): Globalización y Gobierno de las Empresas, Bilbao 1996

[2] *García Echevarría, S.* (1994): Las nuevas estructuras empresariales como respuesta para una economía eficiente y cometitiva. In: Working Paper – IDOE (Serie Azul), Nr. 10/93, Alcalá de Henares 1993

[3] *García Echevarría, S.* (1994): La nueva institucionalización de la empresa como clave para un crecimiento sostenido y de futuro de la economía española. In: Working Paper – IDOE (Serie Azul), Nr. 14/94, Alcalá de Henares 1994

[4] *García Echevarría, S.* (1995): Changing barriers at Spanish corporation to achieve international competitiveness. In: Working Paper – IDOE (Serie Azul), Nr. 18/94, Alcalá de Henares 1995

[5] *García Echevarría, S.* (1995): Anpassung der Unternehmung an die Dynamik der Wirtschaft- und Sozialordnung. In: Working Paper – IDOE (Serie Conferencias), Nr. 18/94, Alcalá de Henares 1995

[6] *García Echevarría, S.: Del Val Núñez, M.T.* (1993): Cultura corporativa y competitividad de la empresa española, Madrid 1993

[7] *García Echevarría, S.: Del Val Núñez,, M.T.* (1993): El directivo de la empresa vasca. Clave de su competitividad, Bilbao 1993

[8] *García Echevarría, S.: Del Val Núñez, M.T.* (1997): La empresa española ante la globalización de la economía, Madrid 1997

[9] *Pümpin, C., García Echevarría, S.* (1989): Cultura empresarial, Madrid 1999

[10]*Institut der Deutschen Wirtschaft* (1996): Internationale Wirtschaftszahlen, Köln 1996

[11] *Pümpin, C., García Echevarría, S.* (1990): Dinámica empresarial. Una nueva cultura para el éxito de la empresa. Cómo implementar la estrategia en la empresa, Madrid 1990

[12] *Pümpin, C., García Echevarría, S.* (1993): Estrategia Empresarial. Cómo implementar la estrategia en la empresa, Madrid 1993

[13] *UBS International Finance* (1996): Privatizing Government out of Business, summer 1996

KAPITEL 7

VENTURE ODER ADVENTURE? FINANZIERUNG VON UNTERNEHMENSGRÜNDUNGEN

Stephan M. Hess

1 Abenteuer Unternehmensgründung

Als man mich bat, über die Finanzierung von Unternehmensgründungen – auf neudeutsch Venture Capital Finanzierung – zu sprechen, und ich eine schlagkräftige Überschrift suchte, fiel mir ein Spruch ein, den ich als Kind oftmals als Antwort auf meine Frage *» Was heißt denn GmbH«* gehört hatte. Auf diese Frage gab man mir mit einem wissenden Grinsen die Antwort, GmbH sei die Abkürzung für *» Gehst mit, bist hin«*.

Der Volksmund hatte schnell begriffen, was die Statistiker uns durch aufwendige Erhebungen und Befragungen bestätigen: Die Mehrzahl aller neuen Unternehmen, aller Versuche, sich selbständig zu machen, scheitern. Aus dem *Venture*, d.h. dem wirtschaftlichen Unterfangen, wird meist ein *Adventure*, also ein waghalsiges Abenteuer, und das wird „teuer".

Statistisch gesehen scheitern über achtzig Prozent aller Neugründungen in den ersten fünf Jahren. Unabhängig davon, wie man die Statistik interpretiert: Fakt ist, die meisten dieser Unternehmen gehen unter bzw. scheitern. Oft schaffen sie es nicht einmal, die ersten finanziellen Engpässe zu überwinden, und vielfach gelingt es ihnen nicht, auch nur ansatzweise profitabel zu werden, und damit fehlt diesen Neugründungen eine der wichtigsten Voraussetzungen, um auf Dauer Bestand haben zu können.

Viele Firmen werden unter Selbstausbeutung der Initiatoren aufgebaut, nur um nach kurzer Zeit feststellen zu müssen,

- daß sie sich im Markt nicht behaupten können,
- daß die Kunden etwas anderes wollen,
- daß die eigenen Kosten zu hoch sind,
- daß man mit anderen nicht konkurrieren kann oder
- daß man vergessen hat, auf wesentliche Dinge zu achten, beispielsweise auf Rechte Dritter, auf Zulassungsbeschränkungen, auf richtige Verträge oder einfach nur auf ungünstige Witterungsbedingungen.

Es ist sehr schwer, ein Geschäft erfolgreich aufzubauen. Und es ist ebenso schwierig, ein solches Geschäft im Aufbau zu finanzieren, wenn man die Erfolgschancen richtig bewerten und die investierten Mittel nicht verlieren will.

2   Möglichkeiten einer Finanzierung von Unternehmensgründungen

Der oft gehörte Vorschlag, diese Art der Finanzierung sei Aufgabe der Kreditinstitute, Banken oder Sparkassen im Rahmen ihrer traditionellen Kreditvergabe geht meines Erachtens an der Thematik vorbei. Ein solcher Kredit – vorausgesetzt, er erfolgt ohne übliche Sicherheiten – zwingt den Kreditgeber, Eigenkapitalrisiken einzugehen. Für diese Art der Finanzierung sind die Kreditinstitute oft personell nicht gerüstet und haben dafür auch meist nicht die adäquaten Instrumente.

Der Zwiespalt zwischen den Unternehmern als Kreditnehmer und den Banken als Kreditgeber bzw. deren unterschiedliche Auffassung zu der angesprochenen Problematik ist in der Bundesrepublik traditionell recht ausgeprägt. Der Grund hierfür ist, daß man sich auf beiden Seiten oft unklar über die wirkliche Verteilung der Risiken war und in vielen Fällen auch heute noch ist. Viele Unternehmer glauben, sie hätten einen „Anspruch" auf Kredit, während sie in Wirklichkeit einen Bedarf an Risikokapital haben. Gleichzeitig geben viele Banken oft „ein wenig" nach und erfüllen einen Teil des Risikokapitalbedarfs mit einem herkömmlichen Kredit, der aber oft für das Unternehmen nicht ausreichend ist und dennoch laufend Zinsen kostet und die Überschuldung näherbringt. Und dies alles, ohne daß ein echter Beitrag zur unternehmerischen Führung geleistet oder das Risiko adäquat finanziert wird.

Ein altes und doch alltägliches Dilemma. Lösungsansätze gab es bereits früher: So hatte man in Europa im Mittelalter das kanonische Zinsverbot; ein Verbot, das in manchen Kulturen zum Teil noch heute besteht. In seiner letzten Konsequenz zwingt es zur vollen Eigenkapital- und Lieferantenfinanzierung, doch damit ist heute keinem jungen Unternehmen gedient, das einen dringenden Kapitalbedarf hat. Der Rat, alles mit eigenen Mitteln zu bestreiten, ist sicherlich ebenso unzeitgemäß wie unrealistisch, denn diejenigen, die die Ideen und den Willen zur Umsetzung haben, sind keineswegs deckungsgleich mit denen, die über die dazu erforderlichen Mittel verfügen.

Es ist nicht überraschend, daß ich als eine Lösung des Dilemmas die Venture Capital Finanzierung aufführe, denn schließlich ist dies mein Thema. Doch man soll nicht glauben, mit dem Zauberwort *Venture Capital* als Losung schon die Lösung für die Finanzierung von Unternehmensgründungen gefunden zu haben.

Zur Klarheit sei erwähnt, daß unter *Venture* in der Regel Neugründungen (start-ups) und/oder Ausgründungen (spin-offs) verstanden werden. Der Unterschied ist in der Theorie nicht sehr groß bis auf die Tatsache, daß bei der Neugründung meist noch alles offen ist und man die Struktur der neuen Firma in jedem Detail festlegen muß. Bei einer Ausgründung dagegen sind oftmals schon viele Teile des Geschäfts durch die vorherige Struktur und das vorherige Umfeld zumindest vorhanden oder sogar festgelegt. Eine Ausgründung vereinfacht das Vorgehen insofern, als daß die Art der Leistungserstellung und deren Kosten, die Kunden, die Mitarbeiter etc. bereits weitgehend vorgegeben sind.

3 Die Umsetzung der Idee: Do the Obvious

Doch unabhängig davon, in welcher Situation sich der Gründer bzw. sein neu gegründetes Unternehmen befindet, die erste Regel lautet »*Do the obvious – tue das Offensichtliche!*«. Ein markiger Spruch, zugegeben, aber er umfaßt das ganze Pflichtenheft für diesen ersten Schritt. Doch was ist das Offensichtliche? Es ist das Planen: Wer macht was wann, was kostet das, wann muß welche Rechnung bezahlt werden, welche Interessenten für meine Produkte und Leistungen gibt es, und warum werden sie gerade mein Unternehmen als Lieferanten nehmen, welche Preise kann ich erzielen, und was kommt davon wann in meine Kasse? Und nicht zuletzt: Wie verändert sich mein Umfeld, wie reagiert die Konkurrenz, und wieviel darf schiefgehen, bevor ich meine Firma wieder schließe?

Einfach? Ja! Offensichtlich? Ja! Üblich? Leider nicht. Wenige überlegen sich die Entwicklung ihrer Firma in dieser stringenten Weise. Und viele halten sich nicht daran, weil sie sich trotz schlechter Ertragslage und oft noch schlechteren Zukunftsaussichten mit ihrer Firma verwachsen fühlen und dem Management die kritische Distanz fehlt.

Wenn über erfolgreiche Firmengründungen gesprochen wird, höre ich oft den Spruch »*Die Idee hätte man haben sollen, dann ...*«. Ideen gibt es wie Sand am Meer: neue, alte, kopierte, bewährte, geniale und verrückte. Doch eine Idee ohne Umsetzung ist wirtschaftlich gesehen noch nicht viel wert. Dennoch wird der Wert der Idee meist überschätzt. Das ist verständlich, denn im nachhinein sieht man den Erfolg der guten Idee und vergißt, daß die Umsetzung mit viel Mühe verbunden war und ist.

Nehmen Sie als Vergleich den Fosbury Flop. Als sein Namensgeber, der Hochspringer Richard Fosbury, ihn zum ersten Mal 1968 in Mexiko bei den Olympischen Spielen öffentlich präsentierte, die Höhe von 2,24 Metern übersprang und die Goldmedaille errang, mußte er zuvor mindestens genauso hart üben wie alle anderen auch. Die Idee alleine hätte ihm nicht dazu verholfen, die Goldmedaille zu gewinnen. Wenn ich – oder die meisten der hier Anwesenden – beim Hochsprung den Fosbury Flop einsetzen würde, so würden sie dem Namen Fosbury keine Ehre machen, sondern wahrscheinlich nur den Zusatz Flop verdienen.

Leider ist vielen Unternehmern die Marktchance ihres Unterfangens nicht so leicht verständlich zu machen wie der Fosbury Flop. Warum ist das so? Meist, weil der Gründer in seine Idee bzw. sein Produkt verliebt ist, und Liebe macht bekanntlich blind. Enthusiasmus ist in Ordnung, aber machen Sie nicht den schlimmsten Fehler und verlieben sich in Ihr Geschäft. Liebe sollte man für seinen Lebensgefährten, für seine Familie, für Menschen empfinden.

In das Geschäftsleben gehört Realismus oder – in pathetischeren Worten – die Erkenntnis, was der Kunde will und wie man die Bedürfnisse der Kunden befriedigen kann. Egal, ob es eine neue oder eine alte und bewährte Idee ist, egal ob billig oder teuer, die wichtigste Frage bleibt *» Wird diese Idee beim Kunden erfolgreich sein?«*.

4   Hilfe bei der unternehmerischen Umsetzung durch den Financier

Für den Financier heißt dies: Wie erreiche ich, daß der Unternehmer, der enthusiastisch sein muß, mir gegenüber realistisch in seiner Produkt- und Marktbewertung ist? Ein wichtiges Mittel bei der Verfolgung dieses Zieles ist die Festlegung von *Milestones*, von Etappenzielen, die Anreize für alle Beteiligten zu schaffen vermögen. Ebenso müssen Konsequenzen für den Fall festgelegt werden, daß die gesetzten *Milestones* verfehlt werden – Konsequenzen, die die Gründer bzw. das Management zum Handeln zwingen. Aufgabe des Financiers ist es, im Aufsichtsgremium oder im Management dafür Sorge zu tragen, daß Korrekturen getätigt werden, wo sie angebracht sind, und zwar zeitig.

Für die Umsetzung gilt auch heute noch, was Thomas A. Edison, einer der erfolgreichsten Erfinder und Unternehmer aller Zeiten, formulierte: *»1% is inspiration and 99% is transpiration.«* Mit anderen Worten: Der Erfolg beruht zu 1% auf der Idee und zu 99% auf der harten Umsetzungsarbeit. Ray Kroc, der Gründer von McDonald's, faßte es in seinem *» Wort an die Klugen«* wie folgt zusammen: *» Nichts auf der Welt kann Beharrlichkeit ersetzen. Talent kann es nicht; es gibt nichts Alltäglicheres als talentierte Menschen ohne Erfolg. Genie kann es nicht; das verkannte Genie ist schon sprichwörtlich. Ausbildung kann es nicht; die Welt wimmelt von gescheiterten Intellektuellen und Halbgebildeten. Nur Beharrlichkeit und Entschlossenheit versetzt einen in die Lage, Welten zu bewegen.«*

Die Umsetzung ist das wesentliche, denn schöne Geschäftspläne, die geradezu sagenhafte Umsatz- und Gewinnerwartungen zeigen, sind gang und gäbe. Eine der wichtigsten Voraussetzungen für eine erfolgreiche Umsetzung ist daher die Auswahl bzw. Ergänzung des Management-Teams, insbesondere wenn die Gründer selbst stark produkt- bzw. technologieorientiert sind. Das heißt, der Financier muß Wert darauf legen, daß das Management des Unternehmens gewissen Kriterien gerecht wird, wie beispielsweise:

- Belegbare Erfolge als Führungskräfte, ggf. auch auf einem anderen Gebiet,
- Unternehmensrelevante Fähigkeiten und Erfahrungen,
- Zeit und die Bereitschaft, sich voll einzubringen,
- Bereitschaft zu substantiellen eigenen Finanzinvestitionen,
- Orientierung an langfristigem Vermögenszuwachs durch eine eigene Beteiligung an dem Unternehmen und nicht in erster Linie an direkter gehaltswirksamer Vergütung,
- Überragende Eigenschaften als überzeugende und gewinnende Menschenführer, die mit dem Team zu arbeiten verstehen,
- Fingerspitzengefühl im Umgang mit den Firmengründern.

5 Finanzorientierung als wichtige Voraussetzung erfolgreicher Unternehmensgründungen

Doch die beste Idee mit dem besten Team zur Umsetzung nützt wenig, wenn kein Geld da ist. Stimmt's? Nicht ganz! Denn auch ohne viel Kapital kann man viel erreichen. Wichtig ist die Finanzorientierung.

Finanzorientierung bedeutet in einfachen Worten, sich immer bewußt zu machen: »*Wo kommt das Geld her, wann brauchen wir was und wieviel?*«. Wesentlich ist in diesem Zusammenhang der Mittelfluß bzw. der sog. *Flow of Funds*, denn auch ertragsstarke Unternehmen können bilanziell überschuldet sein und trotz oder gerade wegen einer guten Geschäftsentwicklung kein Geld mehr in der Kasse haben, d.h. illiquide sein.

Gewarnt sei vor Bilanztricks, auf die man selbst zu leicht hereinfällt. Lügen Sie sich niemals selbst „Geld" in die Tasche, egal was in der Bilanz oder der Gewinn- und Verlustrechnung steht. Es gilt die Lebensweisheit: Der Posten Verbindlichkeiten ist meist die werthaltigste Bilanzposition und *in casu belli* fast immer zu niedrig angesetzt. Die Forderungen sind fast immer ungewiß und zählen zu den gedachten Talern, bis sie auf dem Konto eintreffen.

Finanzorientierung heißt weiterhin, daß man sich klarmacht, welche Teile des Geschäfts welche Kosten und Erlöse mit sich bringen. Das hört sich einfach an, aber selbst viele große und größte Unternehmen können diese Zurechnung nur unzureichend vornehmen. Denn deren Buchhaltung orientiert sich oft allein an der Bilanzierung für die steuerliche und handelsrechtliche Rechnungslegung sowie an der Beachtung von Publizitäts- und aufsichtsrechtlichen Vorschriften und ist nicht auf die betriebswirtschaftliche Unternehmenssteuerung ausgerichtet.

6   Finanzinvestoren als Kapitalgeber bei Unternehmensgründungen

Viele Unternehmer sind zu allem bereit, nur um Kapitalmittel aufzubringen. Die Tatsache, daß nicht jeder Kapitalgeber für die eigene Firma geeignet ist, wird teilweise übersehen. Entscheidend kommt es zunächst darauf an, daß die Chemie zwischen den Beteiligten stimmt. Wichtig für jeden Unternehmer auf der Suche nach Finanzinvestoren sollten sodann das von dem potentiellen Investor verfolgte Geschäftsziel sowie dessen Investitionsphilosophie sein. Von großer Bedeutung im Zusammenhang mit der Finanzierung von Venture Capital Unternehmungen ist im übrigen der Begriff *Total Return*. Dazu zählen nicht nur Dividenden und Erträge, sondern vor allem realisierbare Werterhöhungen.

Venture Capital Finanzierung ist keine exakte Wissenschaft und nicht programmierbar, d.h. nicht alle Entscheidungen sind durch Logik oder Erfahrungswerte belegbar, nicht alle Probleme sind vorhersehbar und kalkulierbar. Als reiner Financier kann man nur gewisse Kriterien abgreifen und ist dann auf die Beobachtung und Kontrolle während der Entwicklung angewiesen. Für eine größere Anzahl von solchen Investments kann man fast schon portfoliotheoretisch vorgehen, d.h. man kann sein Risiko streuen. Entscheidend ist dabei nicht nur, in welche *Ventures* man investiert, sondern vor allem wieviel – wieviel, bezogen auf das einzelne *Venture,* und auch wieviel von dem eigenen Investmentvolumen. Als reiner Portfoliomanager für Finanzierungen von *Ventures* kann und muß man bisweilen auch recht theoretisch vorgehen, was die Risikostreuung angeht. Dennoch muß immer gewährleistet sein, daß das einzelne *Venture* wirklich professionell gemanagt wird. Hier gilt es vor allem, Markt- und Wachstumschancen sowie Margen und Chancen des Exits zu kalkulieren bzw. abzuschätzen. Ich will den Portfolioansatz hier nicht weiter darlegen – dazu sind andere besser qualifiziert, die sich mit solchen Modellen beschäftigen. Ich beschränke mich auf einzelne Projekte, die ich verfolge.

An dieser Stelle seien schlagwortartig noch einige Faktoren angeführt, die die Venture Capital Finanzierung in der Bundesrepublik erschweren. Es sind dies beispielsweise die Behandlung von Gesellschafterdarlehen, von verbundenen Unternehmen, die sogenannte verdeckte Gewinnausschüttung, die steuerliche Ungleichbehandlung von In- und Ausländern oder die Fiktion des kapitalersetzenden Darlehens, um nur einige Stichworte zu nennen.

Wo stehen wir heute? Noch gibt es relativ wenige inländische und ausländische Investoren, die bereit sind, in Deutschland für Firmengründer oder Unternehmensausgliederungen Risikokapital zur Verfügung zu stellen. Aber das Interesse wächst. Immer mehr Privatanleger, Geldmanager von Pensionsfonds und anderen Kapitalsammelstellen fragen nach solchen Anlagemöglichkeiten. Denn erstens wollen viele in Europa investieren, und da ist Deutschland einer der interessantesten Märkte. Zweitens bietet eine aktivere deutsche Börse zunehmend bessere Chancen, die Firma oder Anteile daran weiterzuverkaufen (Exit). Drittens bietet Deutschland derzeit superbe Investitionschancen. Deutschland erlebt einen beachtlichen Umbruch in vielen Sektoren. Da können gute Unternehmer ganz Neues und Erfolgreiches tun. Dazu benötigen sie eine kooperative Finanzierung, die Risiken versteht und bereit ist, diese zu übernehmen. Diese Art der Finanzierung ist die Aufgabe eines Risikokapitalgebers.

7 Voraussetzungen für eine erfolgreiche Unternehmensgründung

Wer mit Risikokapital finanziert werden will, muß drei Voraussetzungen erfüllen: Erstens die richtige Idee. Zweitens das richtige Management. Drittens die richtige Finanzierungsstruktur. Solange nicht alle drei Voraussetzungen erfüllt sind, ist es schwierig, Beteiligungen von Risikokapitalgebern zu realisieren. Deshalb gibt es sehr viel weniger Venture Capital Finanzierung in Deutschland, als es möglich wäre. Die Mittel sind zwar nicht unbegrenzt, aber es ist erstaunlich viel Geld da, das nach überzeugenden Anlagemöglichkeiten sucht.

Viele der deutschen Unternehmensgründer denken nicht finanzorientiert. Sie haben ein schönes Produkt, sind möglicherweise auch gut organisiert. Aber sie wissen nicht, wieviel Geld sie brauchen, um das Geschäft aufzubauen. Noch weniger können sie Erfolgs- oder Gewinnchancen angeben. Dies ist zum Teil Aufgabe des Risikokapitalgebers. Um zu helfen, bevorzugen es viele Venture Capital Financiers, eine Position im Management der Firmen zu besetzen, an denen sie sich beteiligen. Wer ins Geschäft kommen will, muß die folgenden Grundregeln akzeptieren: Wer Geld in ein Unternehmen steckt, will, daß es Erfolg hat und ihm dadurch Gewinn bringt. Dazu muß er die Entwicklung der Firma kontrollieren und gegebenenfalls gegensteuern können.

Viele denken, die gute Idee sei das Entscheidende. Dabei macht die technische Neuerung nur einen Teil des Erfolges aus. Genauso wichtig ist die richtige Umsetzung und nicht zuletzt auch die Finanzierung. Deshalb sollen nach meiner Vorstellung die Ideengeber, das Management und die Geldgeber eine entsprechende Erfolgsbeteiligung haben.

Ein gutes Investment bringt nach einigen Jahren ein Vielfaches der Anfangssumme. Denn die fünf bis zehn Prozent Gewinner müssen ausgleichen, daß achtzig Prozent der Firmen, die Risikokapital erhalten, kaum den Einsatz erwirtschaften und oft mehr als zehn Prozent Totalverluste für die Geldgeber sind.

Lassen Sie mich zusammenfassen: Etwas Abenteuer nimmt jeder gerne in Kauf, wenn die Risiken überschaubar und die Chancen groß genug sind, das Unterfangen bzw. das Unternehmen in einem vernünftigen Zeitrahmen zum Erfolg zu führen.

KAPITEL 8

ERSCHLIESSUNG NEUER MÄRKTE – CHANCE UND PFLICHT AUCH FÜR DEN MITTELSTAND

Dieter Kress

1 Einleitung

Wie war das doch relativ einfach bis vor wenigen Jahren. Die Firmen, auch und gerade die mittleren und kleineren Firmen, hatten ihre Märkte oder auch nur ihre Nische, innerhalb derer sie agieren konnten, zwar nicht mit einem hohen Schutzzaun, und auch nicht auf weichen Daunen gebettet, aber doch einigermaßen geschützt und mit einem relativ festen Horizont. Und dann brach plötzlich wie ein Unwetter die Globalisierung über diese festgefügte Ordnung herein und brachte so einiges durcheinander. Schon dies allein ist natürlich nicht sehr angenehm, richtig lästig ist aber zum einen die Schnelligkeit dieses Wandel, und auch die Tatsache, daß eine neue, festgefügte Ordnung nicht in Sichtweite ist, sondern daß der Wandel das Normale zu werden scheint.

Dieser Zwang zur Veränderung gilt für große und kleinere Firmen, egal ob sie bis jetzt bereits am Weltmarkt tätig waren oder nicht. Wenn die Kunden auswandern, müssen die Kleinen mitmachen, oder sie gehen unter.

Die Firma MAPAL ist ein mittelständisches Unternehmen, hat heute 1100 Mitarbeiter und ist eine Familien-KG. Die Produkte sind Spezialwerkzeuge zur Bearbeitung von Bohrungen in der Metallbearbeitung, und zwar speziell in der Automobilindustrie. Die Firma wurde vor 50 Jahren gegründet und hat das Produktprogramm nach einem Patent weitgehend selbst entwickelt, d.h. wir bemühen uns, sehr innovativ zu sein. Das Programm beinhaltet heute auch Spannzeuge, Einstellgeräte und Werkzeuge, die der Feinbearbeitung vorangehen. Die Firma ist heute international ausgerichtet, wie noch an anderer Stelle ausgeführt wird.

2 Entwicklung der Präzisionswerkzeugindustrie

Die Präzisionswerkzeugindustrie ist eine typisch mittelständische Industrie, geprägt durch eine Vielzahl kleinerer und mittlerer Firmen, hinzu kommen einige wenige sehr große Firmen, die bereits bisher weltweit tätig waren und meist US-amerikanischen, schwedischen oder japanischen Ursprungs sind. Allerdings, für zum Teil überraschende und sehr wichtige Innovationen sind sehr oft gerade die kleinen Firmen gut, d.h. sie sind oft das Salz in der Entwicklungssuppe, und sie sind neben ihrer Beweglichkeit gerade deshalb besonders wichtig für die Abnehmer. Die kleinen und mittleren Firmen sind oft Familienunternehmen mit großer Tradition, mit traditionellen Beziehungen zu den Abnehmern.

Anders ist die Struktur der Abnehmer der Präzisionswerkzeugindustrie: Etwa 50 % der Produktion an Präzisionswerkzeugen geht in die Automobilindustrie und an ihre Zulieferanten, überwiegend sehr große Firmen mit Milliardenumsätzen, weltweit agierend im Absatz und mehr und mehr in jüngster Zeit verstärkt auch die Produktion verlagernd in andere Länder Europas, aber auch in die USA und Südamerika.

Gerade bei der Fertigung von Verbrennungsmotoren werden zahlreiche Werkzeuge gebraucht, ebenso bei der Fertigung von Getrieben und Bremsen. Hierzu einige Beispiele zur Internationalisierung der Produktion, d.h. der „Auswanderung" deutscher Fertigungen ins Ausland.

Opel	Neue Motorenwerke in Ungarn, Australien, Brasilien
Audi	Neues Motorenwerk in Ungarn
BMW	Neues Motorenwerk in England
Chrysler	Neues Motorenwerk in Brasilien
VW	Neues Motorenwerk in Tschechien
Getrag	Neues Getriebewerk in Italien
Bosch	Bremsenfertigung in Frankreich und USA

Diese Reihe könnte beliebig fortgesetzt werden. Bedauerlich für uns als Hersteller von Präzisionswerkzeugen ist dabei, daß nur eine Richtung feststellbar ist, die Bewegung ins Ausland, leider nicht umgekehrt. Da andere Abnehmer damit nicht an die Stelle der bisherigen, dominierenden Abnehmer treten können, heißt das für die mittelständischen Firmen, daß sie den Abnehmern folgen oder schrumpfen und irgendwann verschwinden müssen. Dabei ist das Mitziehen mit den Kunden natürlich aus vielerlei Gründen nicht einfach und nicht unproblematisch.

Folgen heißt ja nicht, die Werkzeuge von Deutschland zum bisherigen, langjährigen Kunden in Deutschland jetzt nach Brasilien zu schicken, und alles läuft wie bisher. Zum einen sind die Abnehmer in Brasilien nicht so vertraut mit den Werkzeugen wie die Abnehmer in Stuttgart, auch können z.B. kleinere Nachbesserungen nicht mehr so einfach, schnell und mit geringen Kosten ausgeführt werden und – das wichtigste – in vielen Ländern gibt es schon potente Wettbewerber, die jetzt nicht mit höflicher Zurückhaltung dem deutschen Mittelständler den neuen potenten Abnehmer überlassen. In den meisten Fällen fertigen sie mit geringeren Kosten, besitzen eingefahrene Vertriebswege – und nicht zuletzt: sie sprechen die Landessprache.

Was hat hier der deutsche Mittelständler entgegenzusetzen, was hat er zu bieten, was muß er tun, um Erfolg zu haben, denn, wie oben ausgeführt, wenn er überleben will, muß er Erfolg haben in seinen Verkaufsbemühungen, im Ausland wie im Inland.

Das Rezept ist zum einen: Besinnen auf die alten Stärken, ergänzt durch neue Ideen, z.B. Kooperationen.

3 Stärken des Mittelstandes

Was sind nun die speziellen, typischen Stärken des Mittelstandes?

Es ist die Fähigkeit zu immer neuen Innovationen.

In direktem Kontakt und in Zusammenarbeit mit dem Kunden kann und muß er – sei es vielleicht auch auf einem relativ kleinen Gebiet, das für die großen Wettbewerber nicht lohnend ist – Neues entwickeln, neue Produkte erfinden, Bisheriges weiterentwickeln, also insgesamt auf dem Weltmarkt gegen alle Wettbewerber eine technisch führende Stellung einnehmen, zumindest eine gleichwertige.

Nach meiner Meinung ist dies die allererste, wichtigste Grundlage. Gelingt dies nicht, stehen alle anderen Strategien auf tönernen Füßen. Ich darf hier aus meiner eigenen Firma als Beispiel die Entwicklung anführen, die wir gehabt haben. Wie in der Einleitung gesagt, haben wir unser Produktprogramm aus einem Patent heraus entwickelt. Man kann sehen, daß wir heute Schneiden mit Führungsleisten herstellen.

Chancen, auch heute Neues zu entwickeln, gibt es genügend, die Themen drängen sich direkt auf. Es sind in unserem Bereich der Präzisionswerkzeuge der Trend zur flexiblen Fertigung, also kleine Losgrößen, schnelles Umrüsten etc., oder die Hochgeschwindigkeitsbearbeitung, d.h. das Fertigen mit 10mal so hoher Bearbeitungsgeschwindigkeit wie bisher, oder die Trockenbearbeitung anstelle der reichlichen Zuführung von Kühlschmierstoff. Alle diese neuen technischen Trends bedingen neue Werkzeuglösungen. Dies ist nicht bequem, denn es muß ständig etwas Neues entwickelt werden, bisherige Lösungen sind nicht mehr gefragt. Andererseits entsteht Raum für etwas Neues, es gibt Chancen für neue Lösungen. Der Abnehmer ist eher bereit, den Lieferanten zu wechseln, da er doch sowieso neue Werkzeuge beschaffen muß. An der Spitze des technischen Fortschritts zu sein heißt auch, vor den möglichen Konkurrenten auf den neuen Märkten einen Vorsprung zu haben, der hilft, die Kosten- bzw. Preisdifferenz auszugleichen.

Ein wichtiger Vorteil des Mittelständlers ist seine Beweglichkeit, seine Schnelligkeit, seine Fähigkeit, sich auf neue Bedingungen einzustellen. Diese Stärke muß erhalten, vielleicht ausgebaut werden, gerade dann, wenn der neue Markt weiter entfernt liegt. Es müssen entsprechende Organisationsformen gefunden werden, die nicht lähmen, sondern beleben.

Besonders hilfreich sind hier die neuen Kommunikationsmittel Fax, Internet, E-Mail, CAD-Übertragungen etc., die teils natürlich auch Auslöser der Globalisierung sind. D.h. die Globalisierung stellt neue Bedingungen, die Kommunikationsmöglichkeiten helfen sehr gut, diesen zu entsprechen. Der Mittelständler muß, ob es nun seinem Naturell entspricht oder nicht, dem neuen Vertriebspartner, z.B. der Tochterfirma in Brasilien oder dem Kooperationspartner in Taiwan, genügend Freiraum geben, sich genauso frei zu bewegen wie die Mutterfirma in Deutschland. Den anwenderspezifischen Anforderungen muß entsprochen werden, und diese können von Markt zu Markt verschieden sein.

4   Wege zur Erschließung neuer Märkte

Auf der anderen Seite bringt es für den Mittelstand natürlich einen sehr großen Vorteil, wenn er einen großen Abnehmer im fremden Land sicher hat, zumindest für einige Zeit, dessen spezifische Wünsche, Mentalität und Mitarbeiter er seit vielen Jahren, teils Jahrzehnten, kennt. So wie er den Abnehmer braucht, so braucht der große Dampfer Abnehmer in fremden Gewässern auch kleine, bewegliche Beiboote, die ihn treu und zuverlässig begleiten.

Es sind also durch die Globalisierung der großen deutschen Firmen – Daimler Benz, VW, Siemens, Bosch etc. etc. – sehr große, eigentlich einmalige Chancen für den Mittelstand entstanden, seinerseits neue Märkte zu erschließen, und dies unter Mithilfe und Unterstützung beim Start durch die Kunden. Ich denke, eine sehr komfortable Situation, die es auszunutzen gilt und die nicht zu bejammern ist, wie es leider viele tun. Dabei gilt es natürlich, alle Hilfen und alle Unterstützungen wahrzunehmen, die den Weg ins ferne Ausland unterstützen und leichter machen.

Es bietet sich die Kooperation an, d.h. der gemeinsame Weg von Gleichgesinnten, am besten im gleichen Markt mit verschiedenen Produkten Tätigen.

Kooperationen sind auf sehr vielen Gebieten möglich, leider neigen gerade Mittelständler dazu, diese Möglichkeit sehr skeptisch zu sehen; sie empfinden sie als Einschränkung ihrer unternehmerischen Freiheiten, deretwegen sie sich ja selbständig gemacht haben.

Kooperationen sind aus meiner Sicht interessant im Vertrieb und gerade für die neuen Märkte in Asien und Südamerika.

Wir, die Firma MAPAL, sind Kooperationen eingegangen, u.a. für Brasilien. Hier haben wir eine gemeinsame Tochterfirma mit einer ebenfalls in unserer Branche tätigen Firma.

In Singapur sind wir in Kooperation mit früher vier, jetzt drei anderen Firmen zur Erschließung des ASEAN-Marktes. Die anfangs lose Kooperation hat jetzt zur Gründung einer gemeinsamen Firma GPT geführt mit Sitz im Deutschen Haus in Singapur. Wir beschäftigen dort drei Spezialisten für den technischen Vertrieb, die ersten Umsätze laufen. Gerade auf dem asiatischen Markt, dessen Bearbeitung teuer und langwierig ist, können nur Kooperationen weiterhelfen, zumindest um dort Fuß zu fassen.

Eine weitere Kooperation sind wir in Ungarn eingegangen. Beteiligt sind ein weiterer deutscher Präzisionswerkzeughersteller, eine Handelsfirma aus Österreich sowie ein Spezialist aus Ungarn. Jetzt liegt Ungarn nicht so fern, als daß dies nicht alleine zu bewältigen wäre. Wir sind in diesem Fall eine Kooperation eingegangen, um ein neues Produkt zu vermarkten und so das Risiko zu vermindern.

Das neue Produkt heißt Tool Management und bedeutet, daß wir für unseren Abnehmer, Opel Ungarn, die gesamte Werkzeugversorgung für die Herstellung der etwa 500000 Motoren pro Jahr machen. Wir liefern also nicht nur die von uns hergestellten Werkzeuge, sondern alle, auch Fremdfabrikate, die Opel benötigt. Wir lagern und beschaffen sie, warten sie und stellen sie an der Maschine bereit. Wir werden nicht bezahlt nach Anzahl der gelieferten Werkzeuge oder sonstigen Leistungen, sondern nach der Menge der gefertigten Motoren.

5 Durch Dienstleistungen wachsen

Dies ist in der Tat ein neues Produkt, eine neue Idee gegenüber dem, was die Firmen der Präzisionswerkzeugindustrie bisher taten. Eine spezielle, auf uns zugeschnittene Dienstleistung. Eine neue Möglichkeit für uns, noch engeren Kontakt zu unseren Kunden zu schaffen. Diese neue Dienstleistung ist besonders interessant für große Firmen, die im Ausland eine neue Fertigung beginnen. Sie brauchen dann keine eigene Werkzeugversorgung aufziehen. Wir kontrollieren dann von Anfang an, die Bedrohung durch einheimische Wettbewerber ist geringer. Also durchaus eine wichtige Innovation, in diesem Fall kein neues Werkzeug, sondern das neue Produkt als Dienstleistung.

In gleicher Weise bieten wir für unsere Abnehmer die Dienstleistung Komplettauslegung von Bearbeitungen. Der Kunde stellt uns die Bearbeitungsaufgabe „Bearbeiten eines Werkstücks", übergibt uns die Zeichnungen über das Werkstück, nennt uns die Randbedingungen in Form der Bearbeitungsmaschine, der Spannvorrichtungen, der zu fertigenden Stückzahlen, und wir machen alles übrige. Wir arbeiten den Fertigungsprozeß aus, ermitteln die erforderlichen Werkzeuge, legen die Zeiten fest. Wir beschaffen die Werkzeuge, bestücken die Maschine, fertigen die ersten Werkstücke und lernen die Mitarbeiter an. Auch dies ist eine neue Dienstleistung, auf der Basis einer engen Zusammenarbeit mit Kunden und Kollegenfirmen. Eine neue Chance für uns, natürlich mit Risiko, aber mit Aussicht auf Wachstum, auf Gewinn.

Ich hoffe, ich konnte mit diesem Vortrag einige neue Wege und neue Möglichkeiten für die Zukunft aufzeigen, Mut machen, sie zu gehen. Wir, die Firma MAPAL, haben mit Beharrlichkeit in den letzten Jahren unsere Chancen am Schopf gepackt und sind heute, so glaube ich, auf einem erfolgversprechenden Weg, zusammen mit unseren Abnehmern den Herausforderungen der Globalisierung zu begegnen. Es ist noch vieles im Werden, und täglich gibt es Neues zu bewältigen. Doch dafür sind wir Mittelständler, deren besondere Stärke ja die Beweglichkeit sein sollte.

TEIL II

INFORMATIONSTECHNOLOGIE UND NEUE MEDIEN

KAPITEL 9

I/T MANAGEMENT IN GLOBALEN MÄRKTEN

Konrad Schweiker

1 Henkel als Global Player

Die Rolle des I/T Managements in einem Wirtschaftsunternehmen unterliegt heute einem großen Veränderungsdruck. Die Dynamik der Märkte führt zu raschen Anpassungen und Änderungen der Geschäftsprozesse und der Geschäftsorganisation. Diese und die explosionsartige Entwicklung der Informationstechnologie fordern das I/T Management permanent heraus.

Die Abhandlung beschreibt den I/T Business Case Henkel. Ob die Ansätze auf andere Unternehmen übertragbar sind, ist offen. Bei Henkel jedenfalls hat die Art und Weise, wie das I/T Geschäft betrieben wird, durchaus einen wichtigen Einfluß auf die globale Formation des Unternehmens.

Henkel ist ein weltweit tätiges Markenartikel-Unternehmen und Spezialist für Angewandte Chemie. Die Geschäftsstruktur ergibt sich aus Abbildung 1. Henkel zählt in den wichtigen Märkten zu den führenden Anbietern. Die weltweite Präsenz erfordert vom Management eine globale Denk- und Handlungsweise, ohne die Henkel Gefahr liefe, in Marktnischen abzurutschen. Daher strebt Henkel in allen Kerngeschäften eine der ersten drei Positionen im Weltmarkt an. In drei Geschäften ist Henkel Weltmarktführer.

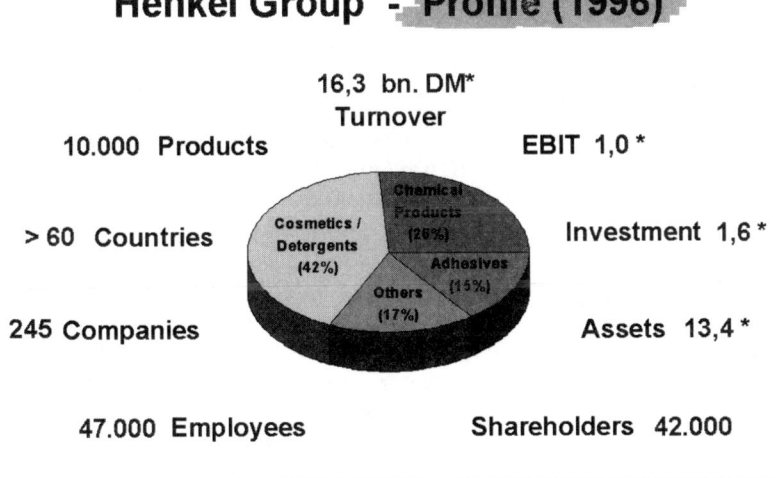

Abbildung 1:   Das Henkel-Profil

Die Zahlen weisen Henkel als ein stark differenziertes und weltweit tätiges Unternehmen aus. Lag der inländische Anteil des Gesamtumsatzes 1956 noch bei 83 %, so hat sich dieser in den letzten 40 Jahren kontinuierlich verringert. Heute erzielt Henkel 72% des Umsatzes auf ausländischen Märkten.

Jedes der etwa 250 Unternehmen der Henkel-Gruppe muß nachhaltig profitabel geführt und entwickelt werden. Dennoch oder gerade deshalb ist die Konzentration rationeller und leistungsfähiger lokaler Verwaltungseinheiten einerseits und die Führung von firmen- und landesübergreifend organisierten zusammenhängenden Geschäften mit ihren spezifischen Geschäftsprozessen und ihrem spezifischen Kommunikations- und Entscheidungsbedarf andererseits das Grundmuster des geschäftsorientierten Organisationskonzepts von Henkel weltweit.

2 Das Geschäftsmodell des weltweiten Henkel I/T Managements

Dem skizzierten Henkel-Geschäftsmodell stellen wir das Geschäftsmodell des weltweiten Henkel IT-Managements zur Seite. Es leistet einen wesentlichen Beitrag zur Formation der Geschäfte im Weltmarkt:

• Geschäftsprozesse
• Geschäftskommunikation
• Geschäftsentscheidungen

Das Henkel IT-Management ist anders als bei einigen ganz Großen der deutschen Industrie nicht direkt in den externen IT- Produkt- und Dienstleistungsmärkten tätig. Es gibt allerdings auch bei Henkel Beispiele dafür, daß in ganz spezifischen Feldern die Kooperation mit externen Dienstleistern gesucht wird, z.B. um eine günstige Kostenposition für den Eigenbedarf der Kerngeschäfte zu erreichen. Grundsätzlich konzentriert sich das I/T Management aber auf die unternehmensinternen I/T Märkte.

Das Henkel IT-Management hat sich angewöhnt, solche Geschäftstermini in die eigene Profession zu übernehmen und zunehmend mit den Begriffen Umsatz, Produkt, Kosten, Preis, Dienstleistung zu arbeiten. Der sogenannte Systemnutzer wird zum internen Kunden, der im Markt operierende Drittanbieter von IT-Leistungen je nach Situation zum Kooperationspartner oder zum Konkurrenten. Natürlich haben diese Analogien ihre Grenzen. Henkel hat aber gelernt, in solchen Kategorien frühzeitig zu denken. Es hat sich als sehr positiv herausgestellt, unsere Partner in den Geschäften kundenorientiert anzusprechen, um Entscheidungshilfen zu erhalten, die langfristig das I/T Portfolio ausrichten und entwickeln helfen.

2.1   Globale Geschäftsprozesse

Der Begriff „Geschäftsprozeß" ist schon fast „generic", seit Hammer und Champy ihr Buch über das Business Process Reengineering veröffentlicht haben. Das globale Henkel I/T Management verwendet den Begriff unter Hinzufügung des Attributs „global" in der Absicht, die I/T Produkte in diesem I/T Geschäftsfeld von den üblichen hierarchie- und firmenbezogenen Systemansätzen abzugrenzen.

Für die Untersuchung und Gestaltung von Geschäftsprozessen ist eine Arbeitsdefinition sehr hilfreich, die den Begriff verdeutlicht:

„Ein globaler Geschäftsprozeß ist eine Abfolge von operationalen Ereignissen, die durch Workflow verbunden sind, bewußt gestaltet, um Mehrwert für ein globales Geschäft zu erzeugen bzw. diesem hinzuzufügen."

Eine solche Arbeitsdefinition ist wichtig. Sie erfüllt den Zweck, alle an der Gestaltung der Geschäftsprozesse Beteiligten einschließlich der I/T Systemfunktion auf die Schaffung von globalem Mehrwert zu verpflichten. Sie kann auch herangezogen werden, um den relativen Nutzen von Reengineering-Projekten unter Einbeziehung von I/T Systemen abzuschätzen. Henkel legt besonderen Wert auf diesen Begriff des Mehrwertes, weil er wirklich zu einer Entscheidung zwischen produktiv und unproduktiv, zwischen Gewinn und Verlust, zwischen Kosten und Ertrag herausfordert. Es ist besonders wichtig, diesen Maßstab anzulegen, wenn man über globale Geschäftsprozesse spricht. Viele heute getätigte Systeminvestitionen sind rein technologisch motiviert und tragen der Forderung nach Mehrwert nicht Rechnung. In der Abbildung der globalen Prozesse über Firmengrenzen hinweg liegt die große Herausforderung, der sich das Henkel I/T Management heute stellt.

Die in Abbildung 2 gezeigte Darstellung ist keinem Lehrbuch entnommen. Es ist die schematische Wiedergabe von Erkenntnissen, die Henkel im Wege einer Top-Management-Befragung (Ebene 1 und 2 des Corporate Managements von Henkel) vor wenigen Jahren gewonnen hat.

In der Vertikalen sind die einzelnen Unternehmen aufgeführt, in der Summe etwa 250 Gruppenfirmen weltweit, bezeichnet als Firmen A bis N. Die Anzahl der größeren Gruppenfirmen, mit denen die Führungsgesellschaft an Systemen arbeitet, beläuft sich auf etwa 50. Die anderen sind meistens innerhalb von Regionen formiert und werden über eine regionale IT-Leitung koordiniert, so z. B. der Raum Asia Pacific.

Die größeren Gruppenfirmen sind meist in unterschiedlichen Geschäftsfeldern tätig, die in der Abbildung exemplarisch als Business 1–4 gekennzeichnet sind. Die einzelnen Blöcke der Unternehmen A bis N stehen für integrierte betriebswirtschaftliche Systeme, die den operativen Bedarf, das sogenannte Transaktionsaufkommen, in diesen Geschäften regulieren, planen und steuern.

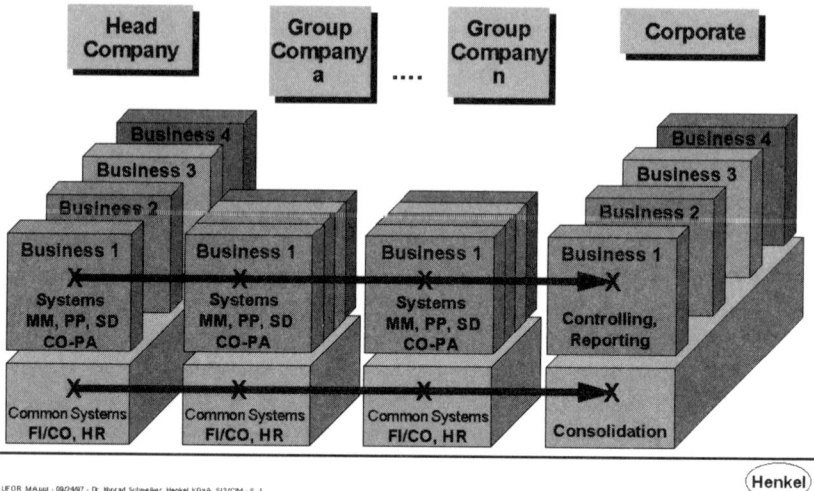

Abbildung 2:   Globale Geschäftsprozesse

In der Headcompany, der Henkel KGaA, wurde der Systembedarf je Geschäftsfeld aufgefächert. Henkel hat sich bewußt entschieden, nicht **ein** System einzuführen, wie man es früher normalerweise gemacht hätte und wie es in der alten Systemlandschaft (Host) tatsächlich auch gemacht wurde, sondern den Systemzusammenhang entsprechend der Geschäftsstruktur aufzulösen. Jedes Geschäftsfeld hat ein eigenes System, das mit den anderen Systemen innerhalb der Headcompany durch Workflow verbunden ist. Die Konsolidierung findet über die einzelnen Gruppenfirmen hinweg in einem Corporate System statt, das im wesentlichen das Controlling und Reporting der Geschäfte unterstützt, sowie die Konsolidierung im Finanzbereich und eventuell auch im Personalbereich.

Die Aufteilung erfolgte bewußt im Hinblick auf eine teils realisierte, teils machbare künftige Vernetzung der einzelnen Gebiete (horizontale Pfeile). Grundvoraussetzung für eine realtime-Abbildung globaler Prozesse über Systemgrenzen hinweg ist die Angleichung der Systeme und Standardisierung von Daten und Strukturen im Rahmen von aktuell getätigten Systeminvestitionen.

Das Modell der weltweiten Geschäftsintegration durch die Gestaltung übergreifender Geschäftsprozesse ist noch nicht überall und in vollem Maße realisiert. Es ist ein Zielmodell, eine Richtschnur, die uns die Möglichkeit gibt, übergreifende Geschäftsprozesse durch Zusammenschalten von Systemen einzelner Firmen immer dann zu gestalten, wenn ein Geschäft eine derartige Verknüpfung braucht. Der Verknüpfungsprozeß ist in vollem Gange.

Selbstverständlich funktionieren viele der Henkel-Systeme noch rein lokal. Sie unterstützen eine Abteilung, eine Funktion, eine Firma. Ein Jahresabschluß ist die Angelegenheit einer Firma und daher ein lokaler Aspekt. Der Weltabschluß andererseits kommt nur zustande, wenn die einzelnen Firmenabschlüsse über gleiche Begriffe und Bewertungsmaßstäbe zusammenführbar sind.

2.1.1 Beispiel eines globalen Geschäftsprozesses

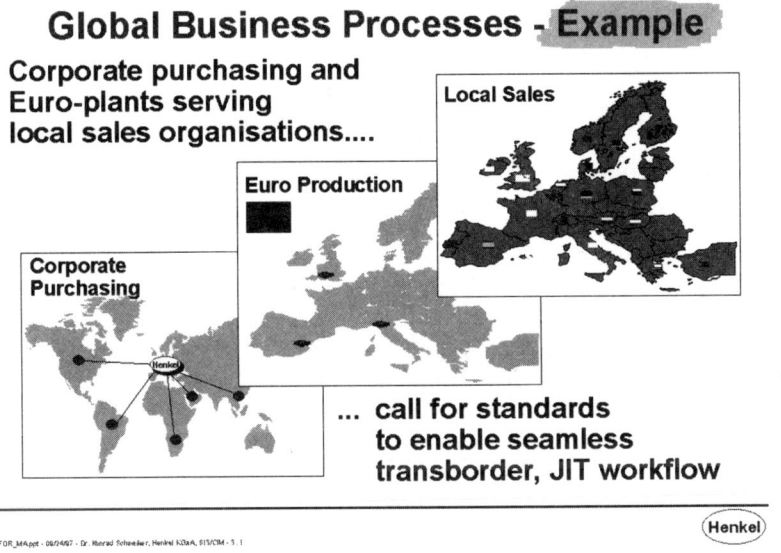

Abbildung 3: Beispiel eines globalen Geschäftsprozesses

Abbildung 3 zeigt ein Projekt, das gerade entsteht, und zwar ein europäisches Logistik- und Vertriebskonzept für ein Henkel Kerngeschäft (Kosmetik). Das Henkel IT-Management hat hier den Auftrag bekommen, zusammen mit dem zuständigen Unternehmensbereich ein Systemkonzept zu realisieren, das die Funktionselemente Welteinkauf, Europaproduktion und lokale Vertriebseinheiten integriert. Die Elemente dieses wichtigen europäischen Logistik-Konzepts müssen gleichmäßig standardisiert und durch Workflow-Komponenten zusammengeführt werden, um eine nahtlose landesübergreifende Logistik für Just-in-Time-Lieferungen an die lokalen Kunden über verteilte, nationale Verkaufsorganisationen zu realisieren.

Das Unterfangen unterstellt eine virtuelle Henkel-Kosmetik-Firma in Europa. Die Vorteile liegen auf der Hand. Durchlaufzeiten werden minimiert, das Reaktionsvermögen auf Marktänderungen steigt. Die Qualität und das Angebot der Serviceleistungen für die Kunden nimmt zu. Diese Ziele können heute mit Einzelinvestitionen nicht mehr erreicht werden.

In der Tat ist das Projekt ein Schlüsselprojekt für Henkel. Weitere Vorhaben sind zur Zeit in Planung und werden folgen. Henkel kann nicht in jedem Land eine Firma, eine Fabrik, eine Produktionsstätte einrichten, die alle Produkte herstellt. Zur Zeit findet ein Konzentrationsprozeß statt, der die ursprünglich zwölf Betriebe auf vier Euro-Betriebe zurückführt. Henkel wird diese europäische Versorgung mit der skizzierten Prozeßstruktur schaffen müssen. Nur so bleibt das Weltgeschäft wettbewerbsfähig.

2.2   Voraussetzungen für die erfolgreiche Abbildung von globalen Geschäftsprozessen

Aus dem dargestellten Beispiel eines globalen Geschäftsprozesses lassen sich die Voraussetzungen für eine erfolgreiche Abbildung in I/T Systemen ableiten. Henkel hat ein internationales Programm gestartet, das die folgenden Elemente umfaßt:

2.2.1 Schaffung eines Referenzmodells

Das Modell wird durch gemeinsame Festlegungen und Einstellungen zunehmend definiert (vorkonfiguriert). Das Henkel Referenzmodell basiert auf einem Softwarestandard, der durch Voreinstellungen Henkel-spezifisch ausgestaltet wird. Die gemeinsame Verwendung der vorkonfigurierten Software schafft ein hohes Maß an Henkel-relevanter Standardisierung. Das Programm wird weltweit in über 50 Unternehmen und knapp 40 Ländern eingesetzt.

2.2.2 Globale Datenharmonisierung

Ein weiteres wichtiges Element der globalen Geschäftsprozeßgestaltung ist die als Programm betriebene weltweite Datenharmonisierung, die als Schlüssel zur Produktivität im operativen Geschäft angesehen wird. Es ist

ein ehrgeiziges Programm und mit hohen Investitionen verbunden, doch
zeigt bereits die erste Verwendung weltweit einheitlicher Idente spürbare
Erfolge. Das Programm der Datenharmonisierung (International Data
Harmonization) umfaßt bei Henkel die Stammdaten Kunde, Lieferant,
Material und Stoff. Hinzu kommen Standards aus dem Finanz- und
Rechnungswesen, z. B. ein weltweit einheitlicher Chart of Accounts, angepaßt an lokale Besonderheiten, die durch die Gesetzgebung und Wirt-
schaftspraxis gegeben sind, und schließlich Daten aus dem Personalbereich.

2.2.3 Workflow Komponenten

Drittes Element des Programms sind Workflowkomponenten, die Verbindungen über Systemschnittstellen hinweg schaffen und eine Abwick-
lung globaler durchgängiger Geschäftsprozesse ermöglichen.

Im Rahmen des Programms sind derzeit 56 Systeme in 38 Firmen installiert oder werden installiert. Der Sättigungsgrad wird mit schätzungswei-
se 75 Systemen in 50 Ländern erreicht sein. Bis zum Jahr 2000 sollen ca.
70% der gesamten operationalen Geschäftsfunktionalität mit einheitlich
konfigurierter Standardsoftware abgedeckt sein.

3   Die Dynamik der I/T Ressourcen

Das I/T Management von Henkel muß sich wie jede andere Manage-
ment-Gruppe zur Erreichung der Ziele intensiv mit Ressourcen-Fragen
auseinandersetzen. Zu den I/T Ressourcen zählen

- der bereitgestellte Finanzierungsrahmen in Form von Investitions- und
  Kostenbudgets,
- leistungsfähige Technologien, die der Markt zur Verfügung stellt,
- ein Informations- und Planungshorizont von mindestens 5 Jahren,
- qualifizierte Personal- und Management-Ressourcen intern und extern
  sowie
- eine leistungsfähige I/T Organisation

Die beiden letzten Punkte, Personal- und Management Ressourcen sowie
I/T Organisation, sind für die Gestaltung eines globalen I/T Managements von besonderem Interesse.

3.1   Formation der Personal- und Management Ressourcen

Betrachten wir hier das Organisationsmuster, das in den meisten größeren Firmen innerhalb der Henkel Gruppe noch vor 5–7 Jahren vorherrschte (Abbildung 4).

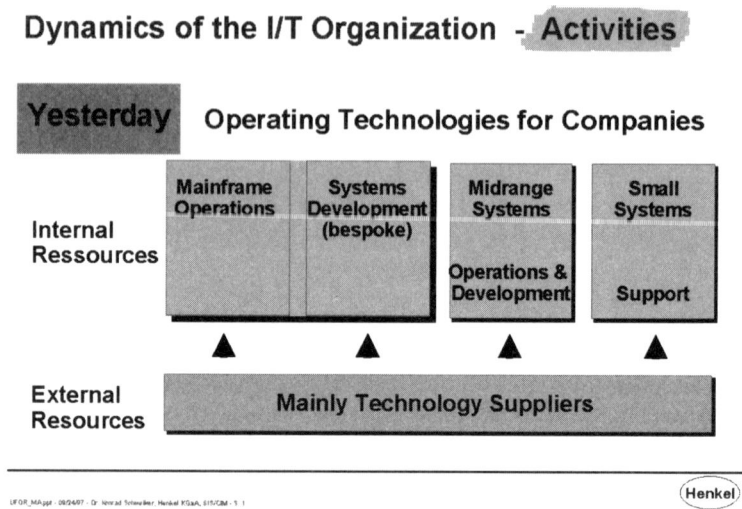

Abbildung 4:   Die traditionelle I/T Organisation

Das Schema zeigt, daß die Gliederung und Lokation der internen Ressourcen der in Größenklassen eingeteilten Rechnertechnologie folgte. Der Großrechner war vorherrschend, und es bestand eine enge Beziehung zwischen der jeweiligen Rechnertechnologie und den Systementwicklungseinheiten. Die Großsysteme waren Unternehmensrechner, die mittleren Systeme Abteilungsrechner, und die kleinen Systeme einschließlich Workstation für den Rechnerbedarf von Einzelpersonen oder Kleingruppen gedacht. Es gab auch eine klare Abgrenzung zwischen den internen Ressourcen des Unternehmens und den zugekauften Ressourcen, deren Aufgabe in aller Regel in der Bereitstellung von Technologie bestand. Das Outsourcing wurde vom I/T Management als eine eher exotische Variante empfunden. Man kann das gezeichnete Szenario als zentralistisches Funktionsmodell bezeichnen. Die I/T Organisation hatte die Aufgabe, die von sogenannten „Fachabteilungen" definierten Anforderungen mit Hilfe beherrschter Technologien zu bedienen. Es ist erstaunlich, daß dieses Funktionsmodell auch heute noch in vielen deutschen Unternehmen vorherrscht.

Das I/T Management von Henkel hat sich in den letzten Jahren von dem soeben gezeichneten Bild der klassisch-zentralistischen Organisation verabschiedet. Es wurde erkannt, daß man ständig hinter der Zeit herläuft, wenn man darauf wartet, bis die konkrete Anforderung eines Geschäfts oder einer Funktion an das I/T Management herangetragen wird. Der interne Kunde bei Henkel erwartet lokale, regionale oder globale Lösungen zeitnah zu dem Ereignis bzw. der Entwicklung, die die lokale, regionale oder globale Anforderung auslöst. Es wurde daher schon vor einigen Jahren damit begonnen, die internen I/T Ressourcen konsequent in Richtung eines quasi selbständigen Dienstleisters zu entwickeln (Abbildung 5). Henkel ist in diesem Bemühen nicht allein. Einige wenige andere größere Organisationen bewegen sich auch in diese Richtung.

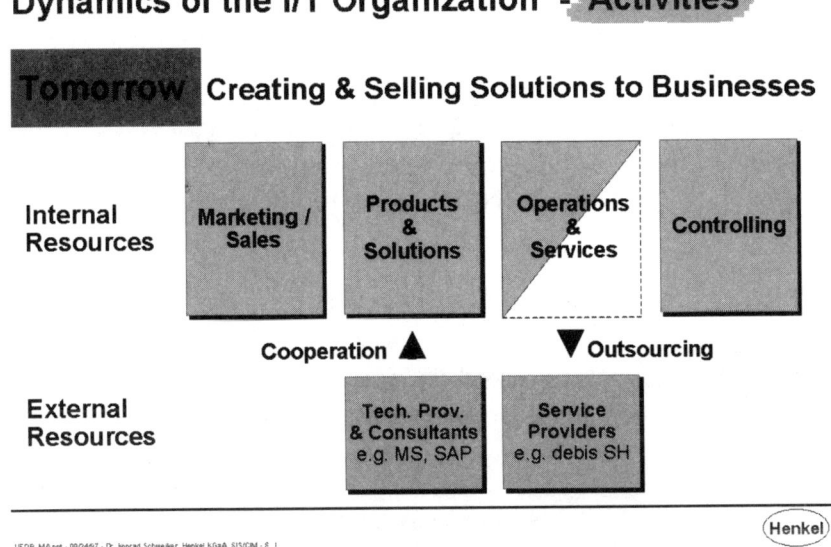

Abbildung 5:   Die I/T Organisation wird zum Unternehmen im Unternehmen

Es bilden sich Marketing- und Vertriebsfunktionen heraus, die engen Kontakt zum jeweiligen internen Kunden halten. Daraus entstehen Ideen für Systemlösungen und Systemprodukte, die dem Kunden in globaler, regionaler oder lokaler Struktur angeboten werden. Operations und Services für die technische Infrastruktur, früher ein Hauptbetätigungsfeld von EDV-Abteilungen, treten in den Hintergrund. Diese Rolle wird zunehmend von externen Service-Providern wahrgenommen. Andererseits wird die Erarbeitung zu vermarktender Lösungen zunehmend in

Kooperation mit externen Technologie-Providern und -Beratern bewältigt. Der interne Dienstleister verteilt auch nicht mehr Kosten, sondern verkauft Produkte und Komplettlösungen zu kalkulierten Preisen. Überschüsse werden zum Ausbau der Infrastruktur und zur Vorfinanzierung von zu entwickelnden Systemlösungen eingesetzt. Ein starkes Controlling sorgt dafür, daß nur wettbewerbsfähige Angebote im Portfolio bleiben. Zugegeben, das Szenario ist teilweise Zukunftsmusik. Die positive Reaktion in unserem eigenen Unternehmen veranlaßt uns jedenfalls, dieses gezeichnete Szenario zügig zu realisieren.

3.2   Firmenübergreifende I/T Organisation

Ist die klassische I/T Organisation im Konzern gleich der Summe der I/T Organisationen der Einzelfirmen, die dem Geschäftsmuster „eine Firma, eine EDV-Abteilung" folgen, so findet heute ein Wandel statt in Richtung einer firmenübergreifenden Ausrichtung der I/T Organisation. In einem Umfeld globalisierender Märkte und Geschäfte werden die I/T Ressourcen zusammengefaßt und dem jeweiligen Geschäft bzw. der Zentralfunktion in jeglicher geographischer Ausprägung zur Verfügung gestellt. Abbildung 6 zeigt ein Bild, das der Henkel-Realität schon ziemlich gut entspricht. Es gibt keine isolierten Organisationseinheiten mehr, sondern

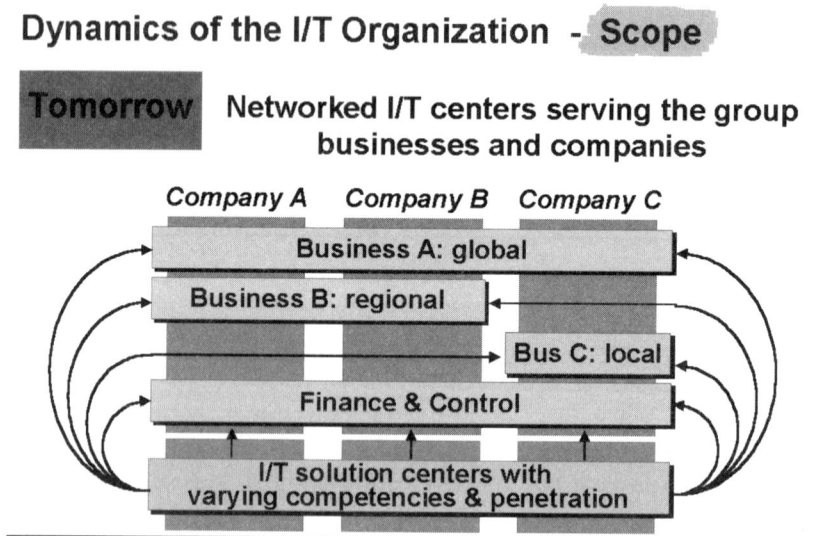

Abbildung 6:   Die I/T Organisation der Zukunft

Betätigungsfelder mit Fokussierung auf Geschäftsprozesse und den Aufbau von Systemen für Geschäfte. In der Vertikalen sind die einzelnen Firmen aufgeführt, in der Abbildung mit Company A, B und C bezeichnet. Über die Firmengrenzen hinweg treten globale Geschäftsprozesse in den Vordergrund, die durch eine globale, virtuelle I/T Organisation unterstützt und mit Systemen und Informationstechnologie versorgt werden. Die Betreuung der individuellen Firmen bleibt intakt, tritt jedoch zugunsten einer prozeßorientierten I/T Ausrichtung in den Hintergrund.

Die I/T Organisation ist vernetzt und bildet Solution-Centers mit unterschiedlicher Kompetenz. Es gibt kein Problem, nach Frankreich, nach Italien, nach Spanien, nach Amerika zu gehen, um sich dort die Kompetenz zu holen, die benötigt wird, um in einem anderen Teil der Welt eingesetzt zu werden, um das entsprechende System anzubieten, um die entsprechende Funktion zu realisieren.

3.3 Das Henkel-Beispiel einer globalen I/T Organisation

Die aktuelle I/T Organisation der Henkel KGaA trägt der Forderung der Organisations- und Ressourcenentwicklung in die angegebene Richtung bereits Rechnung. Vor einigen Jahren wurde die Funktion Accountmanagement eingeführt mit der Aufgabe des Marketings und Vertriebs von I/T Leistungen an interne Kunden. Daneben existiert in Richtung der Gruppenfirmen ein Liaison Management, das die Beratung und Betreuung dieser Firmen zur Aufgabe hat, sowie ein eigenes I/T Controlling.

Die Konstitution zweier weltweit organisierter Gremien, des Information Committee und des I/T Managers Meeting, haben die Transformation des I/T Geschäfts der Henkel Gruppe in einen „Global Player" gefördert. Das Information Committee wurde vom Henkel-Vorstand eingesetzt, um den weltweiten Bedarf und die Anforderungen an den Einsatz der Informationstechnologie zu koordinieren. Im Gremium sind unterschiedliche Funktionen vertreten sowie die Geschäftsführer der wichtigsten europäischen und Überseefirmen. Die Mitglieder des Committees verantworten zusammen mehr als die Hälfte des Henkel-Weltumsatzes; das Committee ist so der oberste Repräsentant der Nachfrage nach I/T Lösungen. Das I/T Managers Meeting setzt sich aus den I/T Managern der größeren Henkel-Unternehmen zusammen und besteht zusammen mit Managern der Regionen Asien und USA aus ungefähr 15 Personen, die sich regelmäßig treffen, um Standards zu entscheiden und Kampagnen zu entwerfen. Das Meeting ist die oberste Repräsentanz des I/T Angebots der Henkel-Gruppe. Beide Gremien pflegen einen intensiven Dialog miteinander und sorgen dafür, daß die globale Dimension der Geschäftsverantwortung und die globale Dimension der I/T Management-Verantwortung harmonieren.

4   Vision des Globalen I/T Managers

Mancher Beitrag beginnt mit einer Vision, ich möchte meinen mit zwei Visionen schließen. Sie stehen für das partnerschaftliche Verhältnis zwischen dem für ein globales Geschäft verantwortlichen Manager einerseits und dem für die globalen I/T Services verantwortlichen Manager andererseits (Abbildung 7).

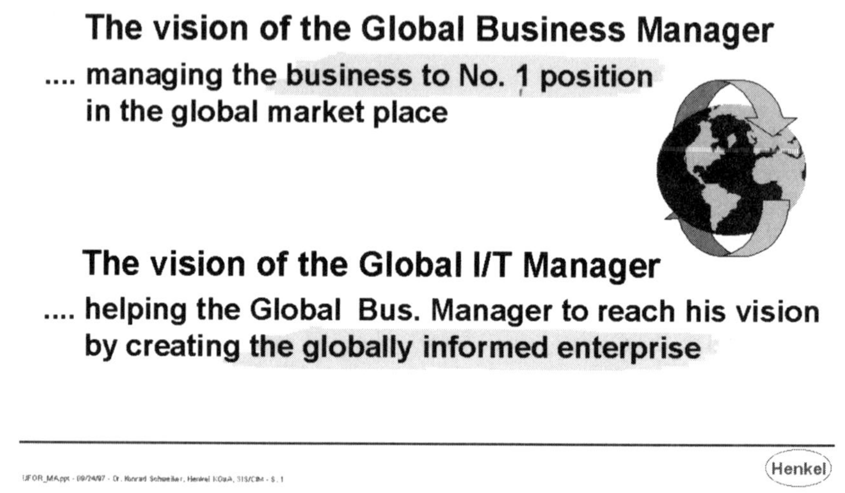

The vision of the Global Business Manager

**.... managing the business to No. 1 position
in the global market place**

The vision of the Global I/T Manager

**.... helping the Global Bus. Manager to reach his vision
by creating the globally informed enterprise**

IF OR_MA.ppt - 09/24/97 - Dr. Konrad Schwerfker, Henkel KGaA, 313/CIM - S. 1

(Henkel)

Abbildung 7:   Zwei Visionen

Henkel hält zunehmend gefestigte Positionen in den Weltmärkten, und der Zusammenhalt des „Global Players" durch Geschäftsprozesse, Information und Kommunikation wird zunehmend realisiert. Ich kann sagen, das partnerschaftliche Verhältnis funktioniert zunehmend gut.

KAPITEL 10

TEACHWARE + TELELEARNING: ANWENDUNG NEUER MEDIEN FÜR INNOVATIVEN UND INTER-AKTIVEN WISSENSTRANSFER

Walter L. Zimmermann

1 Was ist Teachware /CBT?

1.1 Ausgangssituation

Bereits in den sechziger Jahren wurden Versuche unternommen, die Erkenntnisse der Verhaltenspsychologie in einen programmierten Unterricht umzusetzen (vgl. Skinner (1971), S. 17ff.). Auf Grund der wenig komfortablen Möglichkeiten der Dialogführung bei den damaligen Großrechnerterminals kamen diese Programme i.d.R. nicht über das experimentelle Stadium hinaus.

Erst mit dem Einzug des PCs am Arbeitsplatz und in die privaten Haushalte Anfang der achtziger Jahre wurden auch die technischen Voraussetzungen geschaffen, das theoretische Wissen um die Vorteile des computergestützten Lernens in die Praxis umzusetzen und einem großen Personenkreis zugänglich zu machen.

An der Fachhochschule (FH) Worms beschäftigte sich der Autor schon ab Ende der siebziger Jahre mit diesem Thema. Anfang der achtziger Jahre vergab er die ersten Diplomarbeitsthemen, deren Gegenstand die Erstellung von Teachware-Produkten im heutigen Sinne war.

1.2 Zum Begriff

Unter Teachware versteht man alle Programmsysteme, die der computergestützten Vermittlung bzw. Vertiefung von Wissen dienen.

Mit diesen Systemen kann sich der Lernwillige neues Fakten- oder Methodenwissen

- programmgesteuert,
- im interaktiven Dialog,
- angepaßt an sein individuelles Lerntempo und
- unterstützt durch graphische Darstellungen und durch Übungen

auf den verschiedenartigsten Wissensgebieten aneignen und auffrischen.

Da solche Lernsysteme Bild-, Ton- und Textausgabe integrieren können, werden sie den Multimedia-Anwendungen zugerechnet.

Gleichbedeutend werden verwendet die Bezeichnungen

- Teachware-Produkt
- Lehrsoftware (-programm)
- Lernsoftware (-programm).

Im wissenschaftlichen Bereich spricht man von Computer Assisted Instruction (CAI) bei konventionellen Ansätzen und von Intelligent Computer Assisted Instruction (ICAI) bei wissensbasierten Ansätzen (vgl. Abb. 1: Übersicht über Teachware-Begriffe).

Die Bezeichnung „Teachware" dient als (unscharfer) Oberbegriff.
Gleichbedeutend werden verwendet die Bezeichnungen

- Teachware-Produkt
- Lehrsoftware (-programm)
- Lernsoftware (-programm).

Weitere Bezeichnungen mit gleicher oder ähnlicher Bedeutung:

Im wissenschaftlichen Bereich	CAI – Computer Aided Instruction ICAI = Intelligent CAI
In der Unternehmenspraxis	CBT = Computer Based Training CUU = Computer-unterstützter Unterricht
Seltener verwendet	CAL = Computer Aided Learning CAT = Computer Aided Training CBE = Computer Based Education

Abbildung 1: Übersicht über Teachware-Begriffe

Bei Teachwaresystemen in der Unternehmenspraxis werden die Begriffe Computer Based Training (CBT) und Computerunterstützter Unterricht (CUU) verwendet.

Weitere äquivalente Begriffe sind Computer Aided Learning (CAL), Computer Aided Training (CAT), Computer Based Education (CBE) und Lehrsoftware.

Die Bezeichnung „Teachware" wird als Oberbegriff benutzt. Angesichts der verschiedenartigen Anwendungsgebiete wäre die Bezeichnung „Presentationware" gerechtfertigt. Dagegen sprechen aber zwei Argumente:

a) Es ist nicht sinnvoll, die Vielzahl der Bezeichnungen noch weiter zu erhöhen.
b) Auf dem Gebiet der Wissensvermittlung liegen bisher die größten Erfahrungen vor.

1.3   Anwendungsgebiete

Über die Wissensvermittlung hinaus gibt es viele weitere Anwendungsgebiete. Einige wichtige, bereits gut etablierte Anwendungen sind in der Abbildung 2 (Anwendungsgebiete von Teachware/„Presentation-ware") aufgeführt.

- Interaktive Wissensvermittlung

- Auskunftssysteme im Fremdenverkehr, z.b. Vorstellung eines Hotels, einer Touristenattraktion

- Informationssysteme über eine Stadt, einen Landkreis oder eine öffentliche Einrichtung, z.b. für die Bundesanstalt für Arbeit

- Präsentationssysteme für Referate, Veranstaltungen, Produkt-Neuentwicklungen, z.b. für ein neues Automodell

- Auskunftssysteme zur Verkaufsunterstützung bei komplexen Produkten

- Prüflisten zur Wartung und Kontrolle

- Bedienungsanleitungen

Abbildung 2:   Anwendungsgebiete von Teachware/„Presentationware"

Die Zunahme von Internet-Anwendungen, insbesondere die Entwicklung von Electronic Commerce, läßt ständig neue Anwendungen entstehen.

1.4   Lehrziele/Lernziele in der modernen Gesellschaft

Ausgelöst durch die immer schneller aufeinanderfolgenden technischen Entwicklungen muß sich der moderne Durchschnittsbürger immer schneller neues Wissen aneignen. Das Wissen, das wir heute zur Ausübung eines Berufes oder einer sonstigen Tätigkeit benötigen, ist bereits nach wenigen Jahren überholt.

Lebenslanges Lernen ist angesagt in den Formen

- Grundbildung (Schulen),
- berufliche Ausbildung,
- persönliche Weiterbildung,
- berufliche Weiterbildung.

Das Volumen des Lernstoffes wächst ständig und mit ihm die Zeit, die für den Lernvorgang nötig ist.

Es wird auf die Abb. 3 (Lehrziele/Lernziele in der modernen Gesellschaft) verwiesen.

• Vermittlung von „Aufschlüsselqualifikationen" als Antwort auf eine Diversifizierung und

• Änderung von gesellschaftlichen Anforderungen (berufliche Sphäre/Privatsphäre)

• Vermittlung von Berufs- und Kulturtechniken

• Aufbau von Computer- und multimedialer Kompetenz

• Abbau von Unterschieden in Computer-Kompetenz und in den multimedialen Kompetenzen zur Herstellung von Chancengleichheit

• Internationalisierung des Lernens

• Demokratisierung des Lernens

Abbildung 3:   Lehrziele/Lernziele in der modernen Gesellschaft
(Quelle: Bildungskommission Nordrhein-Westfalen)

Angesichts der Stofffülle werden Methoden und Techniken zum Umgang mit der Wissensmenge immer wichtiger; man braucht „Aufschlüsselqualifikationen" zur Bewältigung der Stoff- und Anforderungsfülle.

Daß ständig neue Berufstechniken vermittelt werden müssen, bedarf keiner Begründung. Unter Kulturtechniken versteht der Autor den Umgang mit immer neuen Typen und Modellen von Telefonen, Fernsehern, Faxgeräten, Fotoapparaten, Kreditkarten u.ä.

Der ständig wachsende Bedarf an Computer- und an multimedialer Kompetenz für alle – auch für EDV-ferne Bürger –, bedarf ebenfalls keiner Begründung. Erwähnt sei z.B. die Erlernung der Fähigkeit, eine e-mail abzuschicken.

Gefordert werden muß aber auch:

• Internationalisierung des Lernens: Ein Albaner oder Brasilianer sollte das gleiche lernen können wie ein Deutscher oder Franzose.
• Demokratisierung des Lernens: Ein arbeitsloser Schlosser in Mecklenburg-Vorpommern sollte den gleichen Zugang zum Fachwissen haben können wie ein Schlosser aus Heidelberg.
• Die Globalisierung des Wissens, die heute durch die Internet-Nutzung gefördert wird, läßt die Erfüllung der genannten Forderungen zur Selbstverständlichkeit werden.

1.5   Der Medienaspekt des Lernens

Der Erfolg der Wissensweitergabe ist sehr stark abhängig vom verwendeten Medium.

Zur Verdeutlichung der nachstehenden Ausführungen wird auf die Abbildung 4 (Der Medienaspekt des Lernens) hingewiesen.

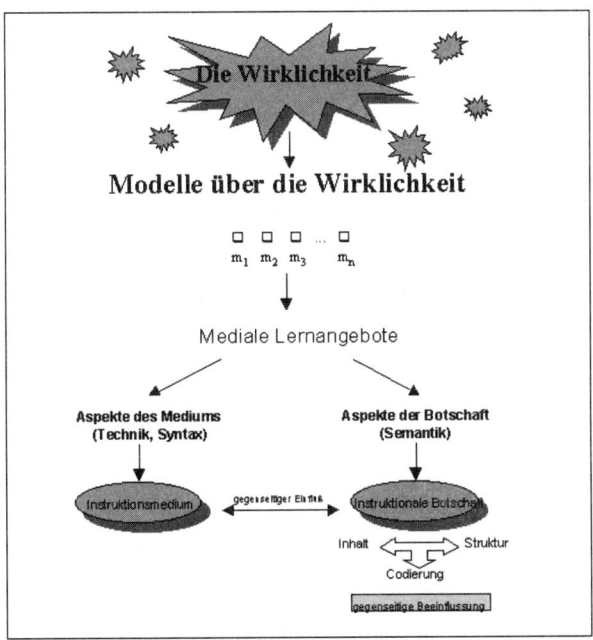

Abbildung 4:   Der Medienaspekt des Lernens (1)

Zunächst vereinfacht der Wissensübermittler, den wir „Lehrer" nennen mögen, die i.d.R. äußerst komplexen Sachverhalte der abstrakten oder erfahrbaren Wirklichkeit in Modellen. Modelle sind dabei vereinfachte Abbilder der Wirklichkeit. Komplexe Zustände werden beschrieben in statischen Beschreibungsmodellen. Komplexe Vorgänge werden dargestellt in dynamischen Ablaufmodellen.

Nun muß der Wissensübermittler den Medienaspekt beachten. Es ist zu trennen zwischen folgenden Teilaspekten:

a)   dem reinen Medienaspekt: Mit welchem Medium oder mit welchem Medienmix erreiche ich den Empfänger am besten? Im Vordergrund stehen (tele)kommunikationstechnische und syntaktische Gesichtspunkte.

b) dem Inhaltsaspekt: Wie stelle ich den Inhalt der Botschaft am besten
    dar? Wie erreiche ich, daß der Inhalt am besten verstanden wird?
    Hier sind drei Gesichtspunkte zu beachten:

ba) Ist der Inhalt richtig und vollständig?

bb) Ist die Gliederung des Inhalts der Verständniswelt des Empfän-
     gers angepaßt?

bc) Ist der Zeichenvorrat des Lehrers (z.B. sein Sprachniveau oder
     die von ihm benutzten Beispiele) dem Verständnisniveau des
     Empfängers angepaßt?

Die eben angestellten relativ theoretischen Überlegungen werden konkretisiert im oberen Teil der Abb. 5 (Medienaspekt des Lernens [2]).

Wie kommt es zur Einteilung in

- „mono..." und
- „multi..."?

Die Einteilung folgt der alten pädagogischen Erkenntnis, daß die Wissensvermittlung um so erfolgreicher ist, je mehr Sinnesorgane (Auge,
Ohr) – jeweils angeregt durch eine Mehrzahl von Medien – beteiligt sind.

Die letzten drei Zeilen der Abb. 5 lassen sich wie folgt ergänzen:

- Lernstoff wird um so besser behalten und um so besser angewendet,
- je mehr Sinnesorgane beteiligt sind UND
- je besser der Wissensstoff strukturiert ist, z.B. durch Umwandlung in
  kleine Lehreinheiten (vgl. nächster Gliederungspunkt) UND
- je mehr Anschauung durch Übungen, Beispiele, Bilder – auch Bewegt-
  bilder – geboten wird.

	mono-...	multi-...
Medium	monomedial:	multimedial:
	• Vortrag	• Dozent + Folien
	• Buch	• PC + CD-ROM-Player
	• Videoanlage	• PC + Videorecorder
	• PC und Bildschirm	
Codierung	monocodal:	multicodal:
	• nur Sprache	• Bewegtbild mit Sprache
	• nur Text	• Text mit Bildern
	• nur Bilder	• Graphik mit Beschriftung
	• nur Zahlen	

Alte Erkenntnis:

Lemstoff wird umso besser behalten und umso besser angewendet

- je mehr Sinnesorgane beteiligt sind   UND

- je besser ...   UND

- je mehr ...

Was ist neu?

Abbildung 5:   Der Medienaspekt des Lernens (2)

„Was ist neu?" kann wie folgt mit Beispielen beantwortet werden:

- Multimediale Teachware läßt beispielsweise zu:
- Bewegte Schemabilder z.B. ein Token wandert im Netz,
- Einschaltung von Videosequenzen,
- Gelächter bei falscher Antwort,
- Siegeshymne bei richtiger Antwort,
- Umschaltung ins Glossar per Mausklick.

Die Unterschiede im Vergleich zur Benutzung eines Lehrbuchs sind offensichtlich.

Die oben dargestellten Unterschiede sind aber technischer Art. Weitere materielle Unterschiede werden im folgenden Abschnitt herausgearbeitet.

2   Welche Unterschiede und/oder Gemeinsamkeiten bestehen zwischen Teachware und den herkömmlichen Lehrmedien?

Ziel aller Lernprozesse ist es, Fakten- und/oder Methodenwissen ins Langzeitgedächtnis zu überführen, um es von dort gezielt für anwendungsorientierte Problemlösungsvorgänge abrufen zu können.

Nur weniges von dem, was wir an Informationen aufnehmen, wird im Langzeitgedächtnis gespeichert:

*   10% von dem, was wir lesen,
*   30% von dem, was wir nur sehen (z.b. Schaubilder),
*   70% von dem, was wir animativ erleben,
*   90% von dem, was wir selber tun.

Hieraus ist ersichtlich, daß Lesen allein nicht automatisch zu Wissen führt, sondern der Lernstoff muß gezeigt bzw. in der Praxis selbst angewandt werden, um so das Gelesene in dauerhaft behaltenes Wissen umzuwandeln.

Hierfür ein Beispiel: Die Teachware erklärt ein bestimmtes Themengebiet (z.B. den freien Fall). Der Lernende kann sich hierzu verschiedene Animationen zeigen lassen. Bei Unklarheiten zu einzelnen Begriffen sind weitere Informationen abrufbar. Zum Abschluß jedes Kapitels werden dem Benutzer Fragen und Aufgaben zur Beantwortung gestellt.

Teachware basiert also auf einer Folge von kleinen Lernschritten. Über die Interaktion mit dem Lernprogramm ausgelöst, durchläuft der Benutzer einen Lernprozeß. Die Frage- und Antwortinteraktion verstärkt die Aufnahme des Wissens im Kurzzeit- bzw. Langzeitgedächtnis. Außerdem hat der Lernende eine sofortige Wissenskontrolle.

Das Schemabild der Abb. 6 (Ablaufschema eines tutoriellen Systems) gibt den grundsätzlichen Aufbau eines traditionellen Teachware-Systems für Lehrzwecke wieder.

Traditionelle Teachware-Systeme heißen in wissenschaftlicher Sprache „konventionelle tutorielle Systeme". Bei ihnen wird die Dialogsteuerung durch das Teachware-Produkt übernommen. Der Lernende wird auf einem vorbestimmten Weg durch das Lernprogramm geführt. Vorausspringen, zurückspringen, Springen ins Inhaltsverzeichnis oder ins Glossar ist – im Unterschied zum Buch – technisch sehr einfach (Mausklick auf Schaltfläche [Button] auf dem Bildschirm).

Die klassische Form von Teachware stellen die *konventionellen tutoriellen Systeme* dar,
bei der die Dialogsteuerung vom System übernommen wird und diese den
Lernenden auf einem vorbestimmten Weg durch das Lehrprogramm führt.

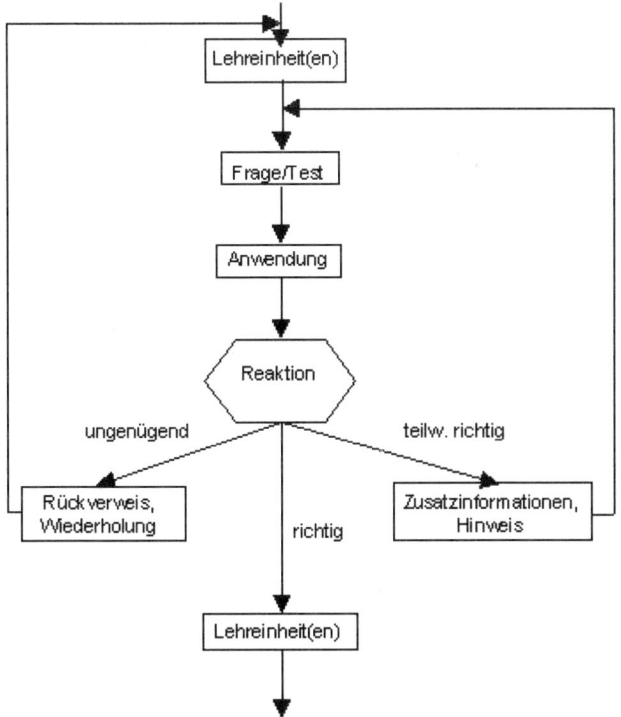

Abbildung 6:   Ablaufschema eines tutoriellen Systems
Quelle: Bodendorf (1993), S. 69 (Handbuch der Informatik, Bd. 15.2)

Die besonderen Eigenschaften von Teachware für Lehrzwecke lassen sich
abschließend durch ein Phasenschema beschreiben (nach Bodendorf,
1993, S. 66 ff.), das in Abb. 7 (Das 4-Phasenmodell des Lehrprozesses bei
der Benutzung von Teachware) gezeigt wird.

Die vier Phasen können wie folgt beschrieben werden:

1. Phase: Präsentation von Information
In der ersten Phase steht die Vermittlung von Faktenwissen in verbaler
und graphischer Form im Vordergrund. Darüber hinaus sind zur Verdeutlichung von Zusammenhängen auch Demonstrationen oder die Darstellung von Modellen und Beispielen denkbar.

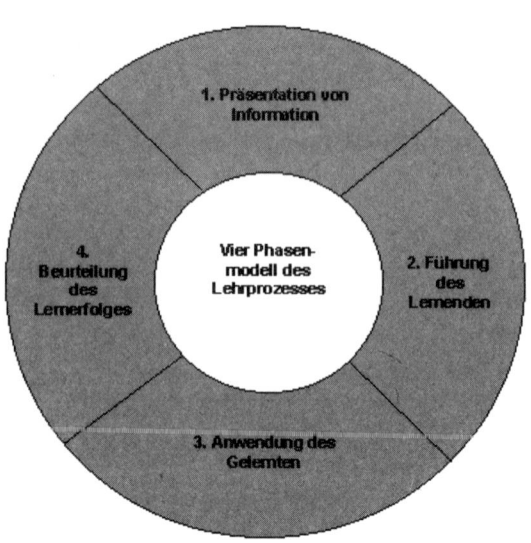

Abbildung 7:   Das 4-Phasenmodell des Lehrprozesses bei der Benutzung von
Teachware

2. Phase: Führung des Lernenden
In dieser Phase reagiert der Lernende auf die Informationspräsentation,
um so ein Feedback zur vorangegangenen Phase zu erhalten. Dies wird
durch gezielte Verständnisfragen und Fragen über Zusammenhänge erreicht. Fällt dieses Feedback negativ aus, so werden korrigierende Hin-
weise und Zusatzerläuterungen gegeben.

3. Phase: Anwendung des Gelernten
Der Lernende soll nun nachweisen, daß er das Gelernte auch in der Praxis
anwenden kann. Hierzu wird er mit einem komplexen Problem konfrontiert, das er selbständig zu lösen hat.

4. Phase: Beurteilung des Lernerfolgs
In der letzten Phase werden Lernfortschritt und Lernerfolg vom System
beurteilt. Aus dieser Beurteilung ergeben sich Konsequenzen für die zukünftige Gestaltung des Lehrprozesses.

Eine Weiterentwicklung der konventionellen tutoriellen Systeme sind die
intelligenten tutoriellen Systeme (ITS), die sich generativ und adaptiv verhalten.

Generativ heißt, daß die Lernabschnitte nicht aus vorgefertigten Texten
bestehen, sondern flexibel erzeugt werden.

Adaptiv bedeutet, daß eine abstrakte Charakterisierung des Lernenden durch das System erfolgt, damit dieses weiß, wie es sich auf das individuelle Vorwissen des Benutzers einzustellen hat.

Intelligente tutorielle Systeme sind bisher nur in sehr wenigen Anwendungen über ein experimentelles Stadium hinausgekommen.

Solche Systeme basieren auf Methoden der Künstlichen Intelligenz und übertreffen ein konventionelles System um ein Vielfaches an Komplexität und Programmieraufwand.

3 Welche Vorteile können Unternehmungen durch den Einsatz von Teachware erzielen?

Zunächst seien die Vorteile genannt. Dann wird auf mögliche Nachteile eingegangen, um zur oft gestellten Frage überzuleiten (nächster Gliederungspunkt), ob Teachware wirklich interaktiv ist.

Die Vorteile des Teachware-Einsatzes für Lehrzwecke sind im folgenden aufgezählt:

- Wegfall externer und/oder betriebsinterner Schulungsveranstaltungen
- Entkopplung von Arbeitszeit und Schulungszeit
- Individualisierung der Lernzeit
- Selbstgesteuertes statt fremdgesteuertes Lernen
- Sofortige Wissenskontrolle
- Herstellung von Chancengleichheit
- Anpassung an unterschiedliche Vorkenntnisse und Lerngeschwindigkeiten
- Handlungsorientiertes Lernen
- Beliebige Modularisierung der Lehrinhalte möglich
- Vermittlung von Kenntnissen im Umgang mit Informationstechniken: „AlfaBITisierung""
- Interaktiver Dialog zwischen Rechner und Mensch

Zu den oben aufgeführten Vorteilen sind nun noch einige Anmerkungen zu machen:

- Wegfall externer und/oder betriebsinterner Schulungsveranstaltungen:
  - Der zu Schulende bleibt im Betrieb: entweder an seinem Arbeitsplatz oder in der Nähe seines Arbeitsplatzes.
  - Reisezeit entfällt; Reisekosten werden eingespart.
  - Dozentenhonorar und Schulungsraummiete fallen nicht an.

- Entkopplung von Arbeitszeit und Schulungszeit:
  - Der ehrgeizige Mitarbeiter lernt am Abend oder am Wochenende.
  - Es kann auch zu Hause gelernt werden.

- Individualisierung der Lernzeit
  - Der zu Schulende bleibt – aus seiner subjektiven Sicht – Herr seiner Zeit.

- Selbstgesteuertes statt fremdgesteuertes Lernen:
  - Lernen ohne Druck.
  - Abbau von Scheu.
  - Selbstmotivation.

- Sofortige Wissenskontrolle:
  - Erfolgserlebnisse möglich.
  - Selbstverwirklichung möglich.

- Herstellung von Chancengleichheit:
  - Beliebig häufige Wiederholungsmöglichkeit.
  - Ausbleiben von persönlich empfundenem Tadel.
  - Der Computer ist geduldig.

- Anpassung an unterschiedliche Vorkenntnisse und Lerngeschwindigkeiten:
  - (Dieser Vorteil bedarf keiner weiteren Erläuterung.)

- Handlungsorientiertes Lernen:
  - Auswahl und Folge der Lerninhalte liegt in der Verantwortlichkeit des Lernenden.
  - „Learning by doing" möglich.
  - Benutzung technisch einfacher als beim Buch.

- Beliebige Modularisierung der Lehrinhalte möglich:
  - Dieser Vorteil wurde in Abb. 6 anschaulich gemacht.

- Vermittlung von Kenntnissen im Umgang mit Informationstechniken: „AlfaBITisierung"

- Interaktiver Dialog zwischen Rechner und Mensch
  - (Auch hier ist keine Erläuterung nötig.)

Der letztgenannte der „Vorteile" genannten Argumente wird aufgegriffen, um auf die möglichen Nachteile hinweisen zu können.

Solche möglichen Nachteile des Teachware-Einsatzes werden im folgenden aufgezeigt.

- Kein „soziales Lernen" möglich.
- Überstrukturierung: Alles perfekt.

- Die Fantasie des Lernenden wird kaum mehr angeregt.
- Der Lernende denkt nicht mehr über den Stoff nach.
- Im Vergleich zum Buch: Mindestens guter Laptop-PC nötig (er kann zum „Schlepp-Top" werden!).
- Beschränkung beim Stoffumfang.
- Produktion von Teachware recht aufwendig.
- Zu den genannten Nachteilen sind nachfolgende Bemerkungen nötig:
- Kein „soziales Lernen" möglich:
  - Keine Möglichkeit des Meinungsaustausches.
  - Keine Möglichkeit für Teamlösungen.
  - Dämpfung des persönlichen Ehrgeizes.

- Überstrukturierung: Alles perfekt:
  - Die Fantasie des Lernenden wird kaum mehr angeregt.

- Der Lernende denkt nicht mehr über den Stoff nach:
  - Nachdenken über den Stoff ist eine unumgängliche Voraussetzung für dessen Anwendung.

- Im Vergleich zum Buch: Mindestens guter Laptop-PC nötig (er kann zum „Schlepp-Top" werden).
  - Palmtops und PDA's (Personal Digital Assistents) können wegen der noch nötigen Tastatureingabe nicht beliebig klein werden.

- Beschränkung beim Stoffumfang:
  - Faustregel: Aus einer Lehrbuchseite entstehen sechs Bildschirmseiten.

- Produktion von Teachware recht aufwendig
  - Faustregel: Die Herstellung eines Teachware-Produkts über ein bestimmtes Gebiet ist etwa zwei- bis dreimal so aufwendig wie die Erstellung eines Lehrbuchs über das gleiche Gebiet.

4   Gibt es Beschränkungen des Teachware-Einsatzes?

Mögliche Beschränkungen können aus der Abbildung „Fazit für die Unternehmung" (Abb. 8) abgeleitet werden.

In ihr ist die auf Erfahrung gegründete subjektive Meinung des Autors dargestellt.

Generell gilt, daß die im Internet gegebenen Möglichkeiten des Tele-teaching bzw. Telelearning die genannten Beschränkungen entscheidend mildern werden:

- Internet-Server erlauben die Bereitstellung beliebig großer Datenvolu-mina.

- Wenn der Adressatenkreis so groß ist wie die weltweite, schnell wach-sende Internet-Gemeinde, lohnt es sich, ständige Aktualität herzustel-len. Somit wird auch eine hohe Änderungsrate finanziell erträglich.

Der Teachware-Einsatz ist *gut* geeignet, wenn

- der Stoffumfang nicht allzu groß ist (aber Internet!)

- die Änderungsrate des Stoffs nicht hoch ist (aber Internet!)

- der Adressatenkreis groß ist (wegen der Kosten) (aber Internet!)

- Grundwissen/Grundfähigkeiten vermittelt werden sollen

- Der Teachware-Einsatz ist *schlecht* geeignet für änderungsintensives, problembehaftetes Wissen, bei dem die „feasibility" diskutiert werden muß.

Ratschlag:

- Einsatz von Teachware für Grundkurse, um ein einheitliches hohes Verständnis-niveau herzustellen.

- Einsatz eines Dozenten in einem (kurzen) Aufbaukurs, der sich – aufbauend auf diesem hohen Verständnisniveau – auf die Diskussion von Schwierigkeiten und Problemen konzentrieren kann.

Abbildung 8:   Fazit für die Unternehmung

5   Ist Teachware-Einsatz wirklich interaktiv?

Oben wurde der lernpsychologische Aspekt des Teachware-Einsatzes nur bezogen auf das Medium diskutiert.

Nun wird auch die Einordnung des Teachware-Einsatzes in das Spek-trum der übrigen didaktischen Medien nach dem Kriterium der Interakti-vität dargestellt. Die vom Autor subjektiv empfundene Abstufung ist auf der Skizze der Abb. 9 (Flexibilität von Lehrmethoden) wiedergegeben.

Einordnung der

* konventionellen tutoriellen Systeme = <u>CAI</u> = Computer Aided Instruction und der
* intelligenten tutoriellen Systeme = <u>ICAI</u> = Intelligent Computer Aided Instruction

in das Spektrum didaktischer Medien nach den Kriterien

* Interaktion und
* Individualität:

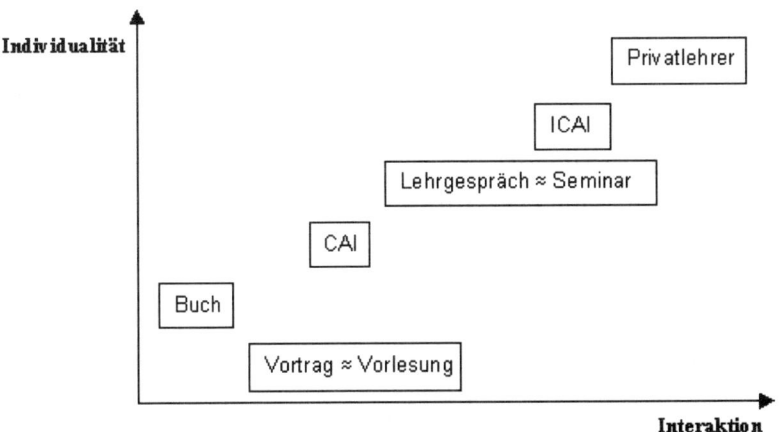

Abbildung 9:   Flexibilität von Lehrmethoden
Quelle: Bodendorf (1990), S. 39 mit eignen Änderungen (Handbuch der Informatik, Bd. 15.1)

6   Erfahrungen des Autors mit der Teachware-Produktion und mit dem Teachware-Einsatz

Die Idee zur Erstellung von Teachware ging am Fachbereich Informatik der Fachhochschule Worms vom Autor aus. Ihre erste Verwirklichung liegt bereits 16 Jahre zurück (1982).

Die ersten Ansätze bestanden aus einem COBOL-Lernprogramm, das sich aus Texten und Musterbeispielen zusammensetzte. Die Ergebnisse dieser Arbeit wurden von den Studenten so positiv aufgenommen, daß anschließend Teachware für weitere Programmiersprachen (PASCAL, FORTRAN) erstellt wurde.

Diese ersten Lehrprogramme wurden noch ohne Autorensystem, sondern mit Hilfe einer höheren Programmiersprache erstellt, so daß genaueste Kenntnisse dieser Sprache erforderlich waren.

Um die Teachwareerstellung zu erleichtern, wurde 1988 an der Fachhochschule Worms im Auftrag der BBC AG (heute ABB AG), Mannheim,
ein Autorensystem entwickelt. Angespornt durch die positiven Resultate
wurde 1990 das kommerzielle Autorensystem EDUCATION ONE angeschafft, mit dem eine professionelle Entwicklung von Teachware unter
DOS möglich wurde. Seitdem konnte eine Vielzahl von Lernprogrammen
erstellt werden.

Vor vier Jahren wurde das Windows-basierte Autorensystem Multimedia
Toolbook der Firma Assymetrix angeschafft. Mit ihm wurden weitere
Teachware-Produkte erstellt.

Die Umstellung der früher erstellten, noch nicht multimediafähigen
DOS-basierten Produkte ist in vollem Gang.

Sowohl auf der CeBit ´95 als auch auf der CeBit ´96 hat der Autor Teach-
ware-Erzeugnisse auf dem Gemeinschaftsstand der rheinland-pfälzischen
Hochschulen ausgestellt.

7   Die neueste Entwicklung: Teleteaching

Der Entwicklungsweg der Teachware-Anwendung wird in der letzten
Abbildung „Von der Teachware zu Teleteaching" dargestellt (Abb. 10).

* Das Szenario 1 wurde in den vorangegangenen Ausführungen ausführ-
  lich beschrieben. Auf CD-ROM gespeicherte Teachware zu Standard-
  themen ist in gut geführten Buchhandlungen überall erhältlich.
* Das Szenario 2 ist bereits erprobte Wirklichkeit wie Berichte von Prof.
  Effelsberg, Universität Mannheim, zeigen.
* Vom Szenario 2 zum Szenario 3 ist es nur ein kurzer Schritt. Faktisch
  handelt es sich um Video-Conferencing vor Zuhörern. Auch zu Video-
  Konferenzen liegen Erfahrungen vor.

Das Szenario 4 ist außerordentlich zukunftsträchtig, wenn man davon
ausgeht, daß immer mehr Personen Zugang zum Internet erhalten. Für
manche Internet-Nutzer ist es bereits erprobte Wirklichkeit.

Voraussetzungen für einen verbreiteten Einsatz von Telelearning-/Tele-
teaching-Produkten sind u.a.:

* Sinken der Telefongebühren in der BRD,
* Vorhandensein von Sicherungssystemen,
* Vorhandensein von Abrechnungssystemen.

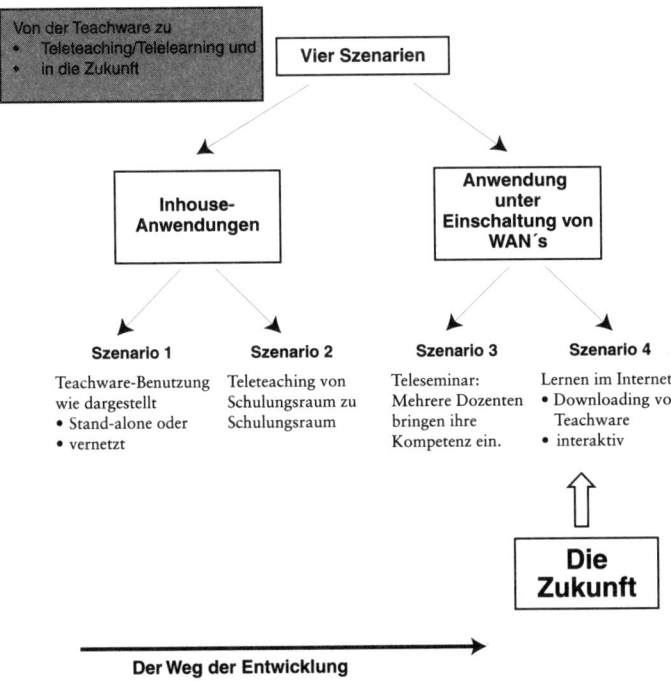

Abbildung 10: Von der Teachware zu Teleteaching/Telelearning

8 Quellenverzeichnis

Bodendorf, F. (1990): Handbuch der Informatik, Bd. 15.1: Computer in der fachlichen und universitären Ausbildung, München - Wien 1990

Bodendorf, F. (1993): in: Bodendorf, F. (Hrsg.), Handbuch der Informatik, Bd. 15.2: Computer in der betrieblichen Weiterbildung, München - Wien 1993, S. 63 ff.

Boles, D. (1994): Das IMRA-Modell – Modellierung interaktiver multimedialer Präsentationen, Diplomarbeit an der Universität Oldenburg, Fachbereich Informatik, Oldenburg 1994

Brendel, H. (Hrsg.) (1990): CBT – der PC in Ausbildung und Schulung, Vaterstetten bei München 1990

Breuer, K. (1986): Voraussetzungen und Zielvorstellungen für das computerunterstützte Lehren und Lernen; in: Unterrichtswissenschaft, Bd. 14, 1986, S. 332 ff.

IBM Deutschland (Hrsg.) (1990): Interaktiver Fernunterricht in der betrieblichen Weiterbildung, o. O. 1990

Küffner, H., Seidel, Ch. (1989): Computerlernen und Autorensysteme, Stuttgart 1989

Kunz, G. C., Schott, F. (1 987): Intelligente Tutorielle Systeme, Göttingen 1987

Skinner, B. F. (1971): Erziehung als Verhaltensformung, Englewood Cliffs, N. J., 1971

Steppi, H. (1989): CBT – Computer Based Training: Planung, Design und Entwicklung interaktiver Lernprogramme, Stuttgart 1989

KAPITEL 11

GRAPHISCHE DATENVERARBEITUNG: SCHLÜSSELTECHNOLOGIE DER INFORMATIONS- UND KOMMUNIKATIONSTECHNIK ZUR ERSCHLIESSUNG NEUER MÄRKTE

José L. Encarnação und *Wolfgang Felger*

.

1 Einleitung

Über die vergangenen Jahrzehnte hinweg hat sich die Graphische Datenverarbeitung zu einer Schlüsseltechnologie für die Informations- und Kommunikationstechnik entwickelt. Mit der Entwicklung von der Industriegesellschaft zur Informationsgesellschaft nimmt deren Bedeutung stetig zu. Dieser Beitrag gibt einen umfassenden Überblick zur Graphischen Datenverarbeitung in Deutschland. Hierzu wurden verschiedene Informationsquellen ausgewertet. Finanzangaben werden in US$ gegeben und legen einen Wechselkurs von 1 US$ = 1,50 DM = 0,75 ECU zugrunde.

Das Verständnis der Autoren zur Graphischen Datenverarbeitung wird im folgenden Abschnitt dargelegt. Der Abschnitt 3 vermittelt die nationalen Wirtschaftsindikatoren der Informationstechnologien. Eine Analyse des deutschen Marktes der Graphischen Datenverarbeitung folgt in Abschnitt 4, gefolgt von relevanten Telekommunikationsaspekten in Abschnitt 5. Der Beitrag schließt mit einem Überblick zur Graphischen Datenverarbeitung in Darmstadt (Abschnitt 6) und Kurzbeschreibungen einiger, repräsentativ ausgewählter, innovativer Industrieanwendungen der Graphischen Datenverarbeitung (Abschnitt 7).

2 Was ist Graphische Datenverarbeitung?

Die Graphische Datenverarbeitung ist die Technologie, mit der Bilder im allgemeinsten Sinn des Wortes (Graphiken, Grau- und Farbbilder) mit Hilfe von Prozessoren (Rechnern) erfaßt bzw. erzeugt, verwaltet, dargestellt, manipuliert, in für die jeweilige Anwendung geeignete Form verarbeitet und mit sonstigen, auch nichtgraphischen Anwendungsdaten in Wechselbeziehungen gebracht werden. Auch die rechnergestützte Integration und Handhabung dieser Bilder mit anderen Datentypen wie Audio, Sprache und Video (Multimediale Systeme) sowie die zugehörigen, fortgeschrittenen Dialogtechniken gehören dazu.

Die Graphische Datenverarbeitung ist in diesem Sinne schon heute die Basistechnologie für Visualisierung und graphisch-interaktiven Dialog in Entwurfs- und Ingenieursanwendungen (CAD, CAE, CAM, CIM etc.), in Druck- und Verlagswesen sowie in Büroanwendungen, Wissenschaft und Medizin, Medien und visueller Kommunikation, Geographischen Informationssystemen (GIS) und Architektur- bzw. Bauingenieursanwendungen.

Darüber hinaus ist Graphische Datenverarbeitung aber auch die Schlüsseltechnologie bei wichtigen Trends der Informatik und Informationstechnik, wie z.B. für die Entwicklung neuer Paradigmen für das Arbeiten mit dem Computer (verteilte, multimediale und kooperative Anwendungen; CSCW), für die Entwicklung und Anwendung rechnergenerierter Realitäten (Virtual Reality; Cyberspace), für die Analyse und Simulation komplexer Information (global information visualization), für die Realisierung von lernfähigen, graphisch-interaktiven Informationssystemen (Integration von Graphik mit KI-Methoden, mit neuronalen Netzen und mit Verfahren der Fuzzy-Logik), um einige Gebiete zu nennen.

Wichtige neue Themen und Trends, die in immer stärkerem Maße in der Forschung der graphischen Datenverarbeitung zu erkennen sind, sind u.a. die Verwendung von Computergraphik-Technologie für die Visualisierung, Simulation und Animation lebender Strukturen (living structures), die Visualisierung und Dialogführung in mobilen Systemen (Mobile Information Display) und die Frage der Sicherung von Bildübertragung in allen Formen von Anwendungen der Telekommunikation.

Als Technologie zur Datenkompression (über Bilder) und als Präsentations- und Interaktionstechnologie ist die Graphische Datenverarbeitung auch eine Schlüsseltechnologie für die Entwicklung, Realisierung, Präsentation und Anwendung neuer Informationsinfrastrukturen (Internet, WWW, Online Dienste etc.). Wichtige Themen hierbei sind u.a. VRML und JAVA.

3   Wirtschaftsindikatoren der Informationstechnologien

Graphische Datenverarbeitung spielt eine wichtige Rolle auf vielen Gebieten der Informationstechnologien. Die Beobachtung einiger nationaler Indikatoren der Informationstechnologien gibt einen Einblick auf deren wirtschaftliche Relevanz und Rolle in Deutschland.

Im Jahre 1994 hatte der deutsche Informationstechnologiemarkt ein Volumen von ca. 37 Mrd. US$ (1993: 34 Mrd. US$), was einen Anteil von 25% am europäischen Gesamtmarkt darstellt [12]. Die jährliche Wachstumsrate beträgt ca. 7% und wird sich wohl auch für die nächsten Jahre auf diesem Niveau stabilisieren. Der Anteil der Software-Produkte wächst dabei stärker als Hardware und Dienstleistungen. Ein gewisser Technologieanteil wird hierbei im Ausland erworben. Im Jahre 1990 wurden 25,8% der Computer und Büromaschinen sowie 23,4% der Kommunikationsdienste aus den USA und anderen OECD-Staaten importiert [13].

Tabelle 1: Wirtschaftsindikatoren (Tabelle Encarnação)

Indikator	Volumen
Informationstechnologiemarkt	37 Mrd. US$
F&E-Ausgaben	38,8 Mrd. US$
F&E-Personal	284.380
Studenten	64.609
Patente	36.790

Im Jahre 1994 haben Firmen und Forschungsinstitutionen mehr als 38,8 Mrd. US$ für Forschungs- und Entwicklungsarbeiten ausgegeben (davon alleine 8,4 Mrd. US$ auf dem Elektroniksektor), was ein Wachstum von 0,8 % bedeutet [17]. Personal- und Materialkosten sowie die Forschungsinvestitionen machten 1993 1,6 % des Bruttosozialproduktes aus. Insgesamt waren 284380 Personen (77843 im Elektroniksektor) in der Forschung und Entwicklung beschäftigt. 1992 studierten 64609 Studenten Informatik, wovon 4424 mit einem Diplom und 192 mit einer Promotion abschlossen [16]. 1995 gab es in Deutschland 29 Universitätsprofessoren, die Graphische Datenverarbeitung an verschiedenen Universitäten lehrten. 1996 haben allein an der Technischen Universität in Darmstadt 42 Studenten ihr Diplom und 7 ihre Promotion auf dem Gebiet der Graphischen Datenverarbeitung abgeschlossen. Eine Gesamtzahl von 36790 Patentanträgen aus allen wirtschaftlichen Bereichen wurden 1994 beim Deutschen Patentamt eingereicht [16].

4   Hardware-, Software- und Dienstleistungsmarkt

4.1   Hardware-Markt

In diesem Beitrag berücksichtigt der Hardware-Markt ausschließlich Computersysteme, da zuverlässige Informationen über Peripheriesysteme nicht zur Verfügung standen. 1993 waren in Deutschland eine Gesamtzahl von 52125 Workstations (1992: 42563) und fast 3 Mio. PCs (1992: 2,7 Mio.) installiert (siehe Abb. 1) [7]. Dies ist ein Gesamtmarktwert von 824 Mio. US$ (1992: 736 Mio. US$), bzw. 5492 Mio. US$ (1992: 5224 Mio. US$).

1994 waren in Deutschland die drei führenden Workstation-Verkäufer Siemens-Nixdorf, IBM und Hewlett-Packard. Zusammen haben diese Firmen ca. 16000 Systeme (Systempreis weniger als 100 000 US$) verkauft [11]. Mehr als 275000 solcher Systeme sind in Deutschland installiert [11]. In 1994 waren in Deutschland 12,2 Mio. PCs installiert, die meisten zur geschäftlichen Nutzung. Statistisch kommen 12 PCs auf jeweils 100 Einwohner , bzw. 15 PCs auf jeweils 100 privaten Haushalte [9].

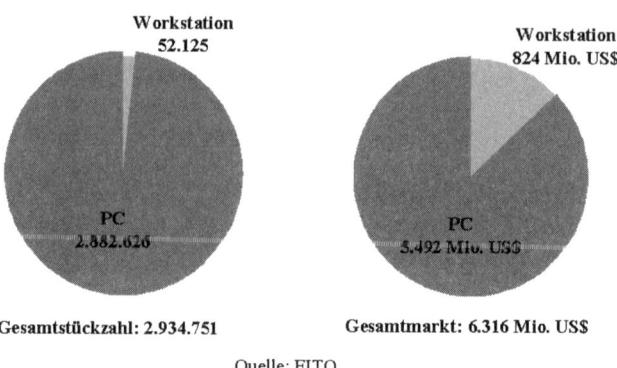

Quelle: EITO

Abbildung 1:   Computersysteme (1993)

4.2   Software- und Dienstleistungsmarkt

Der Software- und Dienstleistungsmarkt läßt sich nach verschiedenen Anwendungsfeldern strukturieren. Markdaten aus 1994 konnten für die folgenden Gebiete gesammelt werden (siehe Abb. 2):

- CAD/CAM, CAD-Nutzung im Maschinenbau: CAD ist mit Abstand der größte Einzelmarkt mit einem Umsatz von 627 Mio. US$ [6]. Es gibt ca. 50000 Arbeitsplattformen. Die ausgelieferte Software hat einen Wert von ca. 133 Mio. US$ und eine 9% Wachstumsrate [14]. Die drei führenden Firmen sind IBM/Dassault, Computervision und Hewlett-Packard [6].
- EDA, Elekronikdesign-Automatisierung: EDA erbringt einen Umsatz von 113 Mio. US$, bei nur 3000 installierten Arbeitsplattformen [6]. Die ausgelieferte Software hat einen Wert von ca. 57 Mio. US$ und eine Wachstumsrate von 10% [14]. Die drei führenden Firmen sind Mentor, Cadence und Synopsys.
- AEC, Architektur, Ingenieurswesen, Konstruktion: AEC ist der zweitgrößte Sektor mit einem Umsatz von 260 Mio. US$ bei ca. 40000 Arbeitsplattformen. Die ausgelieferte Software hat einen Wert von ca. 10 Mio. US$ und eine Wachstumsrate von 5% [14]. Die drei führenden Firmen sind Nemetschek, Soft-Tech und IEZ [6].
- GIS; Geographische Informationssysteme: GIS ist ein noch relativ kleines Marktsegment mit 40 Mio. US$ Umsatz und 3000 Arbeitsplattfor-

men, jedoch liegt die Wachstumsrate über dem Durchschnitt [6]. Die ausgelieferte Software hat einen Wert von ca. 18 Mio. US$ bei 24% Wachstumsrate [14].

- EDM, Ingenieursdatenverwaltung (Produktdaten- und Workflowmanagement): Dies ist ein aufstrebendes Gebiet in Deutschland mit einem Umsatz von 63 Mio. US$, hohe Wachstumsraten (ca. 50%) werden erwartet [6].
- Multimedia: Multimedia erbringt einen Umsatz von 193 Mio. US$ [10]. Die Wachstumsrate beträgt ca. 30%. In Deutschland, Österreich und der Schweiz existieren ca. 800 Multimediafirmen. Die drei führenden Dienstleistungsunternehmen sind Multimedia- und CBT-Systemhaus M.I.T., Bertelsmann und Lasermedia. Die drei führenden CD-ROM-Produzenten sind Telemedia, Koch Media und Markt&Technik. In privaten Haushalten sind ca. 1 Mio. CD-ROM-Laufwerke installiert [5].
- Visualisierung und VR (Virtuelle Realität): Keine offiziellen Marktdaten standen für dieses Marktsegment zur Verfügung. Basierend auf der mehrjährigen Erfahrung des IGD's auf diesem Gebiet und der Analyse von Marktdaten aus anderen geographischen Regionen [2] wird ein Umsatz von ca. 116 Mio. US$ geschätzt. Die Wachstumsrate liegt deutlich über dem Durchschnitt und wird auf 30% geschätzt.
- BG & DTP, Business-Graphik und Desktop Publishing: Dieser Markt ist primär PC-orientiert (Windows/Intel, Macintosh) und hat einen Umsatz von 78 Mio. US$ [8]. Windows/Intel dominiert mit einem Marktanteil von mehr als 80%.
- Edutainment, Ausbildung und Unterhaltung: Ausbildung und Unterhaltung erbringen einen Umsatz von 57 Mio. US$ in 1995 [10]. Ein gewaltiger Anstieg auf 841 Mio. US$ wird für das Jahr 2000 prognostiziert.

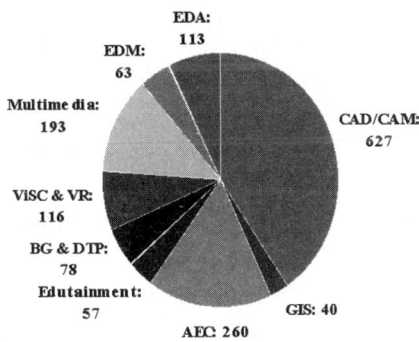

Gesamtumsatz: 1.547 Mio US$

Abbildung 2: Software- und Dienstleistungsmarkt

Es ist anzumerken, daß obige Zusammenstellung von Anwendungs- und Marktsegmenten nicht vollständig sein kann. Weitere spezielle Anwendungen (z.B. Computer-Animation) mit einem eher (noch) kleinen Marktanteil in Deutschland erhöhen den Gesamtumsatz, jedoch standen keine statistischen Daten zur Verfügung.

Deutschland ist der größte Markt in Europa für Systemintegratoren, mit einer Wachstumsrate von 15,5% [4]. Die drei führenden Systemintegratoren IBM, Siemens-Nixdorf und Digital Equipment, Inc. zählen darüber hinaus auch zu den renommierten Namen in der Graphischen Datenverarbeitung, womit eine weitere Marktdurchdringung der Technologie der Graphischen Datenverarbeitung in neue Anwendungsfelder als sehr wahrscheinlich angesehen werden kann.

4.3   Telekommunikationsmarkt

Viele Anwendungen und Entwicklungen der Graphischen Datenverarbeitung sind von der Telekommunikationsinfrastruktur abhängig. Dies gilt bereits für heutige Arbeitsumgebungen, und es wird in der nahen Zukunft durch den Aufbau und die Nutzung von globalen Informationsstrukturen zunehmend wichtiger.

4.3.1 Infrastruktur

Bis Ende 1997 ist die Deutsche Telekom AG der Monopolist für die deutsche Telekommunikationsinfrastruktur. Mit der Deregulierung des Telekommunikationsmarktes im Jahre 1998 sind starke Veränderungen zu erwarten. Um seine Stärke auch international zu verteidigen, hat die Deutsche Telekom AG gemeinsam mit France Telecom und U.S. Sprint die Allianz "Global One" gegründet. Unternehmen aus anderen Wirtschaftsbereichen, bspw. der Energieversorgung oder des Transportgewerbes, sind dabei, sich als neue nationale Wettbewerber zu etablieren [15]. Die deutsche Telekommunikationsinfrastruktur läßt sich durch folgende Parameter charakterisieren:

- Jede Telephonleitung ist für einen 64 kbit/s-Datentransfer geeignet.
- Bis Ende 1997 wird jede Vermittlungsstelle digital sein.
- Die Deutsche Telekom AG ist der weltweit führende Bereitsteller von ISDN-Technologie.
- Seit 1994 wird ATM-Technologie in Pilotprojekten mit Transferraten bis zu 155 Mbit/s getestet.
- Das Glasfasernetz hat eine Länge von mehr als 110 000 km.
- 1995 waren 15 Mio. Haushalte an das Kabelnetz angeschlossen und 7 Mio. Haushalte mit Satellitenempfangstechnik ausgestattet.

- Seit 1995 wurden mehrere DAB-Pilotprojekte (Digital Audio Broadcast, 1.2-1.7 Mbit/s) durchgeführt. DAB soll 1997 in den operationellen Betrieb gehen.

Deutschland ist Europas größter Telekommunikationsmarkt mit einem Gesamtanteil von 26% [7]. Im Jahre 1993 belief sich der Umsatz auf 48 Mrd. US$ Umsatz bei einer Wachstumsrate von 8%.

4.3.2 Infobahn-Dienste

Im Jahre 1995 gab es in Deutschland fast 1.5 Mio. eingetragene Nutzer von Online-Diensten [9]. Neben dem direkten Internet-Zugang gibt es verschiedene Diensteanbieter (z.b. T-Online der Deutschen Telekom AG und America Online).

Die Nutzung der Informationsdienste (z. B. elektronische Post, elektronischer Datenaustausch, Datenbankzugriff, Videokonferenz) variiert stark nach Branchen [15]. Großes Interesse zeigen Versicherungen und Banken. Die Konsumgüterindustrie und der Handel sind noch verhaltener.

Die Kosten für den Aufbau eines nationalen, interaktiven Hochgeschwindigkeitsnetz in Deutschland werden enorm hoch sein. Eine Prognose schätzt die Kosten auf ca. 148 Mrd. US$ [15]. Schaut man sich den gesamten Medien- und Kommunikationssektor (Druckmedien, elektronische Medien, Technologie- und Kommunikationsdienste) an, wird für 1992 ein Umsatz von 116 Mrd. US$ angeführt [3]. Der Anteil der elektronischen Medien umfaßt 6,9% mit 12 Mrd. US$. Für das Jahr 2000 wird eine Verdoppelung und bis Ende 2010 eine Vervierfachung prognostiziert.

5 Graphische Datenverarbeitung in Darmstadt

Darmstadt ist das geographische Zentrum des internationalen Netzwerks der Institutionen für die Graphische Datenverarbeitung. Zu diesem Netzwerk gehören das Fachgebiet Graphisch-Interaktive Systeme (GRIS) an der Technischen Universität Darmstadt, das Zentrum für Graphische Datenverarbeitung (ZGDV), das Fraunhofer-Institut für Graphische Datenverarbeitung (IGD) sowie die CAPCom Technologie Beratung Entwicklung und Vertrieb GmbH (siehe Abb. 3).

Eine formalisierte Zusammenarbeit besteht mit folgenden Universitäten:

- Universität Rostock
- Universidade de Coimbra, Portugal
- Brown University, Providence, Rhode Island, USA

• Rhode Island School of Design, Providence, Rhode Island, USA
• Nanyang Technological University, Singapur

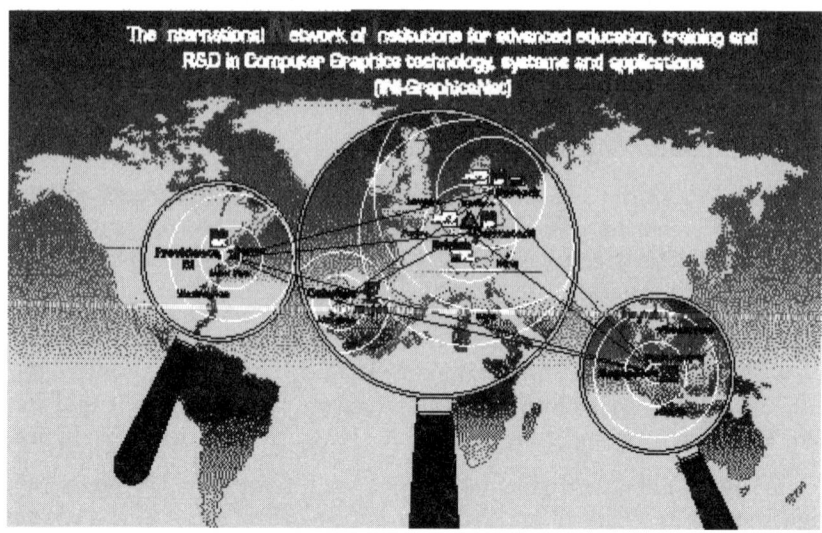

Abbildung 3:   Internationales Netzwerk der Institutionen der Graphischen Datenverarbeitung

5.1   Fachgebiet Graphisch-Interaktive Systeme (GRIS)

Das Fachgebiet Graphisch-Interaktive Systeme (GRIS) am Fachbereich
Informatik der Technischen Universität Darmstadt wurde 1975 von
Prof. Encarnação aufgebaut. GRIS stellt die „Keimzelle" dieses „Netzwerks der Graphischen Datenverarbeitung" dar. Hauptaufgabengebiete
sind Lehre und Grundlagenforschung. Das Fachgebiet GRIS ist gleichzeitig Träger von Qualifikationsmaßnahmen der wissenschaftlichen Mitarbeiter, z.b. Promotion und Habilitation.

5.2   Zentrum für Graphische Datenverarbeitung e.V. (ZGDV)

Das ZGDV ist ein europäisches Forum für anwendungsbezogene Schulung, Forschung und Entwicklung auf dem Gebiet der Graphischen Datenverarbeitung. Es wurde 1984 gegründet und hat die Rechtsform eines
eingetragenen, gemeinnützigen Vereins. Vereinsmitglieder sind die Technische Universität Darmstadt, die Fraunhofer-Gesellschaft, die Universität Rostock und über 30 namhafte Industrieunternehmen. Das ZGDV
fungiert als Schnittstelle zwischen Forschung und Industrie. So ist garan-

tiert, daß die Forschungs- und Entwicklungarbeit sich an den Anforderungen und Trends der Industrie und des Marktes orientieren.

Das Darmstädter ZGDV verfügt über zwei Außenstellen: das ZGDV Rostock, gegründet 1990, sowie das 1993 eingerichtete Centro de Computação Gráfica in Coimbra, Portugal. Darüber hinaus wurde 1995 im ZGDV das „Forum für Informations- und Kommunikationstechnologie-Transfer (IKTT)" mit Sitz in Erbach (Odenwald) gegründet.

5.3 Fraunhofer-Institut für Graphische Datenverarbeitung (IGD)

Seit 1987 besitzt Darmstadt mit dem Fraunhofer-Institut für Graphische Datenverarbeitung (IGD) eines der führenden europäischen Forschungs- und Entwicklungsinstitute seiner Art. Durch seine Forschungs- und Entwicklungsarbeit trägt das IGD dazu bei, in Deutschland die Graphische Datenverarbeitung als Technologie zu etablieren. Die Arbeit des IGD besteht in der Entwicklung von Software und Hardware für die Graphische Datenverarbeitung sowie deren Anpassung an spezifische Anwendungsfälle. Forschung und Entwicklung dienen der konkreten Problemlösung in Industrie, Handel, Verkehr und Dienstleistung.

1992 wurde der IGD-Institutsbereich in Rostock gegründet. Das Fraunhofer Center for Research in Computer Graphics (Fraunhofer-CRCG), die 1993 gegründete Außenstelle in Providence, Rhode Island (USA), ermöglicht es, früh technische Entwicklungen in den USA zu erkennen und mitzugestalten. Die Etablierung einer Außenstelle in Singapur, das Centre for Advanced Media Technology, wurde 1997 initiiert.

5.4 CAPCom Technologie, Beratung, Entwicklung und Vertrieb GmbH

Die CAPCom Technologie, Beratung, Entwicklung und Vertrieb GmbH unterstützt Vermarktung und Vertrieb der Forschungs- und Entwicklungsergebnisse des internationalen Netzwerks der Institutionen für die Graphische Datenverarbeitung. Prototypen werden bis zur Produktreife geführt und auf dem internationalen Markt positioniert. Besonders im Bereich der neuen Medien bietet CAPCom Dienstleistungen wie Consulting und Marketing, oder Vertrieb von Internet-, Intranet- und Extranetlösungen, inclusive Hard- und Software.

Dieses internationale Netzwerk der Institutionen für die Graphische Datenverarbeitung und seine Partner stellt eine solide Basis für hochqualifizierte Forschung und Entwicklung dar. Unter der Gesamtleitung von

Prof. Dr.-Ing. Dr. h.c. Dr. E.h. José L. Encarnação bildet das Netzwerk mit mehr als 250 Mitarbeitern und fast 400 wissenschaftlichen Hilfskräften bei einem Haushalt von ca. 50 Mio. DM (1996) weltweit den größten Schwerpunkt dieser Informations- und Kommunikationstechnologie.

Nach mehr als zwanzig Jahren der Graphischen Datenverarbeitung an wechselnden Standorten in Darmstadt sind die Darmstädter Institutionen seit Juni 1997 wieder unter einem Dach vereint. Am Rande der Innenstadt, in unmittelbarer Nachbarschaft zur Technischen Universität, entstand ein Institutsneubau mit einer Gesamtnutzungsfläche von 5700 Quadratmetern, wovon knapp 2000 Quadratmeter auf Laborräume entfallen (siehe Abb. 4). Damit wird der Bedeutung des Netzwerks als Schwerpunkt internationalen Ranges für Forschung und Entwicklung in der Graphischen Datenverarbeitung Rechnung getragen.

6 Innovative industrielle Anwendungen der Graphischen Datenverarbeitung

Dieser Abschnitt skizziert einige prominente Projekte, die am Fraunhofer-IGD, dem ZGDV und bei GRIS durchgeführt werden [1]. In Zusammenarbeit mit internationalen Partnern und insbesondere mit der deutschen Industrie wird ein breites Spektrum anwendungsorientierter Forschungs- und Entwicklungsarbeit auf dem Gebiet der Informationstechnologie bearbeitet.

6.1 CIP3 Print Production Format (PPF): Internationale Kooperation ermöglicht Computer-integrierte Fertigung von Druckprodukten

Bei der Entwicklung neuer Technologien und Systemlösungen für die Produktion von Druckerzeugnissen spielt die Verkürzung der Rüstzeiten für den Druck und die Weiterverarbeitung eine zentrale Rolle. Die digitale Verknüpfung aller Arbeitsabläufe über die gesamte Druckproduktion ist dabei der Schlüssel zum Erfolg. Voraussetzung hierfür ist ein einheitliches Format zur Beschreibung produktionsrelevanter Daten vom Entwurf bis hin zum Versand eines Druckproduktes.

Für diesen Zweck hat das Fraunhofer-Institut für Graphische Datenverarbeitung in Darmstadt in Kooperation mit der Heidelberger Druckmaschinen AG eine Lösung entwickelt, die von einem Konsortium namhafter Firmen unterstützt wird. Inzwischen haben sich bereits 28 der bedeutendsten Firmen aus verschiedenen Ländern dieser Gruppe angeschlossen; sie nennt sich CIP3 (Cooperation for Integration of Prepress, Press and Post-press). Derzeit sind folgende Firmen Mitglied in dem Konsortium:

Adobe (USA), Agfa (B, USA), Baldwin Technology Company (USA), Barco Graphics (B), Creo (CDN), RR Donnelley & Sons (USA), Ekotrading-In-kflow (SK), Eltromat Polygraph (D), Ewert Ahrensburg Electronic (D), Fu-jifilm Electronic Imaging (UK), Goebel (D), Graphics Microsystems (USA), Harlequin (USA, UK), Heidelberger Druckmaschinen (D), Koenig & Bau-er-Albert AG (D), Kolbus (D), Komori (J), Linotype-Hell (D), MAN Ro-land (D), Mitsubishi Heavy Industries (J), Müller Martini (CH), Polar-Mohr (D), Scitex (IL), Screen (J), Shinohara Machinery Company (J), Ul-timate Technographics (CDN), Wohlenberg (D) und Xerox (USA).

Das Ergebnis dieser Zusammenarbeit ist ein Austauschformat, das unter dem Namen Print Production Format (PPF) heute der graphischen Indu-strie weltweit zur Verfügung steht (siehe Abb. 4). Viele der Partnerfirmen bieten mittlerweile Produkte an, die dieses Format für den Workflow nutzen. Die ersten Erfahrungen beim Einsatz von CIP3 PPF zeigen so-wohl eine signifikante Steigerung der Produktivität als auch einen scho-nenderen Umgang mit unserer Umwelt.

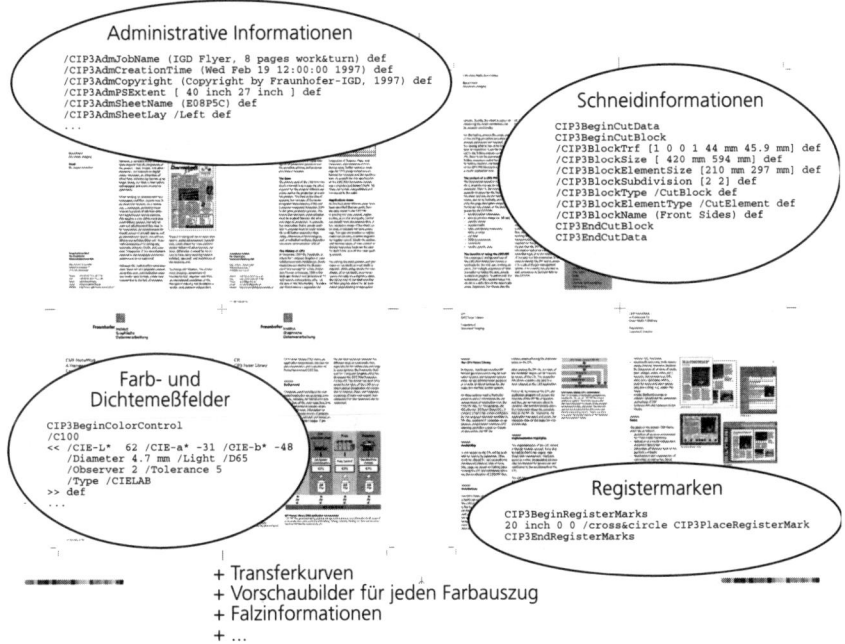

Abbildung 4:   Beispiele von Inhalten einer CIP3 PPF-Datei

6.2   Virtuelle Realität (VR) in Architektur, Medizin, und Automobilbau

Ein interessantes Projekt aus der Architektur bildete der VR-Visualisierung des Terminal 1 des Frankfurter Flughafens im Auftrag der Lufthansa AG, die bereits in der Entwurfsphase eine Planungs- und Ent-scheidungshilfe bot (siehe Abb. 5). Damit war es möglich, Varianten schnell zu visualisieren und zu vergleichen. Diesem Projekt gingen viele Präsentationsprojekte voraus, besipielsweise mit der Fa. Wilkhahn (VR-Visualisierung von Büromöbel).

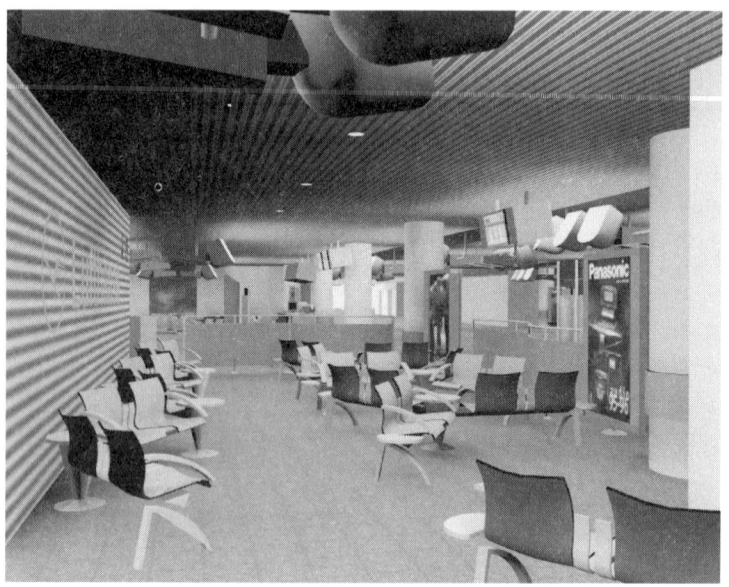

Abbildung 5:   Flughafen Frankfurt, Wartebereich Gate 15

Ein erstes Projekt im Bereich der Medizin bildete der VR Arthroskopie Trainingssimulator im Auftrag der Berufsgenossenschaftlichen Unfallklinik in Frankfurt. Mit diesem Trainingssimulator können Chirurgen ihre Geschicklichkeit trainieren, die für arthroskopische Untersuchungen im Kniegelenk erforderlich ist. Die in diesem Projekt gewonnene Erfahrung wurde bzw. wird bereits in weiteren Projekten eingesetzt: OP2000 (MDC/RRK Berlin), System für die OP-Vorbereitung (BG-Unfallklinik Frankfurt), Endoskopie-Trainingssystem (Uni-Klinik Mainz).

Im Kontext Automobilbau ist ein Präsentationsprojekt im Auftrag der Volkswagen AG für die Hannover-Messe 1995 hervorzuheben. Ein virtueller Windkanal zeigt auf beeindruckende Weise die Kombination von

Simulation, wissenschaftlicher Visualisierung und VR. Es folgten weitere Projekte mit Automobilfirmen: Digitale Prototypen (AIT-Konsortium), Design Review und funktionale Simulation (Volkswagen), Ein-/Ausbau-Simulation (BMW), Mechanik-Simulation (Audi).

6.3 Technologieatlas der Deutsche Bank AG

Beim Technologieatlas handelt es sich um eine umfassende Bestandsaufnahme der gegenwärtigen technologischen Situation in Deutschland. Über 100 moderne Technologien werden vorgestellt; ihre Trends und ihr Marktvolumen werden erläutert. Darüber hinaus sind alle deutschen Forschungsinstitute, Technologiezentren, Transferstellen und sonstigen technologischen Organisationen mit ihren Adressen aufgeführt. Technologische Schwerpunkte und Netzwerke sowie interessante Standorte für bestimmte zukunftsweisende Branchen sind mit einem Blick auf die Deutschlandkarte oder ein Bundesland erkennbar (siehe Abb. 6). Bis hinunter auf die Ebene der Landkreise ist eine technologische Bestandsaufnahme möglich. Ein umfangreiches Glossar, eine Patentstatistik der Jahre 1995 und 1996, nach Technologien und Bundesländern geordnet, sowie eine Übersicht über die Projektförderungen des BMBF der letzten beiden Jahre ergänzen die Datenbank.

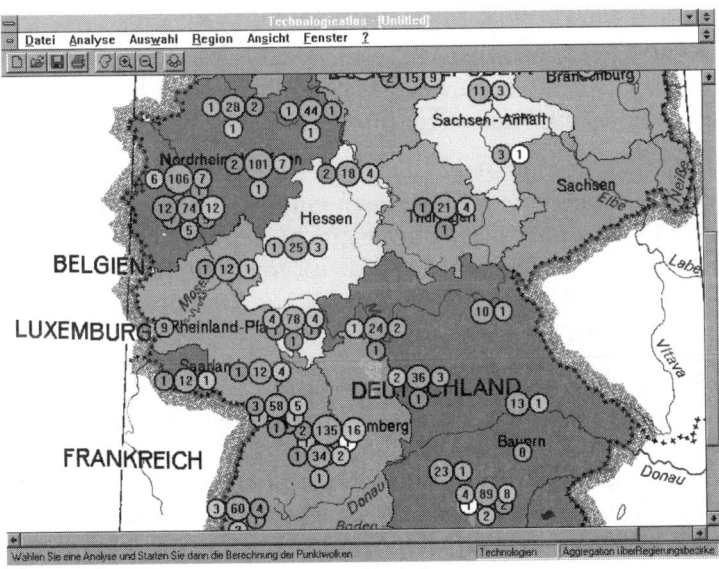

Abbildung 6:   Analyseergebnis des Technologieatlas, aggregiert über Regierungsbezirke in Deutschland

Der Technologieatlas wurde entwickelt von der Fraunhofer-Management GmbH unter Mitwirkung des Fraunhofer-IGD. Das vom Fraunhofer-IGD erstellte Geo-Informationssystem greift auf eine MS ACCESS Datenbank zu und läuft unter Windows 3.11, Windows95 und Windows NT. Alle Abfragen erfolgen graphisch-interaktiv, und als Ergebnis wird eine graphisch aufbereitete Präsentation der Adressen auf der Basis von digitalen Landkarten erstellt. Das System erlaubt außerdem das Zoomen und Scrollen in den zur Visualisierung genutzten Karten, die sich auch zu Dokumentationszwecken ausdrucken lassen. Das Geo-Informationssystem kann ebenfalls für Standortanalysen, Geo-Marketing etc. im Rahmen anderer Anwendungen eingesetzt werden.

6.4   Nachweis von Urheberrechten mit SysCop

Die digitale Repräsentation von Informationen und Inhalten stellt aus dem Blickwinkel des Schutzes dieser Daten ein nicht zu unterschätzendes und mittlerweile erkanntes Mißbrauchspotential dar. Einfaches Kopieren von Daten, die schnelle Verbreitung von Informationen über Netzwerke sowie die exakte Übereinstimmung von Original und Kopie haben zu den revolutionären Fortschritten in der Informations- und Kommunikationstechnik beigetragen. Andererseits ergeben sich jedoch gerade daraus neuartige Probleme im Hinblick auf den Schutz und Nachweis der Urheberrechte (Copyright) an Werken und Inhalten.

Anbieter von schützenswerten Materialien und Inhalten zeigen daher noch eine starke Zurückhaltung, ihre Werke und Inhalte unter Einsatz moderner Kommunikationsmittel und -wege anzubieten und auszuliefern.

Mit Hilfe des am Fraunhofer-IGD entwickelten Verfahrens *SysCoP* (System for Copyright Protection) können multimediale Daten mit relevanten Informationen über den Urheber, Inhaber der Rechte, Kunden etc. eindeutig verbunden werden. Zur Zeit ist eine Kennzeichnung von Bildern und Videodaten möglich, Verfahren für Audiodaten und strukturierten Text sind in der Entwicklung.

Die direkt in das Datenmaterial selbst eingebrachte Markierung, auch *digitales Wasserzeichen* genannt, zeichnet sich durch *Sicherheit, Robustheit und Nicht-Wahrnehmbarkeit aus* (siehe Abb. 7). Ohne Kenntnis eines Schlüssels kann die Markierung nicht gelesen oder gezielt verändert werden. Die Markierung bleibt trotz Bearbeitung der Daten – z.B. durch Kompression (JPEG, MPEG) oder Formatkonvertierung – erhalten, sofern die Qualität der Daten nicht ernsthaft verschlechtert wird. Zudem ist die Markierung weder durch statistische Analysen rekonstruierbar noch für den Menschen wahrnehmbar.

Die Markierung soll keinen Kopierschutz im eigentlichen Sinne darstellen, sondern den technischen Nachweis der Urheberrechte ermöglichen sowie eine illegale Verbreitung von Werken verfolgbar machen. Die Markierung von multimedialen Daten mittels des am Fraunhofer-IGD entwickelten Systems impliziert auch eine Abschreckung vor potentiellem Mißbrauch und kann ferner zur automatisierten Wiedergabe des „Copyright-Vermerks" bei der Darstellung oder beim Kauf von Werken herangezogen werden.

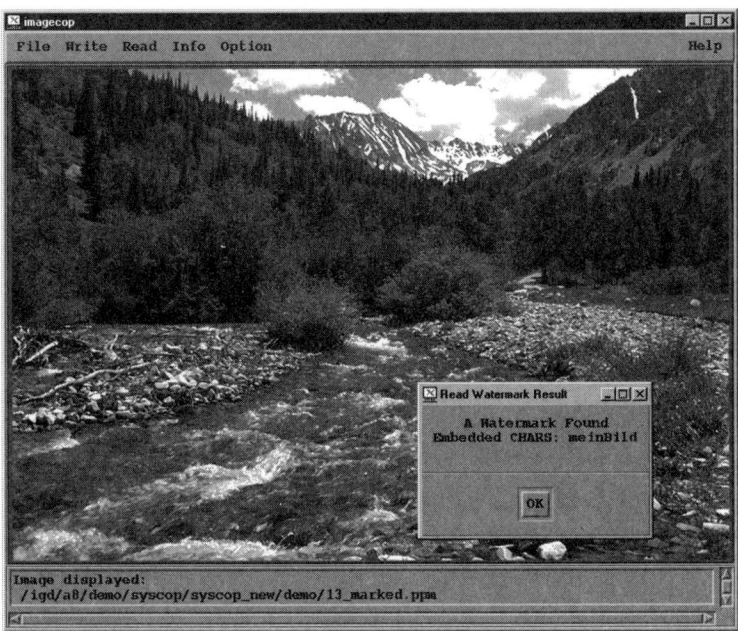

Abbildung 7:   Bild mit digitalem Wasserzeichen

6.5   TRADE: A Transatlantic Research And Development Environment

Im Rahmen des gemeinsam vom Fraunhofer Center for Research in Computer Graphics (CRCG) und dem IGD durchgeführten Projektes TRADE wird eine Netzinfrastruktur für Telekommunikationsanwendungen aufgebaut, die als Arbeitsplattform für Telekommunikationsprojekte des CRCG und des Fraunhofer Ressource Centers (FRC) dient (siehe Abb. 8). Dies betrifft sowohl Projekte mit US-Firmen wie auch Projekte, die transatlantische Telekommunikationsverbindungen benötigen, da TRADE eine Hochgeschwindigkeitsverbindung auf ATM-Basis (ATM = Asynchronous Transfer Mode) zwischen dem CRCG und dem IGD bereitstellt.

Das Ziel von TRADE ist die Erstellung einer Plattform für die Entwicklung von multimedialen Kommunikations- und Anwendungsdiensten im transkontinentalen Umfeld („TK-Labor"). Durch den Aufbau dieses TK-Labors leistet die Fraunhofer Gesellschaft einen strategischen Beitrag, um innerhalb des sehr dynamischen Telekommunikations- und Informationsumfeldes bzw. Technologiemarktes (TK/IT-Markt) eine auch international bedeutende Rolle zu spielen. Internationale Unternehmen werden durch innovative Produkte und Serviceleistungen neue Geschäftsfelder im Bereich des internationalen Informationsaustausches entwickeln und besetzen. Dafür sind neue Technologien, Services, Metaphern und Kommunikationsstrukturen nötig, die auf TRADE entwickelt, erprobt und demonstriert werden können.

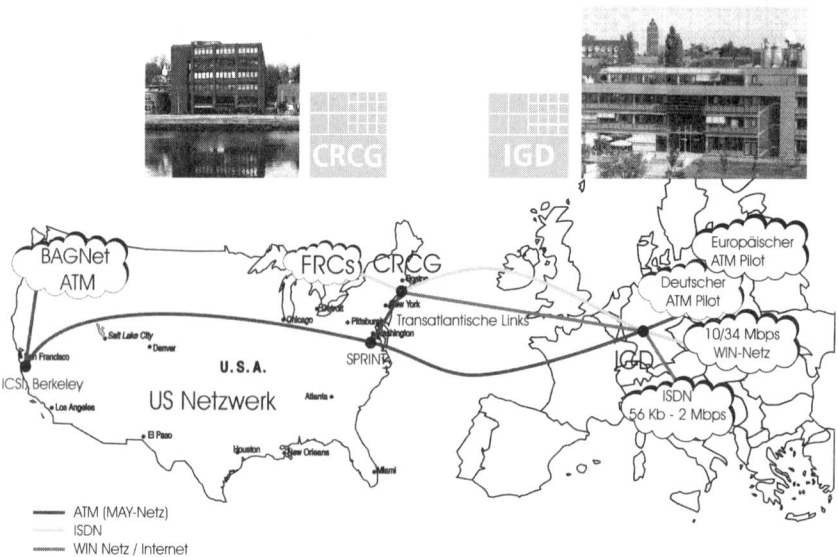

Abbildung 8:   Telekommunikationsplattform für Arbeiten zwischen Deutschland und USA

6.6   Konzepte für IT-basierte Aus- und Weiterbildung

Der Bildungsstand der Bevölkerung ist einer der Schlüsselfaktoren der heutigen Gesellschaft. Der Wandel von einer Produktions- zu einer Dienstleistungsgesellschaft und der vermehrte Einsatz von Informationstechnologie erfordert eine ständige Aktualisierung und Erweiterung des Gelernten. Traditionelle Lehr- und Lernmethoden dominieren immer noch die Aus- und Weiterbildung, obwohl sie nicht die Flexibilität und Verfügbarkeit bieten, die der Markt erfordert. Der gezielte Einsatz von auf Informationstechnologie (IT) basierter Aus- und Weiterbildung bietet Ansätze zur Verbesserung.

Die Malayische Regierung verfolgt das Ziel, Malaysia bis zum Jahr 2020 in einen industriell, wirtschaftlich und bevölkerungspolitisch voll entwickelten Staat zu überführen. Im Rahmen dieses Programms etabliert die Malayische Regierung den sogenannten „Multimedia Superkorridor", in dem verschiedene IT-basierte Leitprojekte Impulse für das gesamte Land geben sollen.

Das Ministerium für industrielle Entwicklungen in Sabah, dem zweitgrößten Bundesstaat von Malaysia, plant ein Programm zum Etablieren von IT-basierter Aus- und Weiterbildung. Dieses Programm soll durch die drei folgenden Phasen realisiert werden (siehe Abb. 9):

1. Realisierung von IT-basierter Aus- und Weiterbildung, um universitäre Ausbildung auf bestmöglichem Niveau zu gewährleisten.
2. IT-basierte Weiterbildungsangebote an Firmen, die sich in lokalen Industrie-Parks befinden.
3. Export von Lehr- und Lerninhalten über das Internet in den südostasiatischen Raum und die ganze Welt.

Prof. Encarnação und sein Internationales Netzwerk aus Instituten der Computergraphik wurden deshalb beauftragt, einen Workshop in Malaysia durchzuführen, um ein Konzept und eine Systemarchitektur für IT-basierte Aus- und Weiterbildung zu entwickeln. Im Rahmen dieses Auftrages wurde eine Konzeptstudie entwickelt, die als Grundlage für den Workshop diente, der vom 10. bis zum 14. März 1997 in Sabah, Malaysia durchgeführt wurde. An diesem Workshop nahmen Experten des Internationalen Netzwerks aus Instituten der Computergraphik, lokale Malayische Experten und führende internationale Experten teil.

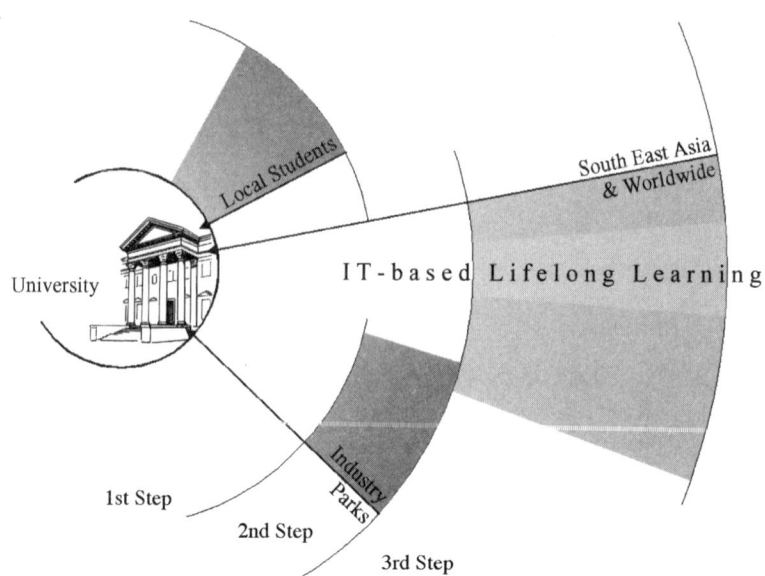

Abbildung 9:   Geplante Einführung von IT-basierter Aus- und Weiterbildung in Sabah, Malaysia

6.7   Ein eigenes Virtuelles Kaufhaus für jeden Kunden

Durch die rasche Verbreitung digitaler Kommunikationsmedien, insbesondere des Internet, nimmt die Zahl der auf diesem Weg erreichbaren Menschen immer mehr zu. Damit werden diese Medien zu einem interessanten Absatzweg für Anbieter von Waren und Dienstleistungen. Die meisten heute existierenden Angebote dieser Art sind aber weder für den Kunden attraktiv gestaltet noch vom Anbieter auf Dauer kostengünstig zu pflegen. Aus diesem Grund wurde am ZGDV ein Digitales Marketingunterstützungssystem entwickelt, das es ermöglicht, automatisch für jeden Kunden individuell ein seinen Vorlieben entsprechendes Sortiment zusammenzustellen und dieses in attraktiver, benutzerfreundlicher Form zu präsentieren. Das System paßt sich dabei auch den technischen Randbedingungen des beim Kunden vorhandenen Rechners sowie der Kapazität der Datenübertragung an. Der Anbieter muß also nur die Datenbank mit den Artikeln bei Bedarf aktualisieren und – falls gewünscht – Designvorlagen für die unterschiedlichen Präsentationstechniken bereitstellen. Das System erzeugt dann beispielsweise automatisch einen virtuellen Supermarkt (Abb. 10). Dieser ist mit einfachsten Mitteln realisiert, bildet aber Aussehen und Funktion eines realen Supermarktes so überzeugend nach, daß auch ungeübte Kunden sich nach wenigen Minuten des Probierens problemlos zurechtfinden können.

Gegenwärtig liegt das System als wissenschaftlicher Prototyp vor. Aufgrund des großen Interesses von Handelsunternehmen an seinem praktischen Einsatz wird an der Vervollkommnung gearbeitet. Einsatzgebiete sind dabei vorwiegend Warenangebote im Internet, aber auch stationäre Kiosksysteme und Anwendungen zur Planung von Supermärkten und Warenhäusern. Technisch basiert das System auf einer relationalen Datenbank, die die wesentlichen Informationen enthält. Da es komplett in der Internet-Programmiersprache Java realisiert wurde, kann es problemlos auf nahezu allen heute verbreiteten Rechnertypen eingesetzt werden und ist folglich sowohl für kleine wie auch für große Warensortimente wirtschaftlich anwendbar. Neben dem hier vorgestellten, endkundenorientierten Einsatz ist natürlich auch die Verwendung des Systems für Business-to-Business-Commerce möglich.

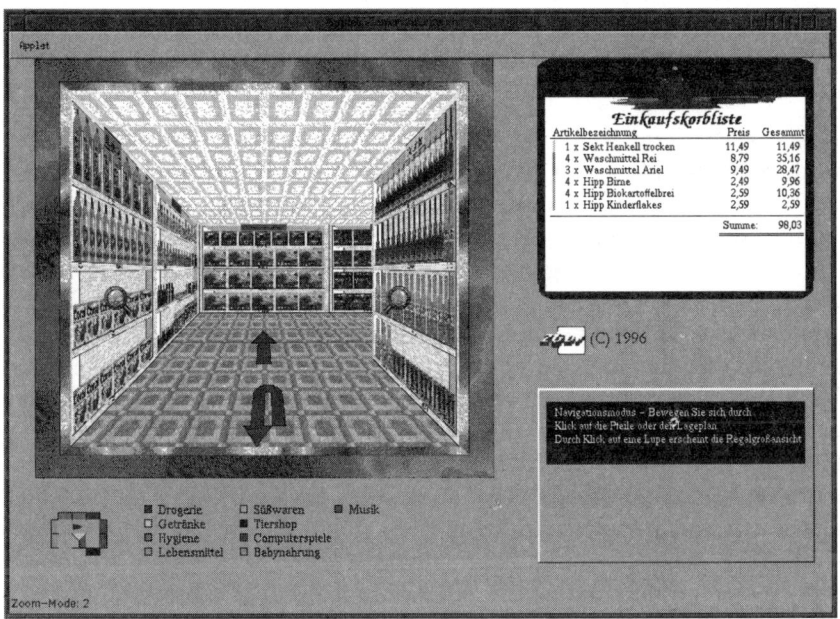

Abbildung 10: Virtueller Supermarkt

6.8 Videobasierte Verkehrserfassung

Wachsender Verkehr auf europäischen Fernstraßen führt zu zunehmenden verkehrstechnischen Problemen. Verkehrspolitische Maßnahmen zielen daher auf eine effizientere Nutzung vorhandener Verkehrsinfrastruktur und letztlich auf eine umweltverträgliche Bewältigung des Verkehrswachstums. Ein wesentlicher Aspekt ist dabei die Erfassung der

aktuellen Verkehrslage, die derzeit nur aufwendig (z.B. mit Hilfe von Induktionsschleifen) und auch lediglich lokal durchgeführt werden kann.

Die Zielsetzung der videobasierten Verkehrserfassung ist die Erhebung
von lokalen **und** streckenbezogenen Daten zur Ansteuerung von Verkehrsbeeinflussungsanlagen. Dabei werden sowohl Linienbeeinflus-
sungsanlagen, die den Autofahrer vor Stau- oder Nebelsituationen
warnen, als auch Netzbeeinflussungsanlagen, die den Verkehrsstrom
durch alternative Routenvorschläge mittels Wechselwegweisern beein-
flussen, adressiert. Die videobasierte Verkehrserfassung ermöglicht ferner eine automatisierte Ansteuerung der Verkehrsbeeinflussungsanlagen.

Ein wesentlicher Aspekt bei der Entwicklung des Verkehrserfassungssy-
stems besteht darin, die Funktionalität verschiedener Sensoren wie etwa
Induktionsschleifen, Radardetektoren oder Streulichtmesser unter Verwendung einer Videokamera in einem Sensor zu integrieren. Der Einsatz
von Videokameras bietet zudem ein leicht installierbares, kostengünsti-
ges und portables System (siehe Abb. 11).

Das videobasierte Erfassungssystem löst die Aufgabe der Querschnitt-
zählung an einer Streckenstation durch die vollautomatische Auswertung
der Videodaten. Dabei werden Algorithmen der Bewegtbildanalyse eingesetzt, die beispielsweise die Segmentierung von Fahrzeugen (siehe Abbildung) in einer Bildfolge lösen. Für ein passierendes Fahrzeug werden
dadurch relevante Informationen gewonnen. Darunter fallen beispielsweise Geschwindigkeit, Fahrzeugklasse und die Uhrzeit, zu der das Fahrzeug erfaßt wurde. Daraus lassen sich mit den Methoden der
Verkehrstechnik direkt Steuerparameter für Linienbeeinflussungsanla-
gen gewinnen und somit stau- und unfallmindernde Maßnahmen einlei-
ten. Darüber hinaus werden an einer lokalen Streckenstation Informationen erfaßt, die zur Wiedererkennung eines passierenden Fahrzeuges an
einer anderen Streckenstation im Verkehrsnetz benötigt werden. Dies
sind neben der Farbe eines Fahrzeugs vor allem signifikante Merkmale,
die aus der Kennzeichenmatrix eines Fahrzeugs abgeleitet werden.

In einer zentralen Systemkomponente laufen die Ergebnisse, die an verschiedenen Streckenstationen gewonnen werden, zusammen. Durch eine
geeignete Auswertung können streckenbezogene Verkehrsdaten ermittelt
und damit der Verlauf von Verkehrsströmen statistisch quantifiziert werden. Die videobasierte Erfassung leistet damit einen wesentlichen Beitrag
zur Informationsgewinnung über die jeweils aktuelle Verkehrslage.

Abbildung 11: Segmentierung von Fahrzeugen aus einem Videobild

6.9   Innovative Ansätze zum Einsatz von Interaktivem Video

Heutige Ansätze zum Einsatz von „Interaktivem Video" beschränken sich bzgl. der Übertragung auf die Nutzung eines gemeinsamen Kanals für Video und World-Wide-Web (WWW)-Daten (wie bei Videotext) oder bzgl. der Interaktion auf die Steuerung der Videodarstellung (wie bei einem Videorecorder). Diese Ansätze bieten für den Nutzer keinerlei Vorteile gegenüber heute üblichen Technologien und Diensten und schöpfen in keiner Weise das Potential von digitalem Video und Internet-Diensten, z.B. dem WWW, aus.

Am Zentrum für Graphische Datenverarbeitung (ZGDV) wurde ein Prototyp eines integrierten Systems entwickelt, der die Nachteile heutiger Ansätze überwindet und innovative Einsatzmöglichkeiten für die Zukunft aufzeigt. Das System hat den Namen *MOVieGoer* und ermöglicht eine Interaktion des Benutzers mit Objekten innerhalb eines Videos (siehe Abb. 12). Ein Anwender kann, während er Videos betrachtet, mit der Maus Objekte selektieren, um mehr über sie zu erfahren. Diese Informationen, welche über Hyperlinks mit den Objekten innerhalb des Videos verbunden sind, werden über das WWW bereitgestellt und können verschiedene multimediale Daten wie Text, Bilder, Video und Audio umfassen.

MoVieGoer unterstützt ein erweitertes Ankerkonzept für den Inhalts-basierten Zugriff auf Videos. Sensitive Regionen werden als solche markiert und mit den zur Verfügung stehenden Zusatzinformationen verknüpft. *MoVieGoer* basiert auf standardisierten Technologien und kann in unterschiedlichen Szenarien eingesetzt werden. So wurden Beispielapplikationen in den Bereichen Sport und Schulung erstellt – in einem Sportvideo können die Zuschauer Zusatzinformationen über Spieler, den Stand des Spieles etc. erfahren; bei einem wissenschaftlichen Video können Informationen über die gezeigten Szenen oder einzelne Objekte abgerufen werden.

Die Windows95/NT-basierte Version stellt einen relevanten Schritt im Kontext Interaktives Fernsehen und der Realisierung ansprechender Online-Dienste dar.

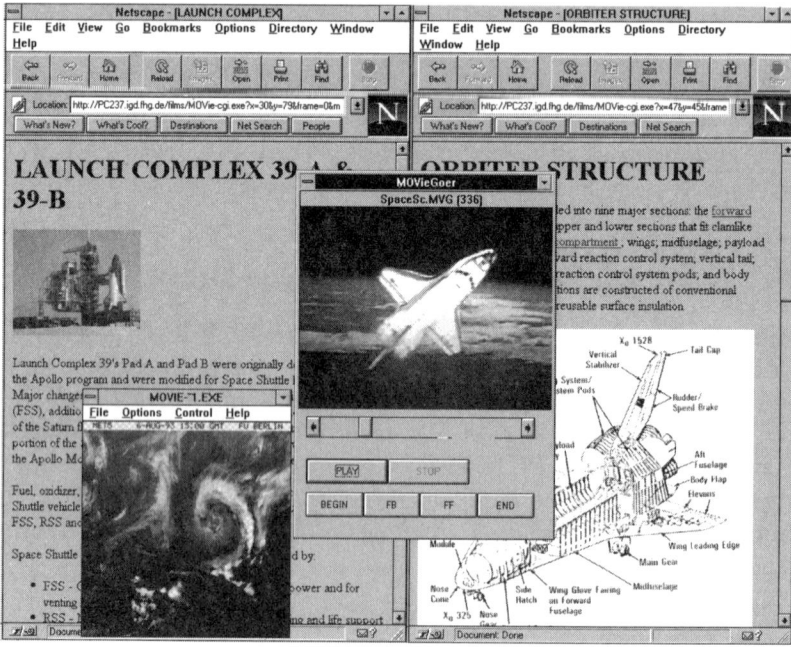

Abbildung 12: Interaktives Video und WWW

7 Literatur

[1] *Ackermann, Hans-Josef (Red.), Fraunhofer-IGD (Hrsg.)*: Leistungen und Ergebnisse, Tätigkeitsbericht 1996, Darmstadt 1997

[2] *Computer Graphics World*: Computer Graphics: A Worldwide Market Report. PennWell 1994

[3] *Deutsches Institut für Wirtschaftforschung (DIW) und Europäisches Zentrum für Wirtschaftsforschung und Strategieberatung (prognos)*: Künftige Entwicklung des Mediensektors. Gutachten im Auftrag des Bundesministeriums für Wirtschaft. Basel and Berlin, Dez. 1995

[4] *David, Morgan*: European Professional Services And Systems Integration Service: The Systems Integration Marketplace in Western Europe 1993–1999. International Data Corporation (IDC), Feb. 1995

[5] *Deutscher Bundestag, Ausschuß für Post und Telekommunikation (17. Ausschuß, 13. Wahlperiode)*: Öffentliche Anhörung zum Thema „Multimediale Kommunikation". Protokoll u. 4 Anlagen, Sept. 1995

[6] *Dressler, Edmund*: Analyse zur Entwicklung des CAD-Marktes in Deutschland. Computer-Graphik-Markt 1995/96. Dressler, Heidelberg 1995

[7] *European Information Technology Observatory (EITO)*: EITO 94. Eggebrecht-Presse, Mainz 1994

[8] *Ernest-Jones, Terry*: European PC Software Service: European PC Presentation Graphics Software, Drawing/Illustration Software & Desktop Publishing Software Market 1994–1999. International Data Corporation (IDC), July 1995

[9] *Fachverband Informationstechnik im VDMA und ZVEI*, Frankfurt 1995, http://www.fvit-eurobit.de/

[10] *HighText Verlag*, München 1995, http://www.hightext.de/

[11] *Hingley, Martin and Jose Perez-Laco*: European Commercial Systems and Servers: Small Scale Multiuser Computer Systems in Europe Review and Forcast 1995, International Data Corporation (IDC), Aug. 1995

[12] *McBryde, Ronnie*: European IT Market Service: IT Barometer 2nd Quarter 1995, Market Analysis & Forcast. International Data Corporation (IDC), Sept. 1995

[13] *OECD*: Industry and Technology – Scoreboard of Indicators 1995. Paris 1995

[14] *Poulsen, Lone*: European Workstation Services: Software for Workstations and Personal Workstations, Review and Forcast 1994–2000. International Data Corporation (IDC), Aug. 1995

[15] *Riehm, Ulrich und Bernd Wingert*: Multimedia – Mythen, Chancen und Herausforderungen. Bollmann-Verlag, 1995 (in German, ISBN 3-927901-69-5)

[16] *Statistisches Bundesamt Wiesbaden*: Statistisches Jahrbuch 1995. Metzler-Poeschel, Stuttgart, Sept. 1995

[17] *SV-Wissenschaftsstatistik GmbH*: Forschung und Entwicklung in der Wirtschaft: Ergebnisse 1993, 1994, Planung 1995. FuE-INFO, Dec. 1995

TEIL III

ORGANISATON UND KOOPERATION

KAPITEL 12

RUSSLANDS NEUE MÄRKTE – CHANCEN UND RISIKEN DES JOINT-VENTURES

Bernd F. Pelz

1   Die DLW-Gruppe

Die DLW Aktiengesellschaft als Gruppe mittelständischer Unternehmen ist heute hauptsächlich tätig in den Bereichen Bodenbeläge und Büromöbel. Als Bodenbelagshersteller gehört DLW mit 900 Millionen DM Umsatz zu den führenden Anbietern in Europa. DLW verfügt über Produktionsstätten in Deutschland, Holland, Belgien, Rußland und Indien. Die Produktpalette umfaßt textile Bodenbeläge, Bodenbeläge aus Kunststoffen und nachwachsenden Rohstoffen, wie Linoleum und Parkett. Im Bereich Bodenbeläge sind ca. 3300 Mitarbeiter beschäftigt.

2   Die Entscheidung, uns in Rußland zu engagieren

Die Entscheidung, uns in Rußland zu engagieren, liegt etwa 5 Jahre zurück. Sie begann mit allgemeinen Überlegungen, einer Analyse des Marktes und der Suche nach einem geeigneten Partner. Die allgemeinen Überlegungen lassen sich einfach zusammenfassen:

1. Der westeuropäische Bodenbelagsmarkt wird in den kommenden Jahren und Jahrzehnten nicht oder wenig wachsen.
2. In den Nachfolgestaaten der Sowjetunion wohnen – grob gesagt – etwa so viele Menschen wie in Westeuropa.
3. Die Wohngewohnheiten in diesen Ländern bieten eine gute Einsatzmöglichkeit für textile Bodenbeläge.
4. Die Herstellung industriell gefertigter Teppichböden ist dort nicht weit verbreitet´.
5. Steigende Importe zeigten die generelle Akzeptanz textiler Bodenbeläge.

Anders gesagt: Wir waren und sind überzeugt, daß die Bodenbelagsbranche in Rußland mittel- und langfristig eine gute Zukunft haben wird und damit unsere Investition für die Zukunft unseres Unternehmens wichtig und richtig ist.

3   Die Vorbereitung und Gründung des Joint-Ventures

Vordergründig betrachtet ist die Gründung eines Betriebes für die Herstellung textiler Bodenbeläge im Gegensatz zum Beispiel zu Betrieben aus dem High-Tech-Bereich, der Luft- und Raumfahrt und der Energiewirtschaft nicht von strategischer Bedeutung für Rußland.

Im Verlaufe der Gespräche und Verhandlungen zeigte sich jedoch bald, daß zum Wiedererstarken der russischen Wirtschaft genau solche mittelständischen Betriebe der verarbeitenden Industrie notwendig sind, um den Aufbau mittelständischer, unternehmerisch geprägter Strukturen zu fördern. Wir sind stolz darauf, daß wir zur Entwicklung dieser Einsicht bei unseren eigenen Politikern und unseren russischen Freunden und Partnern wesentlich beitragen konnten.

Der erste Punkt der Vorbereitung, an dem wir beinahe gescheitert wären, war die Analyse des russischen Marktes. Es gibt auch heute noch keine abgesicherten Zahlen über den russischen Bodenbelagsmarkt und Bodenbelagshandel. Wir waren daher auf viele Gespräche mit unseren zukünftigen Partnern, Ministerien und Behörden, inoffizielle Publikationen und Statistiken angewiesen.

Das Ergebnis dieser Analyse war, daß die Errichtung eines Betriebes für die Herstellung von zwei Millionen Quadratmetern Teppichboden ein kalkulierbares Risiko und die Gewinnschwelle sicher zu erreichen sein würde. Sofern dies einträte, machten wir unserem Joint-Venture-Partner die Zusage für den weiteren Ausbau des Betriebes.

Die für den Aufbau der ersten Stufe notwendigen Investitionen errechneten wir mit 7 bis 10 Millionen DM. Von unserer Seite wurden folgende Dinge bereitgestellt: Tuftmaschinen und Beschichtungsanlagen mit dem einschlägigen Know-how und das Training und die Einarbeitung unserer russischen Mitarbeiter in Deutschland und in Rußland. Unser russischer Partner brachte die Gebäude einschließlich der Energieversorgung ein sowie die lokale Erfahrung im Umgang mit Mitarbeitern und Behörden.

Da es in Rußland nur wenige Betriebe für die Herstellung textiler Bodenbeläge gibt, war die Suche nach einem geeigneten Partner schwierig. Dies lag unter anderem auch an unseren anfangs mangelnden Sprachkenntnissen und der Unfähigkeit, von uns aus die Seriosität und Bonität potentieller russischer Partner zu beurteilen. Gleiche Probleme, denke ich, kann man auch der russischen Seite unterstellen. Auch für diese ist es nicht leicht, die Ernsthaftigkeit und die Fähigkeiten und Möglichkeiten westlicher Partner richtig einzuschätzen. Ganz zu schweigen von den immer noch großen Unterschieden in der Betrachtung der Wirtschaftlichkeit eines Betriebes. Themen wie Kapitalverzinsung, Kapitalbindung, Gewinn- und Verlustrechnung und Finanzierung stellen hohe Anforderungen an die Erklärungsbereitschaft und die Geduld beider Seiten. Was nach russischer Sicht wirtschaftlich erscheint, muß aus unserer Sicht noch lange nicht wirtschaftlich sein.

Da wir unser Joint-Venture praktisch aus dem Nichts aufbauten, kam dem Aufbau des kaufmännischen Teils des Gemeinschaftsunternehmens entscheidende Bedeutung zu. Mit dem produktionstechnischen Teil hatten wir wesentlich weniger Schwierigkeiten.

Ich möchte hier eine kleine Denkpause einlegen und sagen, warum wir in Rußland nicht alleine investiert, sondern uns einen Joint-Venture-Partner gesucht haben: wir hatten schlicht und einfach nicht die Managementressourcen und auch nicht die Kenntnisse lokaler Verhältnisse, um dies alleine zu tun.

Unsere heutige Erfahrung sagt, daß wir in der Tat alleine auf uns gestellt die Zeit bis heute nicht überdauert hätten. Es ist schon mit einem gut meinenden Partner schwierig genug gewesen.

Bei der Vorbereitung des Joint-Ventures waren öftere gegenseitige Besuche und ein Sich-Aneinander-Gewöhnen von ausschlaggebender Bedeutung: ob nun berechtigt oder nicht: Russen sind auch heute noch argwöhnische Leute, und dem gemeinsamen Gedankenaustausch kommt eine wesentliche Rolle zu. Unserer Erfahrung nach ist es auch sehr wesentlich, nicht als Besserwisser aufzutreten, sondern das Wissen und die Erfahrung des russischen Partners einzubeziehen. Letztlich ist nur gemeinsam ein Fortschritt möglich: auch wenn einen die russischen Verhältnisse manchmal fast zur Verzweiflung bringen.

An die Phase des Sich-Aneinander-Gewöhnens schloß sich die Phase der Planung des Gemeinschaftsunternehmens an: russisches Improvisationstalent, gepaart mit deutschem Ordnungssinn brachte innerhalb kurzer Zeit eine gangbare Lösung zustande.

Zum Verständnis der Problematik muß gesagt werden, daß bei Gemeinschaftsunternehmen in Rußland zwei Welten aufeinandertreffen: die russische, die sich daran gewöhnt hat, unter einem Geld- und Materialmangel zu leiden, und unsere, die von einem Materialüberfluß gekennzeichnet ist und wo die hohen Personalkosten einen wesentlichen, begrenzenden Faktor darstellen. Bei den bürokratischen Hürden sind die Unterschiede vielleicht nicht so groß: bei uns ist die Bürokratie nur organisierter; in Rußland ist sie unberechenbarer.

Unser Partner, das Unternehmen Stroiplastpolimer in Ekaterinburg im Ural, fertigt Ziegel, PVC-Bodenbeläge und Kunststoffröhren für Spezialanwendungen. Ihm und uns war von vornherein klar, daß es nicht einfach sein würde, das Joint-Venture erfolgreich in Gang zu bringen und am Leben zu erhalten. Phasen des Optimismus und Pessimismus wechselten dabei häufig und waren in Abhängigkeit von der Situation bei den Partnern jeweils unterschiedlich ausgeprägt.

Von der Vertragsunterzeichnung im Herbst 1994 verging dann bis zum Produktionsbeginn etwa ein Jahr mit dem Training der Mitarbeiter, dem Herrichten der Produktionsstätte, der Planung und dem Aufbau der von uns eingebrachten Maschinen und Anlagen, der Organisation der Materialversorgung und eines rudimentären Vertriebs.

Zum Training russischer Mitarbeiter bei uns in Bietigheim ist zu sagen, daß dies ohne wesentliche Komplikationen verlief und unsere deutschen Mitarbeiter das Training konstruktiv unterstützten. Vermutlich auch deshalb, weil das Joint-Venture im Ural keine Gefährdung für Arbeitsplätze in Deutschland darstellt.

Das Training der russischen Mitarbeiter und unsere Erfahrung im Aufbau mittelständischer Raumausstattungs- und Handwerksbetriebe in den neuen Bundesländern brachten uns auf die Idee, ähnliches auch in der Region Sverdlovsk zu versuchen.

In Zusammenarbeit mit dem Wirtschaftsministerium des Landes Baden-Württemberg und der Berufsschule in Ekaterinburg planten wir, mit Existenzgründungen von Bodenlegerbetrieben im Raum Ekaterinburg zu beginnen und auch andere mittelständische Unternehmen in Deutschland zu überzeugen, daß es richtig ist, in Rußland zu investieren. Hierauf werde ich später noch eingehen.

Zur Vorbereitung unseres Joint-Ventures gehörte auch die Überprüfung der rechtlichen Situation und der Vertragsbedingungen. Die rechtliche Situation, die uns später viel Ärger machen sollte, schien anfangs viel einfacher als die vertragliche, mit der wir bisher praktisch keine Schwierigkeiten gehabt haben. Dasselbe gilt auch für Finanzierungsfragen. Das Verständnis unseres russischen Partners war nicht unseres, was Finanzierungsfragen angeht: unser Verständnis war, daß die Finanzierungslast im Verhältnis 50:50 geteilt würde. Sein Verständnis war, daß die Finanzierung der Betriebsmittel praktisch von uns organisiert und die Risiken von uns getragen würden.

4   Erfahrungen aus den ersten drei Jahren des Joint-Ventures: Chancen und Risiken

Im folgenden sind die Chancen und Risiken behandelt, wie wir sie erfahren haben. Wir erheben keinen Anspruch auf Allgemeingültigkeit, glauben aber, daß wir bei unserer Beschreibung in bezug auf mittelständische verarbeitende Betriebe der momentanen Realität in Rußland sehr nahe kommen.

4.1   Partner

Der Eintritt in den russischen Markt erfordert unseres Erachtens einen russischen Partner, der in die kommunale Infrastruktur vor Ort integriert ist und dies im weitesten Sinne. Hierzu gehört insbesondere der Aspekt der physischen Sicherheit, sowohl für Personen als auch Sachen. Dies kann nur vom russischen Partner garantiert werden, die deutsche Seite ist hierbei geradezu hilflos. Ähnliches gilt für den Kontakt zu den öffentlichen Stellen, der in vielerlei Hinsicht von Wichtigkeit ist:

Viele Steuerarten sind in die Kompetenz der regionalen Verwaltung gelegt, so daß dort auch für die Erhebung der Steuern eine Vielzahl von Steuersätzen festgelegt wird.

Eine große Rolle spielt im weitesten Sinne die Bonität des Partner-Managements. Absoluten Vorrang hat die persönliche Beurteilung, die in der Frage gipfelt: läßt sich mit diesem Partner in den nächsten Jahren ein Konsens in der gemeinsamen Führung des Joint-Ventures erzielen?

Unsere Erfahrungen sind in dieser Hinsicht gut, wobei unser russischer Partner uns weitgehend die industrielle Führung überlassen hat. Immer ist jedoch darauf zu achten, daß das russische Selbstwertgefühl Beachtung findet, indem die russischen Mitarbeiter in die Entscheidungen einbezogen werden.

Ein großes Problem stellt unter den derzeitigen wirtschaftlichen Rahmenbedingungen die wirtschaftliche Bonität eines jeglichen russischen Partners beim Eingehen eines Joint-Ventures dar. Das gegenseitige Geflecht innerhalb der russischen Industrie von gegenseitigen Verrechnungen (Barter-Geschäfte) macht die russische Volkswirtschaft größtenteils zu einer Natural-Tauschwirtschaft. Es gibt Betriebe, die zu 90 % ihre Geschäfte über gegenseitige Verrechnung abwickeln. Dementsprechend sind liquide Mittel Mangelware, und die russischen Betriebe sind größtenteils am Rande der Illiquidität. Dies drückt sich darin aus, daß viele Betriebe in die Kategorie 2 bei den Steuerbehörden eingeordnet sind, d.h. sie sind Steuerschuldner und finanzieren sich zumindest teilweise hierüber.

Auch hier gibt es Möglichkeiten, gegenüber staatlichen Behörden mit gegenseitiger Verrechnung, d.h. mit Waren Steuerschulden abzuzahlen. Gravierender ist dieser Tatbestand aber für die Mitarbeiter in diesen Betrieben, denn sie erhalten größtenteils ihre Löhne bis zu einem halben Jahr verspätet ausbezahlt. Regierungsseitig vorgenommene Verordnungen erzielen oft nicht die gewünschte Wirkung, denn nicht bezahlte Löhne für die Betriebe sind ähnlich wie Steuern, d.h. ein wesentlicher Passivposten in der Bilanz.

Vor diesem Hintergrund ist bei Eingehen von Joint-Ventures die wirtschaftliche Bonität des Partners zu durchleuchten: in der Regel besteht die Beteiligung des russischen Partners aus der Zurverfügungstellung von Grundstücken und Gebäuden, die rudimentär als Bauruinen bereits bestehen und, wie in unserem Fall, noch weiterentwickelt werden mußten. Der deutsche Partner stellt die Investitionen und bringt diese als Sacheinlage ein. Dann beginnt jedoch das Problem: Man hat bei der Installierung des Joint-Ventures an die Investitionen zwar gedacht, weniger jedoch an die Betriebsmittel. In aller Regel ist hierbei vom russischen Partner, aufgrund des oben geschilderten Hintergrunds, nichts zu erwarten. Über das Thema Finanzierung wird noch zu sprechen sein.

4.2   Mitarbeiter und Management

Die Auffassungen über die Führung der Betriebe in Rußland unterscheiden sich von der westlichen Führungs-Philosophie gravierend. Aufgrund der jahrzehntelangen Mangelwirtschaft ist das Denken Absender-orientiert, nicht Dienstleistungs-orientiert, den Bedürfnissen des Kunden entsprechend. Die derzeitige russische Volkswirtschaft leidet nicht nur an einem chronischen Kapitalmangel, sondern sie leidet auch an den Führungsstrukturen, die sich auch heute noch an der Mangelwirtschaft orientieren. Dementsprechend ist auch keine Führung durch Leistungszielsetzung gegeben, sondern die Führung der Betriebe wird durch die Mangelwirtschaft bestimmt.

Wenn Rohstoffe vorhanden sind, wird produziert. Rohstoffe sind in der Regel nicht vorhanden, weil keine Liquidität vorhanden ist bzw. die Tauschkette unterbrochen ist.

Durch die gegenseitigen Verrechnungen besteht Vorrang für Auslieferungen für solche Kunden, die Cash bezahlen, während diejenigen auf Wartelisten stehen, bei denen der Betrieb Verbindlichkeiten zu erfüllen hat.

Es muß klar gesagt werden, daß Führungskräfte, die unter diesen ökonomischen Rahmenbedingungen ihre Erfahrungen gesammelt haben, nur schwer lernbereit und dementsprechend auch schwer auf leistungszielorientierte Führungssysteme umzupolen sind.

Um diese Schwierigkeiten zu überwinden, ist es empfehlenswert, jüngere Nachwuchskräfte, die von der Hochschule kommen, weiter in deutschen Betrieben auszubilden und sie dann in den Joint-Venture-Betrieb zu integrieren. Auch wir stehen hier in einem Lernprozeß, der in unserer Führungsstruktur noch nicht seinen Abschluß gefunden hat.

Entschieden leichter fällt die Integration von Mitarbeitern in der Technik und in der Verwaltung. Insbesondere von den Mitarbeitern der Technik ist zu sagen, daß sie alle eine sehr gute Ausbildung haben, die teilweise sogar besser ist als in deutschen Betrieben. Mitarbeiter in der Technik haben alle eine theoretisch-technische Ausbildung erfahren, während in deutschen Betrieben an der Maschine größtenteils angelernte Kräfte stehen.

Schwieriger zu integrieren sind die Mitarbeiterinnen in der Buchhaltung, die sehr stark geprägt sind von der russischen Steuerbürokratie. Ihre Denkweise ist strikt an den bürokratischen Erfordernissen ausgerichtet, sie fühlen sich als verlängerter Arm der Steuerbürokratie, und ihr Selbstwertgefühl wird dadurch geprägt. Dementsprechend ist auch die Ober-Buchhalterin relativ gut bezahlt und verdient in etwa das Vierfache der Mitarbeiter in der Produktion. Die russische Ober-Buchhalterin denkt immer in Selbstkosten (Vollkosten), so daß hierbei Konflikte mit dem deutschen Controlling, das in Grenzkosten und Deckungsbeiträgen denkt, vorprogrammiert sind.

4.3   Beschaffung

Die Beschaffung der Rohstoffe muß fast ausschließlich aus dem westlichen Ausland erfolgen. Weder die Qualität noch die Preise für Rohstoffe aus russischer Fertigung halten gegenwärtig dem globalen Wettbewerb stand. Überraschend ist diese Aussage für die Preise bei vergleichbaren 10% Lohnkosten. U.a. ist dies auf die russische Kalkulationsmethodik zurückzuführen, die ausschließlich fiskalpolitischen Zwecken dient, d.h. die Selbstkostenermittlung basiert auf reiner Vollkostenrechnung, was bei geringer Auslastung zu massiver Kostenprogression führt. Die Beschaffung aus dem Ausland führt naturgemäß zu erheblich bürokratischem Aufwand mit dem Zoll und dem Risiko der Zollsatzänderung.

4.4   Marketing und Vertrieb

Vor dem Hintergrund des bereits dargestellten Denkens in den Kategorien der Mangelwirtschaft herrscht in Rußland in vielen Betrieben der Waren-Verteilgedanke vor, d.h. verkauft wird, wenn Ware vorhanden ist. Dementsprechend ist das Denken im zielorientierten Verkaufen mit Hilfe einer Absatzorganisation, Außendienstmitarbeitern und Verkaufsstütz-punkten mit entsprechender logistischer Unterstützung nicht vorhanden. Man hat primär in Technik gedacht und hat dann die Ware verteilt. Diese Denkweise ist heute größtenteils noch vorhanden, so daß es auch sehr schwierig ist, entsprechend ausgebildete oder gar erfahrene Außendienst-mitarbeiter zu bekommen. Der Schwerpunkt Marketing- und Vertriebs-aktivitäten muß – sofern man internationale Wettbewerbsfähigkeit anstrebt – eindeutig beim deutschen Partner liegen, weil hier große men-tale Schwierigkeiten beim russischen Partner zu überwinden sind:

Man denkt Absender-orientiert, d.h. der Kunde kommt – (hat zu kom-men) – und holt die Ware ab, und man verkennt dabei, daß insbesondere auf dem Gebiete der Konsumgüterindustrie ein globaler Wettbewerb durch westliche Produkt-Performance eingetreten ist.

Unsere Erfahrungen waren in dieser Hinsicht äußerst negativ. Wir muß-ten hierbei einen mühsamen Lernprozeß gehen, unser Partner hat ein Fi-lial-System zur Verfügung gestellt, das absolut nicht leistungsfähig war, weder um die Produkte zu vermarkten, noch das Forderungs-Inkasso zu betreiben. Mühselig müssen nun die Logistik-Stützpunkte mit Außen-dienstmitarbeitern aufgebaut und geschult werden, um eine schlagkräfti-ge Vertriebsorganisation für die Vermarktung der Produkte zu gewährleisten.

Ein wesentlicher Gesichtspunkt stellt in diesem Zusammenhang die Wer-bung dar. Wir werben mit dem Slogan „Deutsche Qualität auf russi-schem Boden", um einerseits die Abneigung der Russen vor russischer Produktqualität, resultierend aus der Vergangenheit, zu kompensieren und andererseits, wie wir meinen, den nationalen Gedanken, der zwei-felsohne wieder kommen wird, hervorzuheben. Der russische Konsument hat ein Snob-appeal-Denken, vergleichbar wie bei uns nach der Wäh-rungsreform, so daß er auf Marken-Bewußtsein großen Wert legt. Fern-sehwerbung ist deshalb äußerst wichtig, genauso reich bebilderte Kataloge sowie ein repräsentativer Show-Room, der westliche Perfor-mance vermittelt.

Die Abnehmer im Konsumgüterbereich formieren sich, d.h. die leistungs-starken Betriebe dominieren den Markt, während kleinere mit breitem Sortiment ausscheiden oder sich auf Produktsparten konzentrieren. In unserem Bereich der Raumausstattung gibt es jetzt bereits Handelsbe-triebe mit eigenen Filialketten mit bis zu 100 Mio. DM Umsatz bei einem Werbebudget von mehr als 5 Mio. DM. Handelsbetriebe dieser Art ha-ben auch eine ausreichende Bonität, sie sind finanzstark, weil sie über ihre Filialkette über Cash-Einnahmen verfügen und nicht auf Verrech-nung angewiesen sind.

Im Unterschied dazu kaufen die kleinen und mittleren Handelsbetriebe quasi auf Konsignation ein. Vertraglich ist zwar Festverkauf mit festen Zahlungszielen vereinbart, aber sie bezahlen erst dann, wenn sie die Ware auch verkauft haben.

Dieser Aspekt führt gerade im Kreditmanagement eines Joint-Ventures zu erheblichen Problemen im Forderungs-Inkasso und führt zu erheblichen Kreditzielüberschreitungen.

In der aufkommenden Marktwirtschaft ist der Partnerschafts-Gedanke noch wenig ausgeprägt, der preisgünstigste Einkauf steht bei der Kaufentscheidung, vor allem bei den großen Handelsbetrieben, absolut im Vordergrund. Man hat keine Hemmungen, den Partner zu wechseln, wenn bei einem anderen Anbieter billiger eingekauft werden kann. Unsere Erfahrung ist die, am Anfang des Aufbaus eines Joint-Ventures den Zugang zu großen Abnehmern zu suchen, um möglichst schnell in ein entsprechendes Absatzvolumen zu kommen, wenn auch mit niedrigeren Margen, aber besserer Bonität.

4.5   Finanzierung und Controlling

Eine wesentliche Aufgabe vor dem Start unseres Joint-Ventures war die Frage der Sicherstellung der Finanzierung, insbesondere der Finanzierung des Umlaufvermögens. Es muß bereits an dieser Stelle gesagt werden, daß über ein Jahr Bemühungen bei internationalen Institutionen wie IFC (Tochtergesellschaft der Weltbank), DEG Köln (Bank des Bundes für Osteuropa-Engagements) und EBRD London (Bank der EU für Osteuropa-Engagements) zu keinem Ergebnis geführt haben. Entweder wurde uns mitgeteilt, das Engagement sei zu klein, oder es wurden uns alle Risiken aufgezählt, warum eine Finanzierung nicht möglich ist. Teilweise bekamen wir auch gar keine Antwort, geschweige denn konstruktive Vorschläge, wie man dieses Engagement bewerkstelligen könnte.

Die deutschen Banken waren nur bereit zu finanzieren, wenn der Gesellschafter DLW AG auch bürgt. So blieb uns nichts anderes übrig, als 50% des Betriebsmittelkredits selbst zu garantieren, gegenüber einer deutschen Bank, während wir hofften, daß analog dies auch der russische Partner nachvollzieht. Hier unterlagen wir einer Täuschung und sahen uns deshalb gezwungen, die Betriebsmittelfinanzierung auf eigenständige Bonität des Joint-Ventures auszurichten. Da wir praktisch noch sämtliche Rohstoffe aus Europa einkaufen müssen, stellten wir die Finanzierung der Rohstoffeinkäufe auf 180-Tage-Kreditziel um, was uns nur gelang, weil das Joint-Venture auch entsprechende Garantien geben konnte. Mit Hilfe der russischen Hausbank, die Aval-Kredite sowohl auf

Akkreditive als auch Wechsel gibt und deren Bestätigung durch deutsche Großbanken gelang uns dies. Derzeit finanzieren wir die Rohstoffe mit 180 Tagen, die uns ca. 12% p.a. Finanzierungskosten verursachen. Wir meinen, daß dies derzeit eine äußerst günstige Rußland-Finanzierung darstellt, wenn man bedenkt, daß vor 2 Jahren Rubel-Kredite noch 120% p.a. kosteten und Rubel-Barkredite auch heute noch mindestens 35% p.a. kosten. Das Zinsniveau ist jedoch weiter sinkend, da die Inflation in diesem Jahr bei ca. 15% liegen wird.

Die Schwerpunkte des Controllings beziehen sich insbesondere auf das Kreditmanagement und die Ableitung eines Controlling-Instrumentariums aus der russischen Buchhaltung.

Wir haben inzwischen sehr viel Erfahrung gesammelt in der Umwandlung der russischen Buchhaltung in ein Rechnungswesen, das internationalen Ansprüchen Genüge leistet. Hierzu gehört insbesondere der Aufbau der Deckungsbeitragsrechnung und ein aussagefähiges Kalkulationssystem, das als Entscheidungsgrundlage zur Preisfindung dienen kann. In unterschiedlichen Rechnungswesensystemen prallen die Auffassungsunterschiede in der Denkweise zur Führung und Steuerung der Betriebe aufeinander:

Die russische Steuerbürokratie verlangt selbstkostendeckende Preise. Bei noch geringer Auslastung des Betriebs kommen aufgrund der Fixkosten-Progression hohe Selbstkosten zustande. Die russische Steuerbürokratie sagt nun, daß diese höheren Selbstkostenpreise – die keine Marktpreise sind – auch fakturiert hätten werden müssen und daß deshalb dem Fiskus Steuern entgangen wären. Der Fiskus verlangt in diesem Falle das Doppelte des entgangenen „Gewinns" an Straf-Steuer! Dies erklärt zum Teil auch, warum die russischen Rohstoffpreise zum Teil erheblich teurer sind als die Weltmarktpreise.

Das russische Rechnungswesen ist ausschließlich darauf ausgerichtet, dem Staat für die Steuerermittlung gerecht zu werden. Es bietet keinen Ansatz als Controlling-Instrument, man kennt weder den Begriff variable noch fixe Kosten, schon gar nicht Deckungsbeitrag.

Es muß grundsätzlich davon ausgegangen werden, daß keine Zahlungsbedingung eingehalten wird, es sei denn, man ist wirklich mit einem absolut professionell geführten großen Handelsbetrieb in Geschäftsverbindung. Wenn nicht bezahlt wird, gilt grundsätzlich die Aussage: Die Ware ist nicht verkauft, wir zahlen erst, wenn verkauft ist. So steht jedes Joint-Venture vor der Problematik, insbesondere im Konsumgüterbereich, auf Kredit verkaufen zu müssen, weil keine Barmittel für Vorauskasse vorhanden sind, und damit andererseits das Risiko eingehen zu müssen, die Forderungslaufzeiten und damit die Finanzierung nicht mehr im Griff zu haben. Erfahrungen dieser Art sind gerade in der Anfangsphase leidvoll, wenn man die Neukunden und deren Zahlungsgewohnheiten noch nicht kennt. Eine schriftliche Mahnung wird grundsätzlich nicht zur Kenntnis genommen, es wird ausschließlich nur telefonisch gemahnt, auch das gerichtliche Inkasso ist mit großen Problemen behaftet.

4.6   Produktion, Produktqualität, Produktivität

Die bisherigen, problemorientierten Ausführungen leiten über zu einem Thema, das von ausschließlich russischen Mitarbeitern zur völligen Zufriedenheit gelöst wird, nämlich der Produktqualität.

Der hohe Ausbildungsstand der Mitarbeiter und die Schulung in Deutschland bringen im Ergebnis einen Qualitätsstandard, der mit dem in Deutschland mindestens vergleichbar ist. Unser Slogan „Deutsche Qualität auf russischem Boden" besteht somit zu Recht. Produktentwicklung und technische Führung wird vom deutschen Gesellschafter übernommen, doch die gesamte Produktionsüberwachung obliegt den russischen Mitarbeitern.

Die Produktivität ist in engem Zusammenhang mit der noch geringen Auslastung des Betriebes von derzeit 40% der möglichen Produktionskapazität zu sehen. Wir sehen keine Probleme, die Produktivität auf deutschen Standard anzuheben. Da die Lohnkosten in der Produktion mit ca. 300,– DM pro Monat pro Mitarbeiter noch niedrig sind, die erwartete Inflation in diesem Jahr bei 15% liegt, dürften auch die Lohnsteigerungen in der Zukunft moderat sein. Mit einer höheren Auslastung, mit der wir rechnen, und der vorgegebenen Maschinenleistung dürfte sich die Produktivität in kurzer Zeit deutschen Verhältnissen annähern.

4.7   Rechtliche Rahmenbedingungen

Die rechtlichen Rahmenbedingungen sind bei der Gründung eines Joint-Ventures in Rußland von fundamentaler Bedeutung, weil sie in engem Zusammenhang mit dem Steuerrecht und damit mit der Ertragslage des Unternehmens verbunden sind. Wir sahen uns in dieser Hinsicht abgesichert:

Es gibt ein Auslands-Investitionsgesetz vom 04.07.91, es gibt ein Vermögenssteuergesetz vom 13.12.91 und einen Präsidialerlaß Nr. 1466 vom 27.09.93. Das Auslands-Investitionsgesetz beinhaltet die Zoll- und Einfuhrumsatzsteuerfreiheit auch für aus dem Ausland zu beziehende Rohstoffe, das Vermögenssteuergesetz gewährt den kleinen Betrieben Vermögenssteuerfreiheit, und der Präsidialerlaß Nr. 1466 besagt, daß sich verschlechternde Wirkungen in der Gesetzgebung erst nach 3 Jahren für Joint-Ventures auswirken. Das Vertrauen auf diese Gesetzeslage erwies sich als Trugschluß, noch während des Aufbaus der Maschinen im Jahr 1995 wurde zwar das Auslands-Investitionsgesetz (mit Zollfreiheit) nicht geändert, jedoch wurde ein Zollgesetz eingeführt, das die Vorzüge im Auslands-Investitionsgesetz abschaffte. Gleichzeitig wurde auch die Vermögenssteuerfreiheit abgeschafft, und die Berufung auf den Präsidialerlaß schlug fehl, weil dieser sich nicht auf Zoll- und Steuergesetze anwenden ließ. Damit wurde dem Joint-Venture die Kalkulations-grundlage entzogen und mit Kosten von 10% des Umsatzes behaftet. Selbst das Berufen auf höchste deutsche und russische Stellen wie das Wirtschaftsministerium hat bisher noch keinen Erfolg gezeitigt. Da es der russsischen Wirtschaft elementar an Investitionsbereitschaft mangelt, ist dies unseres Erachtens in erster Linie auf die fehlende Rechtssicherheit zurückzuführen, die einem potentiellen Investor keine Kalkulationskontinuität gewährleistet.

Auch das Devisenrecht ist nicht unkompliziert: In der Anfangsphase konnten Gesellschafterkredite von deutscher Seite nicht transferiert werden, da sie mit Umsatzsteuer belegt wurden. Folglich nahmen wir einen Kredit im westlichen Ausland für DLW Ural auf und zahlten vom Ausland aus die Rechnungen für die Rohstoff-Lieferanten. Auslandskredite zum damaligen Zeitpunkt waren nicht genehmigungspflichtig, jedoch während der Laufzeit wurde die Bestimmung geändert, und man mußte im Inland ein Währungskonto eröffnen – mit erheblichen Bankspesen – was wir jedoch nicht mehr konnten, da im Ausland – hier Deutschland – bereits verfügt war.

Unter teurer Rechtsberatung wurde nachträglich versucht, die Genehmigung einzuholen, offensichtlich wurde auch ein Brief der Zentralbank abgesandt, der jedoch nie ankam. Eine Kopie war auch nicht zu erhalten, folglich steht zur Zeit ein Auslandskredit in der Bilanz ohne Genehmigung.

Das russische Steuerrecht ist durch eine Vielzahl von Steuern gekennzeichnet (über 300 Steuerarten), viele Aufwendungen sind nicht absetzbar und müssen vom Gewinn getragen werden, so daß der effektiv zu zahlende Gewinnsteuersatz von 35% dadurch erheblich erhöht wird. Dies gilt zum Beispiel für Reisespesen, Werbekosten, und – was sich gravierend auswirkt – Wertberichtigungen kennt man im russischen Steuerrecht nicht. Forderungsausfälle können erst nach 3 Jahren, und dies erst nach gerichtlichem Nachweis, ausgebucht werden. Die Vollkostenbewertung der Vorräte läßt eine Höherbewertung durch Aktivierung der Verwaltungs- und Vertriebskosten zu. Bei der Bewertung ist das Gesetz der

Imparität unbekannt: z.b. müssen nicht realisierte Kursgewinne ausgewiesen und auch versteuert werden, was sich bei der derzeitigen Schwäche der DM – die DM ging von 3600,– Rubel auf 3150,– Rubel zurück – besonders negativ bemerkbar macht.

Derzeit wird an einer massiven Vereinfachung der Steuergesetzgebung gearbeitet, so daß die Hoffnung besteht, auf längere Sicht eine investitionsfreundlichere Steuergesetzgebung zu erhalten.

Als Konsequenz hieraus ist zu empfehlen, vor Beginn des Joint-Ventures mit der regionalen Oblast-Verwaltung Vereinbarungen zu treffen, die Rechtssicherheiten garantieren, zumindest für die Gesetze, die in ihrer Kompetenz liegen.

4.8   Mittelstandsförderung und Existenzgründungen

Der Berufsstand des Fußbodenlegers ist in Rußland praktisch unbekannt. Die textilen Bodenbeläge wurden – wie bisher die bekannten abgepaßten Webteppiche – geschnitten und in die Wohnräume verlegt. Das Thema Wall-to-wall-Covering ist weitgehend unbekannt und damit auch die anwendungstechnisch saubere Verlegung. Hinzu kommt, daß die Unterböden äußerst schlecht sind und damit auch ein qualitativ guter Teppichboden bei entsprechend nicht fachmännisch sauberer Verlegung sehr schnell unansehnlich wird.

Hinzu kommt, daß das Thema Reinigung und Pflege gleichfalls neu ist, da genauso wie bei der fachmännischen Verlegung die entsprechenden Werkzeuge und Werkstoffe hierzu fehlen.

Vom Kombinatsdenken herkommend, denkt man in Rußland immer noch in den Kategorien des Großbetriebs. Über mittelständische Strukturen und damit verbunden über die Schaffung von einer Vielzahl von Arbeitsplätzen wird zwar gesprochen, aber wenig gehandelt.

Dies war für uns der Ansatz, aus der betriebswirtschaftlichen Notwendigkeit heraus, fachspezifisch geschulte Abnehmer zu finden bzw. aufzubauen, diesen Gedanken mit der gesellschaftspolitischen Zielsetzung, mittelständische Strukturen zu schaffen, zu verbinden. Wir haben deshalb in enger Kooperation mit dem Mittelstandsförderzentrum Ekaterinburg, das vom Wirtschaftsministerium Baden-Württemberg betreut wird, und der Berufsschule in Ekaterinburg ein Pilotprojekt gestartet, das mit dem Ausbildungsziel staatlich geprüfter Fußbodenleger abschließt. Wir haben für dieses Projekt auch Zubehörfirmen, wie Henkel Düsseldorf, Rohstofflieferanten, wie Du Pont Deutschland, sowie den mittelständischen Werkzeughersteller Wolff, Vaihingen, gewonnen. Die Werkzeuge wurden der

Berufsschule überlassen, und wir verbinden damit gleichzeitig das Ziel, aus der Schulung heraus mittelständische Verlege- und Teppich-Reinigungs-Betriebe mit unserer Unterstützung und der Hilfe des Mittelstandförderzentrums zu schaffen. Die ersten Ansätze sind positiv.

Wir haben in der Vergangenheit mehrfach versucht, in Verbindung mit unserer Investitionstätigkeit hierzu insbesondere die europäischen Hilfsprogramme wie Tacis oder das PHARE-Programm mit einzuschalten. Wir haben auch hierzu viel Zeit investiert. Wir gingen von der logischen Überlegung aus, daß unser Ansatz der Ausbildung weit über das privatwirtschaftliche Interesse hinausgeht und wir mit diesem Modell auch in anderen russischen Regionen zur mittelständischen Existenzgründung beitragen könnten. Eine solche Zielsetzung kann nicht allein privatwirtschaftlich sein, es ist ein praktiziertes Beispiel, mittelständische Strukturen branchenwirtschaftlich zu schaffen. Die Euro-Bürokratie müßte froh sein, solche branchenwirtschaftliche Vorreiter, die bereits mit eigenen Investitionen an vorderster Front stehen, mit entsprechender Unterstützung zu begleiten. Alle unsere Anläufe in dieser Richtung scheiterten bisher. Die Vergabepraxis für EU-Mittel geht bisher immer an große Beratungsgesellschaften, die ein eigenes Interesse haben, die zur Verfügung gestellten Mittel zu vergeben.

Unsere Aktivitäten können somit nur in Verbindung mit unseren Kooperationspartnern in jenem Rahmen laufen, der im privatwirtschaftlichen Interesse noch möglich ist. Allein das Ausbildungsmaterial und die Schulungskosten bei dem ersten Seminar in Ekaterinburg stellen einen Wert von ca. 30000,– DM dar. Unser Ziel ist, die Ausbildung in zunehmendem Maße in russische Hände zu legen. Zu diesem Zweck hatten wir einen Ausbilder bereits zu einer 6-wöchigen Schulung in Deutschland, der nun in Rußland an der Berufsschule in Ekaterinburg einen Multiplikator-Effekt erzeugen soll. Aber ohne unsere weitere Mithilfe wird dies auch in Zukunft nicht gehen.

Wir hoffen jedoch, daß wir mit diesem Pilotprojekt auch in anderen Regionen weitermachen können.

5 Zusammenfassung und Ausblick

Heute, nach dreijährigem Betrieb, läßt sich die Chancen- und Risikobetrachtung wie folgt zusammenfassen:

Wir beurteilen die Chancen für die Marktbearbeitung und den Marktaufbau unverändert als gut. Die Qualität der hergestellten Produkte hält international üblichen Anforderungen stand, das Engagement unserer Mitarbeiter im Betrieb ist sehr gut. Unser russisches Management hat die größten mentalen Probleme überwunden und ist bereit, den Betrieb nach international üblichen Maßstäben zu führen.

Neben den positiven Seiten gibt es allerdings auch negative: Zoll- und Steuerprobleme, Barterhandel, Devisen- und Materialversorgungsprobleme. Alle diese Dinge waren sehr frustrierend und haben uns ernsthaft vor die Frage gestellt, ob es nicht besser wäre, aufzuhören.

Da wir unser Engagement aber auch in einem größeren Zusammenhang sehen und wir der Meinung sind, daß in Rußland besonders der Aufbau mittelständischer, verarbeitender Betriebe und die Herausbildung eines Mittelstandes für eine gute ökonomische Entwicklung der russischen Wirtschaft nötig sind, führen wir das Unternehmen weiter und tragen daneben zur Förderung und Ausbildung von Betrieben des Bodenlegerhandwerks bei.

KAPITEL 13

EFFECTIVE PARTNERSHIPS

Peter G. Brown

1   Introduction

Industry partnershipping initiatives can be developed and be effective if the proper conditions exist. As the leading industry specialist consulting firm in Retailing and Consumer Products, KSA has a unique base of experience in working on industry-wide initiatives in both the Fashion sector and the Fast Moving Consumer Goods sector. We have worked on such initiatives in Europe, North America and Asia, and our experiences will form the basis of many of my comments.

The *traditional business pipeline* in Consumer Products is comprised of many independent entities, each doing business with their immediate supplier and customer. They look to their immediate customer to define his requirements and to understand the level of demand in the marketplace. Some sectors still today operate largely in this manner. Others have evolved to a more integrated vertical perspective.

We see *four prevalent models* of operating in most business pipelines.

- First, the adversarial model I win and you lose – my objective to pay as little as possible, give my suppliers and customers as little information as I can and sell as much of my product as I can get customers to take.
- A second level is cooperative relationships in which some level of teamwork develops over time.
- A third approach is partnershipping which we will address further this morning.
- The fourth model is that of vertical relationships either through joint equity ownership or other legal agreements, or in some cases through the power of dominance by one member of the business pipeline having a disproportionate share of power.

Based on our experience working with industry partnershipping initiatives, we have identified five *key factors influencing the likelihood of their development* and success.

- The first is relative size – firms of relatively similar importance in their sectors tend to partner with their trading partners in more instances than in sectors where for example every dominant retailer works with a fragmented vendor segment.
- Second, adequate Information Technology must be available.
- Thirdly, the firms must share mutual interests. The firms involved must be important to each other based upon the volume of business which they do with each other.
- Fourthly, entry barriers in the segment must be low or moderate.
- Lastly, we believe firms in the sector must view a shared opportunity or thread to motivate their working together.

Next, let us examine some changes and their implications on Consumer Products/Retailing business pipelines.

2   Profound Changes

2.1   Consumer

First, the consumer has become more demanding – demanding better products, more efficient ways to access products, better service and less trouble, and better value. Consumers want more for less.

Value is important in *mature markets* due to a consumer sophistication. Consumers increasingly refuse to pay more. Value is important in *emerging markets* due to affordability. Consumers cannot afford to pay more.

The consumer is increasingly familiar with options for purchasing products and is becoming technology literate because of the PC explosion and incessant arrival of "never out of touch" personal communication devices.

2.2   Technology

Communications technology is the key to the globalization of the market. The proliferation of PC's cellular phones, Web servers, satellite TV and media has resulted in a massive increase in global information carrying capacity, which will facilitate our ability to connect directly with the consumer.

Technology puts unprecedented power in the hands of the consumer – and gives the consumer more knowledge and more choices of products and options to purchase. As marketers facilitate direct connection with the consumer, Asia and Eastern Europe may leapfrog into the electronic age with satellite communications – bypassing some of the hard-wired, mature economies.

2.3   Globalization

Importantly, trade barriers to globalization continue to fall – NAFTA, Asian Free Trade Area, European Monetary Union in 1999, expansion of the European Union.

History shows that increased global trade results from porous boundaries: In turn, this leads to greater affluence, especially in developing markets.

Population growth will all be in the developing markets and not mature markets. In the next 15 years, the mature markets will grow by only 40 million people, adding to the low spending over 65 group, while developing markets will grow by 1,9 billion people in the higher spending 16 to 64 group.

Global communications will yield global standards and benchmarks for quality, availability, and *price*. Inventory turns will increase world-wide to 12 or perhaps even to 50 time. Out of stock will be reduced world-wide from its current 30% or more to a benchmark of 5%.

2.4   Competitive Imperatives

These forces at work in the marketplace are creating two competitive imperatives: consumer focus and customization. All participants in the business chain must focus on the end consumer, rather than concerning themselves only with their immediate customer. Business systems will need to be able to deliver customized products to this end consumer. This means these business systems must develop and deliver a wider range of more specialized products which are developed with much more understanding of the consumer's wants and needs.

These competitive imperatives will force the traditional business pipeline to become more of a business network, or complex.

3   Supply Complex

In response to the profound changes the supply chain has, and increasingly will, become a supply complex with four key competencies: design, develop, distribute, and display. Each will have direct connection with the consumer.

Let us spend a minute describing each. We intentionally stay away from old terms of material supplier, manufacturing, retailer, etc. as they imply a drastically outmoded paradigm.

3.1   Design

Design owns the image and will create products continuously, quickly and in collaboration with the consumer and/or customer. This requires a close interface with the consumer, and strategic use of information about the consumer. Must be a core competency for brand companies.

3.2   Develop

Develop is the historic role of the manufacturer. It is increasingly delinked from design in many product segments. Basic products are produced by vertical, global organizations. Unique products should be produced locally and horizontally. Sourcing, manufacturing and finishing will be in close proximity. Each process in the value chain will be executed by the partner who is best qualified.

Increasingly due to a premium on proximity to the consumer, sourcing is becoming regionalized.

3.3   Distribute

Moving the product requires an efficient flow process with minimal warehousing and a capability to deliver single items and clusters of items directly to the consumer. A capability to provide *automatic replenishment* of basic items as required by the consumer.

3.4   Display

Display is communicating the product to the consumer. Increasingly, it must be a theater with a cast, props, entertainment and a tightly edited assortment of information, services, and products tailored to individuals.

"Fast", meaning saving time; ... "fun", meaning a form of leisure; ... and "free", meaning free of problems, stress and uncertainty as possible.

We are seeing participants in the four core competencies operate in an interactive, collaborative manner to become one virtual system.

To summarize, three profound changes are creating new competitive imperatives, which in turn are forcing the business chain to become more of a complex and focus on four core competencies.

4   Efficient Consumer Response

Let us now examine two sectors in Retailing and Consumer Products and their experiences with partnershipping initiatives.

First, Efficient Consumer Response Europe – this movement got under way about four years ago, based largely on an initiative which began two years before in North America with Kurt Salmon Associates' publication of a study on improvement opportunities in Fast Moving Consumer

Goods. The basic premise of ECR is that by adopting technical standards, shared approaches and information, the business pipeline can be much more responsive to the consumer in terms of having the right product at the right place in the right time.

The ECR movement has developed shared business models of how to work together, adopted common technology standards, shared learnings through publication of papers and seminars and adopted a common language which facilitates more clear communication between participants.

Referring to the factors for partnershipping success which we noted earlier, we find that in Fast Moving Consumer Goods in Europe, we are dealing with firms of comparable size, Information Technology is available and deployed in these firms, a similar group of vendors participates in most of the European markets, though in many cases their retail customers are still organized around country groups, and entry barriers are moderate.

The last factor, a shared opportunity or thread was provided in the case of North America by the entry of Walmart into Grocery Retailing. Faced with a new customer who could operate at different scales of economy on a nation-wide USA basis, industry participants saw the need to improve their operations.

In Europe, a similar threat was created through the creation of hard discount business models. Branded consumer product vendors and their grocery customers together saw the need to realize efficiencies so that the value for money spreads between their offering and that of firms such as Aldi would not become too great.

Is ECR working? KSA has surveyed participants for three years, and responses indicate steady progress in acceptance of many of the initiatives, though support is somewhat higher amongst larger firms than smaller firms.

Firms are focusing most heavily on dealing with implementation problems related to resources and sharing information with their trading partners.

One of the key learnings thus far in the ECR Europe movement, a conclusion shared by most all participants, is that the real challenge lies in changing people and their behaviors. Information Technology is the relatively easier part, but yields little return without also changing people's attitudes and behaviors.

In many of our client engagements we use a change model called the Change Curve. At the most recent ECR Europe Conference we polled all attendees regarding where the movement was currently positioned on this curve. Respondents indicated they are currently in phase two, Informed Pragmatism. Much has yet to be done, but firms are seeing the benefits begin to flow to the bottom line, and remain committed to this initiative.

5   Quick Response

A second industry case is that of Fashion Consumer Products and the Quick Response movement. Here, Kurt Salmon Associates published a study in the United States in 1984 identifying $ 20 bio. of waste within the US Fashion segment of $ 140 in size. This waste came from excess inventories and production of incorrect products. Clearly, the opportunity was significant.

Market conditions in North America were also suitable for a partnershipping initiative. There were many firms of similar size, IT standards, not present initially, were one of the first initiatives undertaken. The firms involved in the sector shared strong mutual interests. The leaders of the retailers, manufacturers and their suppliers all did business with each other and, indeed, in many cases already knew each other personally.

In terms of shared opportunity or threat, a key motivation to get involved in the Quick Response movement was to help the US Apparel/Textile industry combat imports from Asia. While this objective was not in fact achieved, it served its purpose in pulling the industry participants closer together.

Shifting our view to the European Apparel sector, we note that Quick Response as an industry partnershipping movement never took hold. Most of the conditions were present, however there is not to date a meaningful degree of shared mutual interests. While there are numerous large participants in the industry sector across Europe, most do not represent significant parts of the other firms' business. Both retailers and vendors are still to a great degree focused around individual nations. The exception is a group of vertical specialty retailers who are actively crossing borders; however these firms operate under a vertical pipeline model rather than that of partnershipping with large branded vendors, and therefore are not as highly motivated to participate in industry-wide initiatives such as Quick Response.

6   Key Success Drivers

During the last year, Kurt Salmon Associates conducted a study into Key Success Drivers in the European Consumer Products sector. Through correlation of operational and strategic characteristics with financial results of leading firms in the sector, we identified those characteristics which correlate with actual success measured in terms of sales growth, profits and return in invested capital.

The top performing firms come from a range of product categories, countries, markets and varying price points. We found that most winning firms are involved to some degree in forward integration to retailing activities, while most of the losing firms tend to fill the traditional vendor role.

The three characteristics which correlated with success are Anticipation – monitoring and acting on strategic shifts in this market, Innovation in both products and business processes and Brand Strength. All of these three capabilities require the characteristics of the new supply complex – speed and flexibility.

The winners in the Retail sector also come from a wide mix of countries products and price levels. However, here we note that all of the winners follow the vertical industry model rather than the traditional role of buying branded products from customers. We also note that none of the winning firms are German-based, though all of the winning firms are involved in building businesses in the German marketplace.

The characteristics shared by winning firms are Efficient Processes and Systems, Vertical Supply Chain and Anticipation of trends. Here again, all these key drivers require the capabilities delivered by the new supply complex.

7   European Business Relationships

We noted earlier in this talk the four prevalent models for business relationships in Retailing and Consumer Products. In Europe, we find that two are most prevalent, the Verticalized model in which one participant controls most of the value chain (most prevalent in the UK market) and the Adversarial model which is still most prevalent in continental Europe.

The European Fashion business system is today characterized by limited amounts of pan-industry partnershipping and a clear trend toward vertical business models. This raises two questions for the traditional participants in this business system:

Firstly, will traditional branded vendors and retailers react by initiating deeper partnerships so that they can deliver faster products and sharper values to the end consumer?

Secondly, if the threat of vertical business does not provide adequate motivation, will the continuing weak market conditions motivate industry participants to seek a partnershipping approach?

8 Conclusion

In summary, industry partnershipping initiatives can, under the proper circumstances, be highly effective. It is also clear that the partnershipping model and the vertical model both outperform the adversarial model. In today's marketplace, technology is readily available to facilitate deeper communications and efficiencies in product development and logistics. Sustainable change depends primarily on the ability of an organization to impact the beliefs and behaviors of its members, rather than simply deploying state-of-the-art technology.

KAPITEL 14

SUCCESSFUL STRATEGIES IN PHARMACEUTICAL MARKETS

Eli Hurvitz

1   Teva Highlights

Teva is a multinational healthcare company specializing in pharmaceuticals. Teva's corporate headquarters are located in Israel, with major research, manufacturing and marketing facilities in Israel, the United States, and Europe. In the world of giant pharmaceutical companies, we are relatively small: employing 5,700 people around the world, with an annual revenue rate of over $1 billion, and a market value of approximately $3.5 billion.

The capital markets give us such a high valuation since during the last 11 years since our entry into the U.S. generic market we have grown at an annual rate of 23–24% per annum in sales and even faster in operating and net profits. This is the reason that I allow myself to claim that we have a successful strategy. The capital markets also appreciate the focus and success we have had in our core business-generics and give us extra value for the opportunity we have in our innovative development program.

Teva's history is parallel to the history of the state of Israel. In Jerusalem at the turn of the century – 1901 – a pharmaceutical wholesaling business was established. With the waves of immigration from Germany and other European countries during the 30s, doctors, pharmacists and chemists arrived who formed small pharmaceutical companies. From the late 30s through the 60s Israel was closed to imports due to World War II, the events leading up to the establishment of the state of Israel, the war of independence, and then the tense and poor years of the 50s.

Everything we produced in Israel was for our own consumption only and therefore we produced a wide variety of products at a level of somewhere between the "corner pharmacy" to small industry.

Since the late 60s, consolidation of the small pharmaceutical companies began and in the middle of the 70s, Teva, as we now know it, was formed.

The 80s found Teva as a very Israeli company, with an Israeli cost structure, producing only for the local market and exporting pharmaceuticals and veterinary products to Africa, and some raw material – mainly veterinary – to Europe and the United States. A company with sales in the tens of million of US-dollars range – while profits and R&D expenses hovered around $1 million.

And then, a "textbook" process of strategic planning, that started with Professor Cy Siles from the Boston Consulting Group and continued for two years by the company's management together with the Jerusalem Institute of management, as well as the Willkerson group in the United States, led to Teva's U.S. generic market entry strategy – a market in which, at that time – the end of 1984 – a window of opportunity had opened up. The strategy that was chosen was three-pronged and we fulfilled it almost in its entirety – within reasonable limits of strategic precision.

2   Successful Strategy for Pharmaceutical Companies

I would like to start with a very simple definition of success which will serve as background for all of the ideas which I will present today:

At Teva, we equate success with leadership.

A successful strategy is a strategy which enables us to develop a leadership position in each of the specific segments where we choose to compete. A company can be a leader when it focuses upon those market segments which it knows better than other firms and upon those activities which it does better than its competition. This is even more important in small companies that cannot hide behind sheer size and power. As you will see, I will return to this concept of leadership frequently during the course of this lecture.

3   Key Macro Trends in the Pharmaceutical Industry

Next, when talking about successful strategies in pharmaceuticals, we need to recognize the dynamic nature of the industry during this specific period of time. In particular, the pharma industry has been forced to realign itself as a result of two basic trends:

- First, on the demand side, the pharmaceutical industry faces strong price pressures. The equilibrium between the physician and the institutional purchaser has changed. While the institutional customer may still be ready to pay reasonable prices for truly innovative drugs, he will not pay a premium for aging ethicals and me-toos. Many products are being converted into OTC, with the result being that the consumer will bear their costs with regular market forces determining the pricing structure of such items.
- Second, on the supply side, the costs of supplying pharmaceuticals have increased dramatically. Research costs, development times, registration procedures, quality standards, and marketing costs have all risen.

These trends have not really damaged the pharmaceutical industry. In fact they may have made it stronger. However, they have forced a basic realignment. I think that we need to pay particular attention to three specific aspects of this realignment:

First, the large innovative pharmaceutical companies have attempted both to diversify and to consolidate.

I think history will show that they have not done very well on the diversification side, with a long list of outright failures and lukewarm successes in areas like generics and pharmacy benefit management. Many of the diversification efforts failed, because the innovative pharmaceutical companies attempted to compete in businesses which they did not really understand and in which they had no competitive advantages.

At the current time, some of the largest companies are attempting to diversify into disease management, where they accept full responsibility for the costs of therapeutic treatment, rather than just supplying the pills. While it is too early to give them a score for this effort, I am sceptical. To me it seems that research-oriented pharmaceutical companies are not really suited to establish a business that requires the competencies of both health insurance companies and health treatment institutions like hospitals. Innovative pharmaceutical companies may clearly play a strategic role in disease management – in a partnership with the insurers and medical community.

In contrast, the large innovative companies have done phenomenally well on the consolidation side, creating global "mega-companies" like Glaxo-Wellcome, Novartis, HMR and so forth. In this effort, they have focused upon the two activities that they do best and know how to do better than anyone else: innovative research and therapeutic marketing. In addition to company mergers, the popularity of joint marketing agreements and development alliances have facilitated a consolidation of resources. The result is a much more efficient and effective pharmaceutical industry.

The second part of the realignment is the development of a new, second-tier, pharmaceutical industry – the generic pharmaceutical industry. While small in overall dollar sales volumes, the generic industry produces a very large quantity of pills at dramatically reduced prices. In doing so, the generic industry has made a very significant contribution to lowering the overall drug bill.

Generics now represent 42% of total prescriptions in the U.S., 65% in the U.K. and 43% in Germany – while the dollar volume represented by such prescriptions is 10%, 11% and 28% respectively.

Third, realizing that purchasers are no longer willing to pay premium prices for aging therapies and "me-too" drugs, the innovative pharmaceutical companies have re-focused upon real innovative products. The pace of development, both of new molecules and advanced drug delivery systems, has accelerated. Because generics lowered the cost of mature therapies, insurers and governments have been able to pay for new medicines and all of us have benefited through improved health care.

4   Teva's Strategy

With this background, I want to begin to examine Teva's strategy and the ways we have built our own success within the broader pharmaceutical industry.

In describing our strategy, I like to describe a building of three floors, each of which has been built during a different time period. On the outside is a garden with seedlings, bushes and a small but growing tree-a garden of innovative products. At the current time, the first two floors are fully operational, although we definitely intend to expand significantly and add some additions here and there as required – as well as additional floors in the future. The top floor is only partially finished. While we know more or less what we want to do with it, we have not yet developed all of the resources, that is competencies, which will be required to occupy them fully. We call this building and garden our multi-level strategy.

In executing this multi-level strategy we have always attempted to insure that we built clear competitive advantages and have achieved a solid leadership position on the lower floors prior to building the next floors.

5   Israeli Health Care Business

The first floor is our basic "bread and butter" business – the local Israeli health care business. This is the base of our core competence and knowhow that we use to build our global business. Teva began as a small player in a small market. We grew steadily, product after product, acquisition after acquisition. At each stage of our development, we worked closely in partnership with our licensor firms to build a marketing organization capable of promoting products which sometimes competed directly with one another. We learned that, while working correctly with a partner, one can earn more pennies with half pennies. We learned to respect our partners – their knowledge, professionalism, experience and through our partners have learned to recognize our local advantages.

Over the years we have developed human capabilities and marketing infra-structures that can hardly be duplicated by any other firm selling health-care products in Israel. We dominate the local markets for innovative pharmaceuticals and generics, in production, marketing and distribution (we are the largest wholesaler in the country), as well as leading the local markets for OTC, hospital supplies, IV treatments, home care and vete-rinary vaccines. On product after product, we have provided our licensor partners with much higher market shares than they would be able to achieve on their own and most of our licensor products have the highest per capita sales of any market.

Teva has become an integrated supplier with a wide range of innovative services, working in partnership with our main customers, the health fund insurers. The Israeli Health Funds enabled us to better understand the institutional marketplace and later become a full supplier of innova-tive and generic products. We went into hospital supplies and homecare services. In partnership with the largest healthfund in Israel we are now providing dialysis services at private medical centers. To supplement our products and services, we have also developed extensive training pro-grams and services for physicians, pharmacists, and patients. Combined, these programs give Teva a competitive edge that can not be matched by importers or smaller Israeli companies.

In order to supply the full basket of therapies for the Israel health in-surance funds, we have instituted an aggressive generic development pro-gram for the local market. In addition, we have promoted our distribu-tion capabilities to international innovative firms who want to do their own marketing in Israel, but who recognize the advantages of being ser-viced by a large and efficient distribution system.

The Israeli market is relatively small-estimated to be $600 million in 1996. I assume that you will be impressed by the significant market share that Teva maintains in each of its segments.

At Teva we believe strongly in the advantages of local leadership. We also believe in the existence of national markets which are changing from the past – not closed but rather open borders, in which cultural, social and eco-nomic factors create distinct national market places. And if these are "small" market places – we believe that Teva can be a leader in them. As many of you know, a few years ago, we purchased a large pharmaceutical company in Hungary-Biogal. Our aim is to duplicate our Israeli know-how in building a dominant position as a market integrator in the Hungarian market, with a wide range of pharmaceutical products and services. If Israel was our pilot, Hungary is our first production run as an integrated supplier.

6   The Strategy for the US-Market

The second floor is our relative success story – the American generics market. Teva expanded into the American generic market in 1986. We focused upon generics as an opportunity because we felt that we could develop the capabilities required and enter the American market without having to compete directly with the large innovative firms. However, we realized that we could not do it alone. In cooperation with W.R. Grace, a world leader in chemical specialties, we purchased a small generic company – Lemmon and developed the necessary prerequisites for a leadership position. Unlike the other players in the U.S. generic market, we quickly recognized the advantages of vertical integration, from raw materials to production, to marketing and sales. We view our vertical integration as a clear strategic advantage over other generic firms in the U.S. market.

- We refocused our traditional bulk chemical business from veterinary to human pharmaceuticals to provide a competitive advantage in raw material supply. Compared to the world chemical giants, we are a small chemical producer, but in the products we are producing, we have a very HIGH market share.
- We revolutionized our production infrastructure, with a culture demanding uncompromising quality standards at maximum efficiency.
- We invested substantially in our pharmaceutical process R&D and registration capabilities, and
- we developed a first rate sales and marketing capability aimed at sales to U.S. pharmacies.

Our acquisition of Biocraft reinforced our position as one of the leaders in the U.S. generic market, by dramatically broadening our product line and providing a substantial expansion in our production capabilities. With the acquisitions of both, Biocraft in the U.S. and Biogal in Hungary, we have been able to capture a leading position in generic antibiotics, both with respect to the bulk chemicals and finished dosage products. In the U.S. we currently have a market share of between 30–60% of the antibiotics which we produce – from the raw material through to the final dosage form, and we are seeking to achieve a leadership position in certain European countries.

We believe strongly that superior Research & Development capabilities are required for future competition in the generic industry. The generic pharmaceutical industry grew on the basis of competition with innovative firms. Following patent expiration, a limited number of generic firms obtained regulatory approval. By giving a reasonable discount compared to the innovator, the first generic on the market was able to capture the dominant share, with subsequent generic versions obtaining smaller pieces of the pie. In addition, the first generic usually enjoyed a period of several months of sales before prices began to decline significantly. Thus, being the first on the market was the key to profitability. At least within the U.S. market, generic competition was limited by the quality standards of the FDA that acted as a "barrier to entry" or "barrier to expansion" in the generic industry.

As those familiar with the German generic market know all too well, these market dynamics have changed dramatically. Rather than having a few generic companies compete with the innovator on each product, we have evolved towards markets in which many generic manufacturers compete with each other on the basis of price. Being first in the market no longer guarantees high profitability.

7 Growing with New Products and New Cooperations

If being first is no longer the key issue, what is the key success factor within these new industry dynamics? Be efficient! First in the purchase or preferably production of raw material, secondly in your production costs, by using sophisticated equipment and technologies in your manufacturing plants. Give the best service in the industry – by maintaining an efficient yet flexible sales organization. Supplying at the lowest prices has become a precondition to surviving in the industry, high quality standards, broad range of products, the expectation that you will deliver every new generic product on time, reliable delivery etc. Those have become the key competitive factors.

I would like to return to our analogy of house and garden, the garden represents our "innovative" pharmaceutical business. While we at Teva define generics both as our core business and as our major source of future growth, we have invested in innovative R&D for two basic reasons:

- First, we believe that we have the capabilities of supplying innovative treatments which will make real therapeutic contributions and which will provide Teva with significant profit.
- Second, we believe that superior development capabilities, combined with the culture of innovation will be required in the future for leadership in generics.

In our effort to develop innovative products, we have focused primarily upon the niche market for CNS treatments, beginning with multiple sclerosis. Over the past ten years we have steadily built our core capabilities in product development, registration, marketing and patient relations. We recognize that innovative R&D is a gamble for us and we are willing to risk 1/3 of our pre-tax, pre R&D profit on that gamble year after year.

We benefit from two main advantages in this effort: the superior research capabilities of the academic institutions in Israel and the excellent medical facilities which provide an infrastructure for clinical development. Teva provides excellent chemical synthesis capabilities as well as process research from the raw material through the finished dosage forms. Teva provides a strong business and marketing pull to channel the technological and scientific push in the Israeli universities and research centers.

We have a group of projects in the field of CNS – especially 3 diseases: Parkinson's, epilepsy and Alzheimer's and a few projects in the field of autoimmune diseases, psoriasis, diabetes, myasthenia gravies, lupus and others. The projects are at various stages and we hope for another product by the end of the decade and every few years thereafter. On their own, these products cannot produce enough growth for a company like ours, but as an addition, they may contribute a few hundred million dollars sales, and one hundred to several hundred million dollars of annual profits. Very important additions.

Since we recognize our own limitations as a "small" company, we are building the required marketing and promotion infrastructures in cooperation with strategic partners. We concluded a deal with HMR for the marketing of Copaxone and MS treatment in the U.S. and Europe, and have also several marketing arrangements with respect to another semi-innovative product of ours in various countries in Europe and Japan, vitamin Alpha d-3 , also marketed under the names of Bondiol and Doss here in Germany.

I expect the partnership with a large innovative firm like HMR will serve as a model for the future products in our pipeline. However, we may choose to enter into partnerships much earlier in the development so that we can share the financial burden and benefit from the superior clinical development capabilities which exist in the large innovative companies.

8   Growing with Generics

The third floor represents the generic markets in Europe. While Teva has sold generic products in Europe for quite a number of years, we only began focusing upon Europe as a strategic priority two years ago. During 1997, we expect to sell approximately $200 million of generic bulk and finished dosage products in Europe. With our recent acquisitions, we are a major player in both the U.K. and Hungary and we have begun to build our infrastructures here in Germany through Gry Pharma, Italy and France.

Today, we view Europe as the next "great frontier". For this reason, I would like to outline in greater detail our European strategy and our vision of the future development of generics in Europe.

As I mentioned before, generics are the sale of a product after its patent has expired. In the United States generics are sold under their generic-chemical-names and not under any brand name. There is no differentiation between generic pharmaceuticals – they are identical and equal in their chemical, physical and biological aspects. The FDA's defined purpose is indeed to maintain the biological identity of the products – no improvements, no deviations – exactly the same profile. And since the products are identical, an HMO, Health Fund Krenkerkasser or insurer or pharmacist may substitute one product for another, with price being the leading consideration.

The competition in the United States therefore is price driven. Marketing is similar to the sale of commodities. The lowest price is a pre-condition and differentiation is achieved by having a broad range of products, efficient and speedy service, and fulfilling market expectations that one will always be one of the first to market the newly off-patented products.

These are the reasons that the US, generic market has become so large and a small company like Teva, with half a billion dollar sales in the United States can be number 1 or 2. The No. of prescriptions specified with our products even when compared to those companies such as AHP, Merck, Pfizer, HMR and others. One should remember that the number of generic prescriptions is very high in the US (42% of total prescriptions in 96) and their prices are very low – roughly 20% of the originator's prices.

For Teva it means a challenge to increase the value of the market share we have, by adding relatively high price V.A. generics and niche innovative products.

The situation in Europe is different. In most of the European countries, generic products are sold under a brand name – and the differentiation and the marketing expenses make price competition less fierce, prices are closer to 70–80% of the original innovator's product as compared to 20% in the United States.

We think that generics will grow rapidly across Europe due to demographic changes, and as a result of "natural" economic pressures evolving from the European Market unity.

The aging of the population, pressure on public healthcare budgets, increasing importance of the payer and customer, pharmaceutical price increases in South European countries, and the successful American experience will all lead to increased demand for generics in Europe – in spite of the legislative, cultural and other traditional difficulties and barriers.

In planning our strategy, I like to divide Western Europe into three types of generic pharmaceutical markets:

1. countries with very large populations and pharmaceutical budgets that have established generic markets,
2. countries with very large populations and pharmaceutical budgets that have not yet developed generic markets, and
3. smaller countries.

First, there are two very large countries with established generic markets: Germany and the U.K. Germany is by far the largest market, representing as much as one half of all of the generics sold in Europe. The German market is a branded market, with products promoted directly to the physician. The U.K. is the second largest market, representing as much as one fifth of all of the generics sold in Europe. In contrast to Germany, the U.K. is more of a commodity market where most prescribing is by the generic name of the drug. In order to be a leading player in European generics, we think that a company needs a leading position in both of these markets. Today, no generic company has a strong position in both Germany and the U.K.!

Since we are already number three in the U.K., we have set a strategic goal of now becoming a major player in Germany. We recognize that it will not be easy given the strength of the existing generic leaders and we recognize that we may need a partner, but we are determined to succeed.

Next, we are beginning to get to know some of the large countries which have not yet developed real generic markets. These include France, Italy, and Spain. While the dynamics of generics in these markets are not yet defined, we expect that each will turn into a major generic opportunity during the next five years. In order to be a leader in European generics, we think that a company will require a significant presence in at least two of these three markets.

Finally, we are looking opportunistically at several of the smaller European markets. Some of these have established generic markets, while generics are just beginning to emerge in others. At the current time, we have a significant presence in the Netherlands, which we use as our administrative center for all of Europe.

Beyond Western Europe, Teva's strategy places special attention on the key markets in Central Europe. Following the acquisition of Biogal, we have a major presence in Hungary, which we intend to use as a development and manufacturing base for all of Europe.

We intend to base our expansion in Europe upon the same competencies which have served us so well in both Israel and the United States: superior development and registration organizations, local marketing and sales organizations in each country, economies of scale in production, and backward integration into BPC.

9 Vision of European Generics

Having outlined our strategy in brief, I want to conclude by sharing with you part of my vision concerning the future development of generics in Europe. As I mentioned earlier, we view generics as something which is good for both, the public and the pharmaceutical industry in general. Generics lower the costs of basic drug treatments. Some of the savings are used to reduce the budgetary deficits of health funds, while some of the savings are used to pay for more advanced innovative treatments. Generics have forced the innovative pharmaceutical industry to become more efficient and to accelerate the pace of innovation in bringing new therapies to market faster.

The true benefits of generics can only be obtained in a market based upon highest quality, full bio-equivalence at the industrial level and full substitution at the pharmaceutical level. The current situation of weak, or non-existent, standards for bio-equivalence in Europe prevents the development of cost effective treatment protocols on one hand, and prevents the development of a successful High Quality Generics Industry on the other hand.

Branded generic markets force the generic companies into significant marketing expenditures which would otherwise be passed on to the consumers and the insurers in the form of lower prices. While new innovative drugs are generally priced lower in Europe than in the U.S., and bulk prices are lower in Europe, generic drugs are usually more expensive in Europe because of the lack of generic subscribing and generic substitution. The continental European countries will need to shift towards commodity markets for simple generic drugs, either on the model of the U.S. or the model of the U.K.

Except perhaps for Germany, none of the European markets are large enough on their own to support efficient generic industries. The harmonization of European generics into one large market would lead to significant cost savings. Because of differences in medical culture, I expect full harmonization to take some time – many years. Nevertheless, I think that a partial harmonization is not only possible, but necessary.

I would like to emphasize that it is very important to recognize the generic industry as an integral part of the healthcare structure. Products which require innovation should be the mission of the companies that specialize in that field, and products that do not require innovation should be supplied by the efficient companies who specialize in such production.

Before concluding my remarks, I would like to talk a little about the type of organization and culture which are required for a company to achieve leadership positions in an industry like generic pharmaceuticals. Unlike many other "commodities", generic pharmaceuticals require to be very close to your customers, be they chain pharmacists, health funds, hospitals, or governments. Generic companies require strong local organizations in each country, managed by locals who understand the needs of their customers and their national medical culture. While we at Teva strive to obtain a maximum synergy between our different generic companies, we diligently protect the flexibility of each country's management and their freedom to respond as needed to local events and opportunities.

In conclusion I would like to state that the success of our American strategy does not automatically promise success in Europe. In the United States we succeeded due to an in depth analysis of the market and our abilities, forming a coherent clear cut strategy that, due to the willingness of all of us, owners, directors, managers and employees, marched us toward our goals successfully.

In the United States we had a defined group of competitors. We acquired Lemmon – a small (No. 67) losing company – that we want to be one of the five leading (today one of three) generic companies. We knew who our customers were in the U.S. and we could define who we would grant priority to. We could define which plans we more or less wanted to implement. We could define the level of plants and their magnitude, the kind of managers, marketers and salesmen and the kind of computer system (online to over ten thousand pharmacies) – while there were many changes along the way, we adapted to them quickly and aggressively while staying faithful to our basic vision.

Are all of these key success factors to European Success? Probably not.

An analysis of the European market requires an in depth analysis of each country. Finding and hiring local managers, and creating local cultures that fit in with the strategy, organization and culture of the Global Teva. This is a longer process, more expensive, but essential.

We will try to shorten time frames, decrease investments, and lower risks by cooperating with others at all levels – from ownership to sales, from the strategic level to the local tactical level. We believe that success in generics requires a willingness to rely on yourself and to cooperate with others, to focus upon what you do best and to partnership with others who do some things better than you.

KAPITEL 15

EFFECTIVE CORPORATE PROCESSES, PROCESSES AND CULTURES FOR DEVELOPING NEW MARKETS

Andrew G. Tank

1   Introduction

We see here today the results of *leadership, teamwork and flexibility*. These are the elements that it takes to succeed in international business today.

The theme of my contribution is how to design the most appropriate management approach to succeed in developing new markets. It is based on research done by The Conference Board among European and American corporations. It relies on empirical evidence from questionnaire surveys and interviews with executives from the 2500 companies who support our organisation.

My main conclusion is very simple in content, and very difficult in execution.

- Successful international companies in the next Millennium will build virtual communities that have global integrity and local comprehension.
- By contrast, companies that fail will struggle to preserve hierarchy, tolerate ethical ambiguity and resist cultural diversity.

2   Keys to Success in Developing Markets

Social Systems   *Business Systems*

Leadership Purposes: Vision   Strategy: Global/National

Teamwork People: Expatriate/Local   Structure: Product/Geography

Flexibility Processes: Culture   Systems: Centre/Subsidiary

Let me begin by identifying the key findings of our research:

- *Leadership*: Success in global markets starts with building a multinational team at the top. Diversity of people in senior people matters. But so does coherence of management strategy. Centralisation of key facets of management helps companies expand globally. Our research has found this true in relation to finance, marketing, human resources and R&D. The counter-intuitive paradox of globalisation is that you need to increase, not decrease, central direction. *You need Global Integrity.*
- *Global, and often Virtual Teamwork* : The related paradox is the motivation of the front line executives. It is important to understand the different aspirations of two key, and very different managerial consti-

tuencies. First the expatriates; second the foreign subsidiary managers. These need to work in a *responsive structure*: It is important to balance the conflicting demands of geographic and product organisation, and still maintain functional excellence. What has worked at home probably won't work abroad. All companies expanding into new markets must refresh their approach to organisation and re-evaluate priorities. *In future companies will need to build Virtual Communities.*

* *Flexibility: Promote a creative culture and a coherent management system*: The most subtle, and least understood, dimension of globalisation is building a corporate culture that supports global expansion and the ways that the company links itself together Remember that in the modern world "coherence" has a different meaning. The British business academic Charles Handy, puts this very concisely: "Getting organised used to mean getting rid of differences; nowadays it means using them." *In future companies will need to have Local Comprehension.*

2.1   Conceptual Framework

There are numerous ways to understand the workings of international corporations. We have found two complementary frameworks to be especially useful:

* The Social Systems Approach treats the organisation as a constellation of co-operative and competing behaviours and interests. *Purpose, People and Processes*. Senior management consider a variety of elements, in the situation, the people and their behaviours, which lead to a variety of outcomes. Key topics of concern are how organisation design affects internal power relationships, how people from different cultures work together, how the organisation can promote change. Today, I will address three issues under this heading: First, the vision of the top team, and often this is the same as the top person. Second, the tensions between expatriates and locals. Third, questions of culture.

European companies often excel at this approach. The collegiate approach of Unilever, the market focus of Nestle, and entrepreneurship of ABB all signify elements of this approach. It leads naturally to a *Stakeholder model of the company.*

* The Business Systems Approach, by contrast, regards the company as a rational, systematic model, an economic mechanism designed to achieve specific goals. *Strategy, Structure and Systems*. What structure should you create? How should work be organised? What are your measurement and control mechanisms? Under this heading, I will

deal firstly with overall corporate strategy, secondly with the role of country management, and thirdly with the role of headquarters.

American companies often excel at this. For example P&G, GE and IBM. This leads naturally to the *shareholder value model.*

Talking about creative organisation models to develop new markets involves rejecting the corporate pessimism of recent years. Downsizing is only good if it involves necessary pruning, to enable further growth. In this regard, I heard recently the story of a symphony orchestra in Chicago that called a local management consultant to advise on cutting costs. His advice:

2.2 Orchestra Restructuring

Wood Wind – Eliminate Oboe/Clarinet complexity -
Why pay for two types of woodwind?

Strings – Downsize 50%
The strings always play too loud – sack half of them.

Brass – Boost Productivity
They are always reading the paper, make them double-hat.

In the frenetic period of turbulent change it is very tempting to follow this advice: Tidy up complexity, downsize time serving middle managers, force the creative types to follow the company line. I'm sure that in Mannheim – the home of Johann Stamitz – the director would not give in to such pressures. But in many companies at the present time one of the great dangers of the current era is compulsive downsizing, sometimes dubbed "corporate anorexia". The theme of today's event is seeking new markets, which must imply a healthy diet that leads to well balanced growth. I will strive to share some of the findings of our research to demonstrate how some of the world's largest companies are addressing this crucial issue.

3 Leadership: Purposes and Vision

The Conference Board did a questionnaire survey of 117 chief executive officers, analysing how they drive global growth, and the expansion into new markets. We found that leaders who consider their companies very successful globally spend 40 percent of their time on global issues, compared to 25 percent of all CEOs. And globally successful companies have 25% foreign nationals in the top 100, compared with 10% for the sample as a whole.

The first step is establishing a **Presence**. Mr Livio DeSimone, CEO of the 3M company offered this advice: "You spend time talking to visitors, to government people, to employees, to other constituencies. That's important; you are showing your culture and you are helping the business. There is no other way to do that except by presence and unfortunately, that takes a lot of time."

In the later stages of building a global company, the CEO must beware of losing a grasp of the **best** opportunities. The CEO of Salomon Inc, Mr Robert Denham, puts it like this: "Globalisation allows a company to take advantage of a broad set of opportunities. But it should not be an excuse for loss of focus. The job of the global CEO is to protect and build a global franchise. It's only by building globally around a distinctive franchise that the company can create its own culture and its own identity. And without a distinctive culture and identify, a company can't hope to compete globally."

The second dimension is defining the **Path**. As one CEO puts it: "The key role of the CEO is recognising opportunity and integrating that possibility of success into the strategy of the company."

Here there is a very clear finding from our research. At first companies tend to use alliances, but as they become more sophisticated they are much happier with acquisitions. As Mr Shoemate, CEO of the foods group CPC puts it: "Alliances are not our first choice. It just takes so much energy to keep the cultures operating together. We do them where we don't have local knowledge. They're a tool as opposed to a strategy."

The third dimension is setting in place the right **People**. Again the CEOs we talked with are agreed that in the early years it is important to use a number of expatriates to promote a business, but one of their key roles is to promote the use of local staff. Cyrus Friedman, The Vice Chairman of Booz Allen and Hamilton put it like this: "The value of expatriates is to get the business off the ground, put in the infrastructure and, more importantly, have a plan to change the mix of expats versus nationals. The more that plan is adhered to, the more successful companies have been." E.g. Texaco – in Indonesia, of 6000 employees and 15000 contractors, only 80 expatriates – but that is after 50 years.

As a company moves through stages of globalisation, different priorities emerge within each of these broad spheres. Many leaders emphasise that the issues that arise in the early stages are never eliminated – new ones are just added. To have more than an assemblage of small local companies, you need to have ideas, skills and people moving across the organisation. That lets ideas products travel quickly.

4   Leadership: Strategy

Vision provides the spark. An effective strategy is needed to ignite it. To comprehend this process The Conference Board did four studies on the changing global role of finance, marketing, R&D, human resources among our members companies – who include both the experienced multinationals and those companies new to global expansion. We found that each of these are increasingly **centralising** policy decisions. Of the 192 Chief Financial Officers in our sample, fully 80 percent replied that their company is centralising its global policy.

The Marketing Directors we talked with also emphasise global branding, packaging and advertising. A recent McKinsey study, quoted in our report demonstrates that companies which are more successful, compared to their industry are more centralised than the less successful. This is true for almost all decisions – about capacity, product range decisions, brand positioning, packaging, advertising strategy, pricing, distribution and promotion. Examples include Kodak, Benetton, BMW & Nestlé.

In the case of the 158 **human resources directors** we contacted for our HR study we found that a number of critical dimensions are being centralised. 75 percent of respondents report a high degree of co-ordination on the issue of creating a common culture with shared values. 68 percent are co-ordinating compensation, and 63 percent succession planning. Even in the area of labour relations, traditionally a very decentralised area, over one third report a high degree of corporate co-ordination.

A very good example of this is P&G's dominance of the branded shampoo business in China. First, think big. 1 billion heads, with sophisticated aspirations! Second, invest in distribution to make sure your products can get to market. Third, market very aggressively. P&G's brands – Head & Shoulders, Rejoice (Wash and Go) and Pantene are on one analysis three of the top ten advertisers in China. The result 55% of the Shanghai market – and strong brand awareness elsewhere. Other examples include VW in China, Coca-Cola worldwide.

This presents our first core paradox: As companies expand into new markets and become more global, it becomes more necessary to centralise key dimensions of corporate strategy.

This means Global Integrity.

5   Teamwork: People

Our second core paradox is a related one. At the same time that they are centralising policy decisions, global companies must perform two complex operations:

- Persuade the brightest and best executives to travel where the new opportunities present themselves. In a world of dual career couples and the ever more professional head hunting profession this process of expatriation is becoming very much more difficult.
- Work even harder to gain the commitment of local managers to implement them. The Foreign Subsidiary Manager, someone who has often lost out in terms of status in recent years must be motivated to pursue global, rather than purely local priorities. This twin people challenge is one of the toughest challenges for companies that seek to expand into new markets.

5.1   Expatriation

Global companies must pay particular attention to looking after their expatriates during their spells abroad, retaining them when they return and crucially, capitalising on what they have learned. Our research shows that this often does not happen. 80 percent of home country expatriates say their international expertise is not valued by the company, and the turnover of returning expatriates is twice as high as those who have stayed at home. Research shows that 20 percent of repatriated managers leave within a year, and some evidence suggests that 40–50 percent leave within three years. What a waste of talent! And what an expense!

Expatriates can cost a cool $1 million for a typical 4 year posting, and their importance to the company far outweighs the out of pocket expense.

The challenge with managing expatriates is that often no one involved is happy. The expatriate is insecure about his or her future in the company; the accompanying husband or wife is miserably lonely in a foreign land; their children's education is disrupted; the host manager resents paying between two and three times local salaries for visiting expatriates; the parent company managers resents welcoming home pampered colonialists used to being treated as important dignitaries in society.

5.2 Smart Expatriation

- Involve Top Management in Repatriation Policy – only 21% do
- Include Expatriates in Succession plans – only 51% do
- Manage Expatriates Expectations – only 49% discuss options
- Help spouse and family – only 16% provide counselling
- Offer reasonable security, not unreasonable privilege.

1. The first problem with expatriates is that they are "out-of-sight and out-of-mind" in the context of the home office. In those companies where senior management gets involved with the formulation of policies there is strong evidence that repatriation works more effectively. E.g. Ciba Geigy, with 5 Area Desks looking after 100–150 expats.
2. This is underlined by not automatically including expatriates within the overall succession planning of the company.
3. It is key to manage the expectations of expatriates and their families. The use of pre-departure preparation, mentors and sponsors during overseas assignments and a clear policy on return options are all important. Novo Nordisk for instance provides a session, eight months before return, for the expatriate to discuss the options available with his or her line manager.
4. Concerns of the spouse and the family are probably the most problematic of all. Very few companies take this probably seriously enough – just 16 % provide career counselling, 13% external job assistance and 3% continuing education assistance for the spouse. Motorola has a Dual Career Policy that provides funding for spouses to pursue professional objectives; Shell has set up an on-line network for spouses through a central clearing house.
5. There will always be a balance in these activities. And many companies are seeking not to enhance the facilities they provide to expatriates, but to re-define the concept of expatriation. For instance, a relocation from Antwerp to Cologne for a junior manager need not attract such generous relocation support. BP has set up a low cost way to send its young managers around Europe. And while it is reasonable to expect some degree of security, much of the problem with expatriation is due to over-generous support in the past. As one example, one manager offered a relocation from Detroit to Paris demanded a hardship allowance!

5.3   Foreign Subsidiary Manager

We examined this issue in some depth in a special study on the Changing Global Role of the Foreign Subsidiary Manager (FSM). This led us to several interesting findings:

Firstly, more and more companies are using local nationals to be the head of their local subsidiaries and this trend is increasing. Already, 79 percent of North American companies and 70 percent of European companies now have a majority of local national foreign subsidiary managers. This has increased in the last five years and will do so more in future.

These individuals are highly committed to their subsidiary, and more so than headquarters' expatriates. However, our research also shows that it is the local nationals who have seen their autonomy eroded in recent years, while the expatriates have seen their autonomy increase.

Managing complex international operations, especially when your company is expanding into new markets involves a lot of ambiguity and a lot of paradox. Understanding the needs and aspirations of these two types of individual proves absolutely crucial to making a success of expanding into new markets. How you set about creating a dual allegiance among local national foreign subsidiary managers is shown below:

5.4   Smart Local Connections

* Become familiar with local conditions of subsidiary units
* Maintain two way communication with subsidiary units
* Apply consistent decision-making practices across subsidiary units
* Allow subsidiary units to challenge the strategic decisions of head office
* Provide an explanation for the head office's final strategic decisions

6   Teamwork: Structure

Both expatriates and locals need to feel a sense of affiliation. Five years ago, the number one priority for HR directors was compensation & management recruitment. Today it is developing corporate culture and organisation design. Let me turn to each of these in turn

A perennial dimension of organisational design is the issue of the role of corporate centre and the balancing of geographic and product dimensions. As with so many aspects of this subject there are no right answers, and the solution for any one company at any one moment in time will be different. Some of the issues that recur include the powers that headquarters reserves for itself, and the powers it delegates; the division of roles between line executives and staff officers and the authority that head office staff have over the businesses that report to them. The related challenge relates to the resolution of conflicts within the company.

Which structure is the most appropriate to deal with the particular challenges faced by a particular company at a particular moment in time. Our research into organisational design attempts to provide intelligence about how major multinationals have learnt, in their own circumstances, to handle the inevitable tensions inherent in these issues of organisational structure. We have identified three paradigms, each with strengths and weaknesses. There is more material about the merits and problems of each of these designs in your kits.

A review of the three global types we analysed:

6.1   Geographic Design

Benefits   Weaknesses

* Close customer contacts   * Poor global co-ordinations

* Responsive to changing regulations   * Difficult Knowledge Management

* Inherent flexibility   * Duplication of staff and systems

Examples

Exxon, Nestlé, Alcan.
Nestle has three principles of management:

1. Focus on Food.
2. Main org line runs through regions to countries, because food is local everywhere.
3. Very few things are centralised – Finance, Research and Some Branding.

But 40 nationalities, mostly ex line people in Vevey Headquarters.

6.2   Product-Based Design

Benefits   Weaknesses

* Global Focus and co-ordination   * Lack of local attention

* Straightforward portfolio approach   * Limited scope for synergy

* Clarity of Purpose in Businesses   * Fragmentation of resources

Examples

Allied Signal, Rhone Poulenc, Henkel:
Global Products helped it become so strong in adhesives globally.

6.3   Matrix Design

Benefits	Weaknesses
* Force multiple considerations	* Create conflict atmosphere
* Leverage corporate resources	* Complex management system
* Offer diverse opportunities	* Confused accountability & roles

Examples

ABB, Deutsche Bank, IBM:

e.g. ABB, thousands of profit centres around the world, but still with a sense of adhesion to a corporate goal, and plenty of connections in common research, finance, and strategy.

This is the building of virtual communities.

7   Flexibility: Processes & Culture

The third element is Local Comprehension. Understanding culture, both internally and externally. In an era of global companies, the distinctions between European and American companies becomes less relevant than in the past.

In one of the report's case studies, Wayne Calloway, PepsiCo's chairman, put it succinctly: "Despite differences of language and geography, what keeps us afloat in this sea of change is our values."

Fostering shared values

• Communicating global vision and values when developing managers;
• Conducting international seminars, conferences, and task forces;
• Reinforcing global management development at career transition points;
• Developing a shared vision of human resources as a strategic function.

In the marketing study, cross-cultural issues arise most dramatically in global advertising campaigns. (e.g. Lego in Japan failed because applied what worked in USA.) Likewise makers of convenience food were wrong to persuade Japanese to use their rice cookers for anything but rice. Culture clashes can easily bring about unpredictable, counter-productive results. In the research and development report, cultural differences impact an increasing number of global technology project teams. There are marked differences among national team members in their respect for hierarchy, risk avoidance, and individualism as well as in their views about appropriate behaviour for championing an innovation. In the finance report, corporate culture and cross-cultural issues are accentuated by the rising number of international acquisitions. The task of integrating a foreign acquisition into the corporation while minimising the finance function's traditional role as corporate police officer poses a great challenge.

Finally, corporate culture and cross-cultural issues impact the foreign subsidiary manager in a fundamental way. Although more and more foreign subsidiary managers are local nationals with parochial interests they are expected to implement global strategies that may lower their own subsidiary's performance.

Two contrasting examples from GM, in Korea and in East Germany. The Korean story looked great. Use Opel's German engineering, benefit from Korea's manufacturing, sell through Pontiac in the USA. The snag lay in the JV partner, Daewoo that had global ambitions of its own – demonstrated by its investment of over $1 billion in Poland. Contrast that with success at Eisenach, now a showcase plant, using the best technology, much developed at NUMMI in the USA. The difference, the folks at Rüsselsheim knew the culture in Eisenach; the folks in Detroit did not know the culture in Seoul.

8   Flexibility: Systems and the Role of the Centre

How does all this come together? The increasing tendency in companies is to view the global corporation as becoming more of a network. In today's highly competitive and ever-changing global environment, there is an increasing need for strategic interdependence within the corporation and for leveraging its globally dispersed capabilities. The effectiveness of a multinational company increasingly depends on its ability to tap into the local resources and the knowledge and capability of its various units throughout the world – and to transfer and integrate those resources and knowledge and capability throughout the company as necessary.

In the past, as companies began to expand seriously overseas, home office control was a strong basis for organisational design. That has changed, among a select group of companies that are moving towards a differentiated network model – e.g. Ericsson, Matsushita, NEC, Procter & Gamble and Unilever. Some subsidiaries are simply independent of the head office – inter-linked and mutually dependent on each other (e.g. Unilever in Europe), co-dependent with corporate HQ (IBM) and even playing an independent role in their own right (Ericsson). This means that multinational organisational design is becoming increasingly differentiated. The unifying forces still exist, through formal systems, rules and procedures (e.g. General Electric) and shared goals, values and beliefs (ABB).

What will this new form of organisation look like? The first point to make is that a new label does not immediately contradict the accumulated wisdom of decades of management science. Organisations will still have to find ways to balance the conflicting demands of geographical market realities, product leadership and functional excellence. The network organisation will, in a real sense, overlay much of what has gone before. Let me share with you a definition given at one of our meetings:

"A network links activities together either at national or at international level. It is a flexible form of organisation as it follows market needs and it is based on a culture of co-operation, discipline and leadership. Within a network organisation, activities are split by process and clearly assigned to one part of the network. For instance sales is dedicated to a business unit, brand development to a regional or global functional unit and external relations to a geographic, national company. Decision-making is equally clear. A network is composed of 'building blocks' (e.g. business units or operating companies) and of processes which link those together."

Let me summarise with some inspiring thoughts from Charles Handy in the latest Harvard Business Review:

"The corporation is changing, but it is still spoken of as if it were a licensed, self appointed oligopoly, dominated by the pressures of the stock market. The literal meaning of the word 'company' is 'the sharing of bread'. What if we regard corporations as communities? The key difference is that a community is something to which one belongs, while it, in turn, belongs to no one. This inversion of the property concept has implications for the way in which the community is governed. It requires a clearer definition of the bond between individuals and organisation – something that could be called the citizen contract – as well as of the relationships with the other stakeholders, particularly the providers of capital, who must receive their due reward. Last, the culture and the purpose of the community have to pervade the organisation. In time, a new theory of the corporation will develop. Profits are the lifeblood of any business, but life consists of more than keeping the blood flowing; otherwise, it would not be worth living. As more corporations realise this truth, they will become increasingly interested in enriching the lives of the people who work in them. In time, the laws governing corporations will change to reflect the new reality. First, however, we need a language to explain this new theory – a language of community and citizenship, not of property."

Let me conclude by recalling one of Mannheim's most famous sons, Johann Stamitz, Kapellmeister here in the early part of the eighteenth century. A musician who recognised the importance of creating excellent orchestral performance, and who did much to accelerate the creation of the superb musical tradition in Germany. His work is indeed a rebuke to the fictional symphony orchestra finance director I described at the beginning of my talk. Let me share the Stamitz Principles:

9   The Johann Stamitz Principles

Leadership	**Embrace Complexity**	Celebrate the Clarinet
Teamwork	**Ensure Performance**	Drill the Orchestra
Flexibility	**Enable Creativity**	Delight Mozart

We owe it to Johann Stamitz (1717–1757) that the delights of the clarinet are recognised in our great orchestras today; we owe it to Johann Stamitz that our orchestras aspire to the highest standards of performance – one commentator says his orchestra "had been brought to a pitch of excellence far beyond any in the world at that time"; indeed, Mozart himself was so inspired on a visit to Mannheim in 1778 that he wrote to his father: "Oh, if only we had clarinets; you can't guess the lordly effect of a symphony with flutes, oboes and clarinets."

I have tried to provide a framework for understanding how to structure multinational corporations to benefit from the opportunities of new markets. At the heart of my talk has been the simple message that Johann Stamitz gave to his orchestras over two hundred years ago:

May you have the leadership skills to celebrate complexity; have the management skills to ensure high performance; have the imagination to enable the creativity of your people to flourish. And may I wish you the best of good judgement in your role of the stewardship of our common European prosperity.

KAPITEL 16

WERTSTEIGERUNG DURCH WACHSTUM (AUCH) IN NEUEN GESCHÄFTEN

Jürgen Ringbeck

1 Einleitung

In einer mehrjährigen Forschung hat McKinsey die Daten von weltweit 3000 Großunternehmen untersucht und 40 der wachstums- und renditestärksten Firmen einer detaillierten Analyse unterzogen. Das Beispiel dieser Unternehmen – mit durchschnittlich 25 Prozent Umsatzwachstum und einer Kapitalrendite von 34 Prozent – zeigt: Überdurchschnittliches, profitables Wachstum ist ein anspruchsvolles, aber durchaus realisierbares Ziel für das Top-Management. Notwendig sind allerdings eine gelebte Bereitschaft zum Wachstum und ein umfassendes Gesamtkonzept, das auf den Erfolgsstrategien der Spitzen-Unternehmen beruht.

2 Wachstum als Erfolgsfaktor begreifen

Die Bedeutung des Wachstums für den Unternehmenserfolg ist dem Top-Management in den vergangenen Jahren zunehmend bewußt geworden. Wertschöpfendes Umsatzwachstum ist kein Selbstzweck, es ist der Motor für die Realisierung zahlreicher grundlegender Unternehmensziele: Profitables Wachstum steigert den Börsenwert, sichert die Wettbewerbsfähigkeit, und es trägt wesentlich dazu bei, Arbeitsplätze zu garantieren und neue Beschäftigung zu schaffen. Hinzu kommt, daß Wachstum die Vitalität der Organisation stärkt und die Attraktivität des Unternehmens für Mitarbeiter erhöht. So stehen die „Wachstums-Champions" regelmäßig ganz oben auf der Liste der Wunscharbeitgeber der Absolventen von Universitäten und Business-Schools, weil sie die besten Chancen für Eigeninitiative und Entwicklung bieten.

McKinsey hat daher das Thema Wachstum in den vergangenen Jahren einer umfangreichen internationalen Analyse unterzogen. Im ersten Schritt wurden 3000 Wachstumsunternehmen weltweit betrachtet, um die Bedeutung des Wachstums für den Unternehmenserfolg in einzelnen Industrien und Regionalmärkten zu systematisieren. Aufgrund ihrer außergewöhnlichen Leistungsfähigkeit wurden 40 dieser Unternehmen aus 10 Industrien und 12 Ländern Nordamerikas, Europas, Asiens und Australiens für eine detaillierte Untersuchung ausgewählt. Sie wiesen im Industrievergleich über einen 10-Jahreszeitraum sowohl ein überdurchschnittliches Umsatzwachstum (im Schnitt p.a. 25 Prozent) als auch eine überdurchschnittliche Unternehmenswertentwicklung (TRS-Wachstum im Schnitt p.a. 34 Prozent) auf.

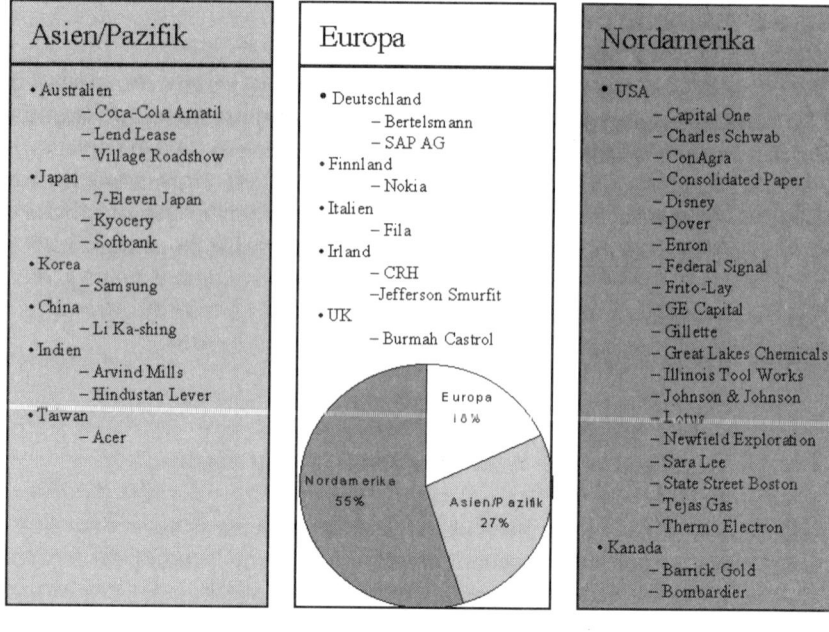

Abbildung 1:   Fallstudie erfolgreicher Wachstumsunternehmen

Die Untersuchung zeigte, wie anspruchsvoll das Ziel eines dauerhaften Umsatzwachstums über dem Industriedurchschnitt ist. Von allen FORTUNE 1000-Unternehmen, die 1983 ein solches überdurchschnittliches Wachstum erreichten, konnten nur zehn Prozent diese Position über die folgenden neun Jahre halten.

Die Analyse der Spitzenunternehmen machte ihre wichtigsten Erfolgsfaktoren transparent. Diese Wachstums-Champions wie Disney, Bombardier, Nokia oder SAP besitzen ein ausgeglichenes strategisches Portfolio mit bestehenden Geschäften, neuen Geschäften und zukünftigen Geschäftsoptionen. Sie managen dieses Portfolio mit einem überdurchschnittlichen Zielanspruch, nutzen überlegene Prozesse zur kontinuierlichen Entwicklung neuer Geschäfte und fördern Innovation und Entrepreneurship in ihren Unternehmen (s. Schaubild).

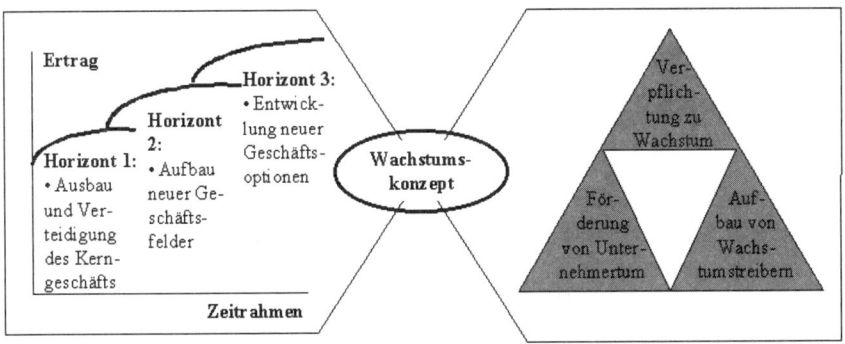

Abbildung 2: Hauptelemente einer überlegenen wachstumsorientierten Führung

3 Geschäfte entlang dreier Horizonte strategisch planen

Erfolgreiche Wachstumsunternehmen gestalten ihr Geschäftsportfolio anhand eines Drei-Horizonte-Konzeptes. Nach diesem Programm werden wesentliche Geschäftsfelder des Unternehmens in drei Horizonte eingeteilt: Das Kerngeschäft als der Hauptträger der kurzfristig realisierbaren Gewinne zählt zum ersten Horizont. Der zweite Horizont umfaßt Geschäfte, die zur Zeit im Aufbau sind und erst auf mittlere Frist – typischerweise in zwei bis drei Jahren – signifikant positive Ergebnisse erwarten lassen; langfristig sollen sie Kerngeschäfte des Unternehmens ergänzen oder ersetzen. Auf der Stufe des dritten Horizonts befinden sich schließlich neue Geschäftsoptionen (z.B. Minderheitsbeteiligungen an Start-up-Firmen mit attraktiver Perspektive). Diese Optionen weisen normalerweise einen negativen Cash Flow auf und müssen erst noch zu neuen Geschäften entwickelt werden.

Entscheidend ist, daß die Spitzenunternehmen unserer Untersuchung die mittelfristig drohenden Expansionsgrenzen für die bestehenden Geschäfte frühzeitig erkannten und durch den Aufbau neuer Geschäfte und die Entwicklung von Unternehmensoptionen dafür gesorgt haben, daß das profitable Wachstum dauerhaft gesichert war.

4   Beispiel Coca-Cola Amatil

Coca-Cola Amatil (CCA) ist ein Abfüllunternehmer mit Sitz in Australien, an dem Coca Cola beteiligt ist. Am Beispiel dieses außergewöhnlich erfolgreichen Wachstumsunternehmens läßt sich das Drei-Horizonte-Konzept besonders anschaulich darstellen. Dabei ist die regionale Expansion die maßgebliche Dimension der Wachstumsstrategie.

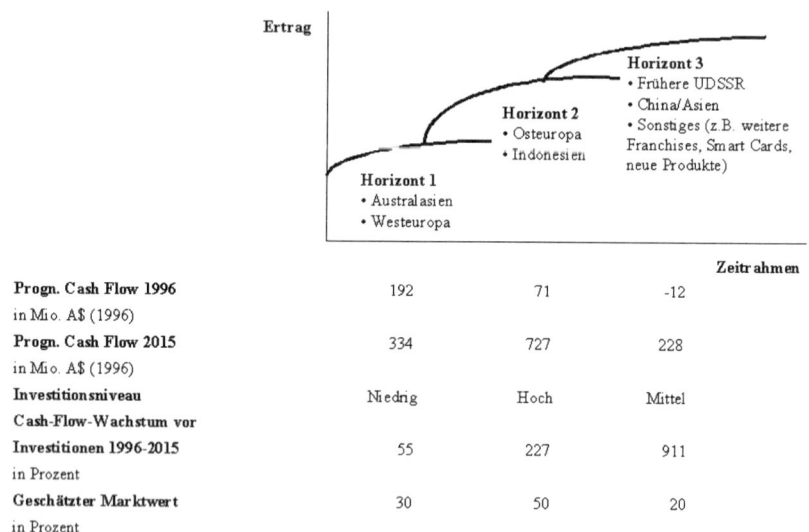

	Horizont 1	Horizont 2	Horizont 3
Progn. Cash Flow 1996 in Mio. A$ (1996)	192	71	-12
Progn. Cash Flow 2015 in Mio. A$ (1996)	334	727	228
Investitionsniveau	Niedrig	Hoch	Mittel
Cash-Flow-Wachstum vor Investitionen 1996-2015 in Prozent	55	227	911
Geschätzter Marktwert in Prozent	30	50	20

Abbildung 3:   Finanzielle Charakteristika der Horizonte 2 und 3

Mit einem Pro-Kopf-Absatz von mehr als 35 Litern ist das CCA-Geschäft in Australien, Neuseeland, der Schweiz und Österreich im Bereich des ersten Horizonts abgesichert. Im zweiten Horizont befinden sich die zukünftigen „Stars" des Unternehmens. Diese Geschäfte bieten aufgrund der schon vorhandenen CCA-Aktivitäten und der Marktentwicklung enorme Wachstumsraten – so galt das Umsatzwachstum von 25 Prozent, wie es 1995 in Indonesien erreicht wurde, dem Top-Management noch als unbefriedigend. Darüber hinaus investiert CCA in zahlreiche Zukunftsoptionen – Horizont 3 – die sich vielleicht zu neuen Geschäften entwickeln werden. Hierzu zählt zum Beispiel der Markt Weißrußland, für den allerdings sowohl die zukünftige Nachfrage als auch die Versorgung noch unklar sind. Auch die starke Beziehung zu Robert Kuok, der den Eintritt von CCA in den chinesischen Markt erheblich unterstützen könnte, ist eine Wachstumsoption.

Norb Cole, Management Director von CCA, sieht Wachstum über eine
systematische regionale Marktentwicklung als entscheidende strategische Größe der Unternehmensführung: „Coca-Cola ist eine Aktie und ein
Unternehmen mit großem Wachstumspotential – denn es operiert in drei
Arten von Märkten: unterentwickelten, sich entwickelnden und bereits
entwickelten. Alle drei Arten von Märkten bieten erhebliche Wachstumsraten. Der am weitesten entwickelte Markt ist hier in Australien, und
meiner Meinung nach dürfen wir hier mit sechs bis acht Prozent jährli-
chem Wachstum rechnen – gute, gesunde Zuwachsraten, finde ich. Wenn
wir aber ein echtes Wachstumsunternehmen bleiben wollen, müssen wir
auch in Märkte wie zum Beispiel Polen gehen, denn dort können wir in
der Zukunft Super-Renditen erzielen".

Auch die Auswirkungen einer wachstumsorientierten Planung auf den Unternehmenswert lassen sich vor dem Hintergrund des Drei-Horizonte-
Konzepts illustrieren. Das prognostizierte Cash-Flow- und Umsatzwachstum von CCA wird maßgeblich von den Geschäften im zweiten und dritten
Horizont beeinflußt. Während der Cash Flow des Kerngeschäfts (Horizont
1) noch um 55 Prozent in den nächsten 20 Jahren wachsen soll (vor Investitionen), ist für den Cash Flow der neuen Geschäfte (Horizont 2) ein
Wachstum von 227 Prozent und für die künftigen Optionen (Horizont 3)
gar eines von 911 Prozent veranschlagt. Schon heute macht der Anteil des
Kerngeschäfts am Marktwert des Unternehmens nur noch 30 Prozent aus;
50 Prozent des Unternehmenswertes lassen sich den Horizont-2-Geschäf-
ten zurechnen; 20 Prozent tragen die bestehenden langfristigen Geschäftsoptionen schon heute zum Unternehmenswert bei.

Das 3-Horizonte-Konzept kann auf die Erfordernisse jeder Unternehmenssituation und jedes Geschäftsfeldes angepaßt werden. Für den Ge-
schäftsfeldmanager CCA Australien sind beispielsweise Vertriebskanäle
und neue Produkte die entscheidenden Dimensionen der Geschäftsplanung; über traditionelle Kanäle hinaus wird zur Zeit etwa das Verkaufs-
automatengeschäft aufgebaut, über den Einstieg in das Geschäft mit
Smart Cards wurden erste Optionen erworben.

5 Beispiel Softbank

Branchen wie die Informationstechnologie zeichnen sich durch hohe Wachstumsraten und kurze Produktlebenszyklen aus; hier stehen die Unternehmen
gleichzeitig in allen drei Horizonten im Wettbewerb, und die Return-Zyklen
einzelner Geschäfte können sich auf weniger als ein Jahr verkürzen. Neben
der regionalen Expansion spielt die synergetische Diversifikation in ver-
wandte Produkt- und Dienstleistungsbereiche eine erhebliche Rolle.

Softbank ist ein schnell und profitabel wachsendes japanisches Unternehmen, das Software und PCs sowie Computerzeitschriften vertreibt. Es kann als Beispiel für eine besonders anspruchsvolle Wachstumsstrategie gelten. Weil das Kerngeschäft in dynamischen Märkten die Finanzierung der neuen Geschäfte maßgeblich sichern muß, ist schon im ersten Horizont ein aggressives Wachstumsmanagement erforderlich. Softbank hat daher zum Beispiel ein tägliches Gewinn-Reporting eingeführt, um die kurzfristige Ergebnisorientierung sicherzustellen.

Gleichzeitig hat Softbank neue Geschäfte aufgebaut, um das Wachstum längerfristig abzusichern. Über die Internationalisierung des japanischen Kerngeschäftes via Akquisitionen (z.B. der US-PC-Verlag Ziff-Davis) hinaus tritt Softbank zum Beispiel als Veranstalter von Computermessen (z.B. Comdex) auf und fertigt Speicherboards. Schließlich investiert Softbank, um sich Geschäftsoptionen um das Internet zu erschließen, z.B. Beteiligungen an Multimedia-Optionen oder Satelliten-TV. Hier zeigt sich eine besondere Herausforderung des Wachstumsmanagements über drei Horizonte: Das Internet ist für Softbank eine Chance für zukünftige Gewinne, gleichzeitig setzt jede Investition hier das heutige Kerngeschäft unter Druck.

6   Besondere Herausforderungen

Ein ausgewogenes Geschäftsportfolio entlang der drei beschriebenen Horizonte ist keine Selbstverständlichkeit, das zeigen auch die geschilderten Beispiele. Nur die besten Unternehmen schaffen es, sich diese Balance über einen längeren Zeitraum zu erhalten. Untersucht man die Ursachen für fehlende Spitzenleistungen, lassen sich nach dem Ausmaß der Herausforderung drei Fälle unterscheiden:

Das Kerngeschäft ist schwach oder unter Druck: Diese Unternehmen haben entweder erhebliche Probleme im Kerngeschäft, oder sie haben durch Überbetonung neuer Geschäfte das Kerngeschäft vernachlässigt. In beiden Fällen gilt es, zunächst die Grundlagen für zukünftiges Wachstum durch Restrukturierungen und andere, geeignete Maßnahmen zu schaffen. Daneben kann – wie das Beispiel Softbank zeigt – die parallele Entwicklung neuer Geschäftsfelder und Zukunftsoptionen notwendig werden.

Der Aufbau neuer Geschäfte wurde vernachlässigt: Auch Unternehmen mit starkem Kerngeschäft können mittelfristig unter Druck geraten, wenn – wie zunehmend der Fall – das Kerngeschäft nicht mehr „automatisch" Wachstum abwirft, sondern innovativ weiterentwickelt und ergänzt werden muß. Auch die interessantesten Zukunftsoptionen helfen nicht, wenn niemand sie umsetzt. Die Fähigkeit, neue Geschäfte systematisch Schritt für Schritt zu entwickeln, wird zum entscheidenden Engpaß.

Die Zukunftssicherung wurde verpaßt: Selbst bei starkem Kerngeschäft und neu entwickelten Geschäftsfeldern ist die Wertentwicklung des Unternehmens mittelfristig bedroht, wenn es nicht gelingt, durch konsequente Investition in Zukunftsthemen das langfristige Wachstum zu sichern. Globalisierung, Deregulierung, Informationstechnik und andere Faktoren verstärken die Dynamik, mit der sich die Geschäfts- und Marktbedingungen in vielen Industrien zur Zeit verändern. Dieser schnelle Wandel macht deutlich, daß den langfristigen Geschäftsoptionen eine zunehmende Bedeutung für die dauerhafte Sicherung des Unternehmenswertes zukommt.

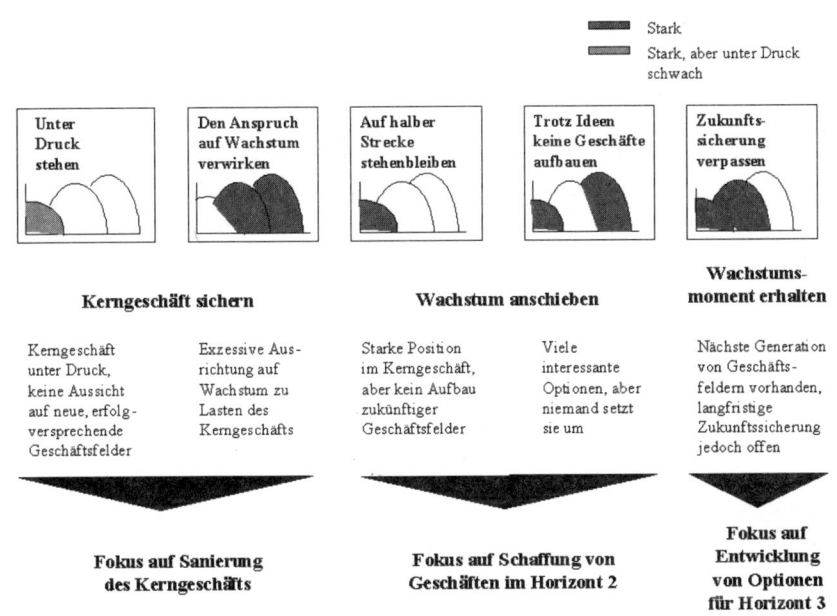

Abbildung 4: Drei wesentliche Herausforderungen

Das simultane Beherrschen der drei Horizonte als Leitbild strategischer Geschäftsentwicklung stellt an die Unternehmensführung neue Herausforderungen. So greifen die in den letzten Jahren populär gewordenen wertorientierten Steuerungsansätze ("value-based management") zu kurz, wenn sie das Geschäftsportfolio allein anhand kurzfristiger Erfolgskennzahlen wie ROIC oder Gewinn steuern. Bei neuen Geschäftsfeldern sind Umsatzwachstum und Kapitalwert (Net present value) die entscheidenden Steuerungsgrößen. Investitionen in Geschäftsoptionen müssen auf Grundlage einer Optionswertanalyse getroffen werden. Hierzu stehen neue finanzwirtschaftliche Verfahren ("real option value") zur Verfügung. Insgesamt muß das Geschäftsfeld-Controlling vor dem Hintergrund der Drei-Horizonte-Logik überdacht werden.

Das Beherrschen der drei Horizonte erfordert jedoch mehr als ein neues strategisches Geschäftsfeld-Controlling. Für die erfolgreiche Entwicklung neuer Geschäfte ist ein Mitarbeiter-Typ nötig, der die anstehenden Aufgaben unternehmerisch angeht. Die erfolgreichen Manager des Kerngeschäfts sind oftmals nicht geeignet; ihre Kernfähigkeiten wie hohes Industrie-Know-how und Abwicklungs-Know-how des etablierten Geschäftes können sich sogar als hinderlich erweisen.

Die Management-Prinzipien, durch die sich die „Wachstums-Champions" auszeichnen, gehen über eine andere Geschäftsportfolio-Strategie weit hinaus. Überlegene wachstumsorientierte Führung äußert sich in allen Management-Dimensionen: einem überdurchschnittlichen Zielanspruch, überlegenen Prozessen zur kontinuierlichen Entwicklung neuer Geschäftsideen und einer speziellen Organisation zur Förderung von Innovation und Entrepreneurship. Im folgenden werden wir diese wesentlichen Elemente des Wachstumsmanagements anhand ausgewählter Beispiele näher beschreiben.

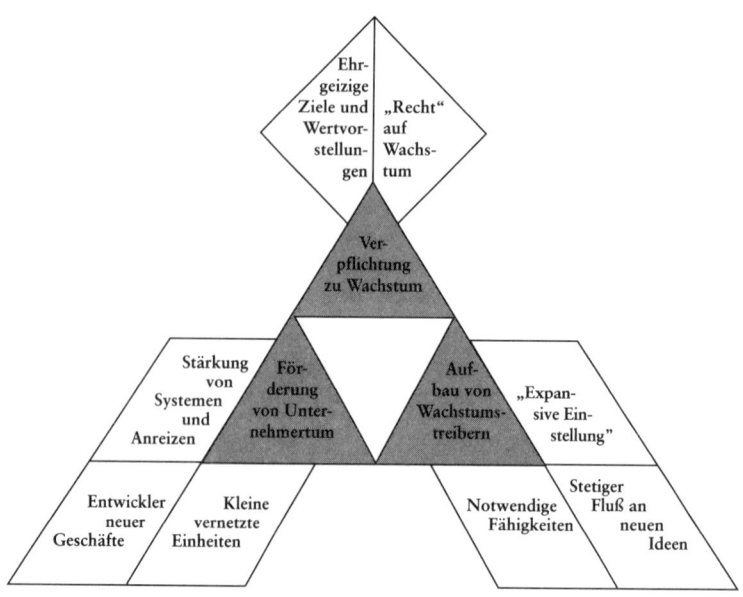

Abbildung 5:   Die Elemente wachstumsorientierten Managements im Überblick

7   Sich kontinuierlich zu Wachstum verpflichten

Überlegenes Wachstumsmanagement beginnt mit der kontinuierlichen Verpflichtung zu Wachstum. Zwei wesentliche Herausforderungen sind zu unterscheiden:

Ehrgeizige Ziele mit attraktiven Wertvorstellungen verknüpfen: Die meisten erfolgreichen Unternehmen verfolgen ehrgeizige Ziele und verfügen über eine ausgeprägte Leistungskultur. Die Spitzenunternehmen unserer Untersuchung ergänzen diese Ausrichtung durch einen Codex von Wertvorstellungen, die den Mitarbeitern eine emotionale Bindung zum Unternehmen ermöglichen und denen eine hohe motivatorische Wirkung in dem anspruchsvollen Leistungsumfeld zukommt. Johnson&Johnson verfolgt beispielsweise die Vision, „der Menschheit als führendes Unternehmen der Gesundheitsindustrie zu dienen", Walt Disney formuliert für sich den Anspruch „das beste Unterhaltungsunternehmen der Welt" zu sein. Natürlich müssen die beschriebenen Visionen die tatsächliche Situation des Unternehmens realistisch abbilden. Ebenso wichtig ist, daß sie mit dem Wachstum des Unternehmens in neue Märkte systematisch weiterentwickelt werden.

Das Recht auf Wachstum immer wieder neu erwerben: Ein gesundes Kerngeschäft ist die Voraussetzung für erfolgreiches Management. Die dazu notwendige Restrukturierung des Kerngeschäftes kann eine Fokussierung des Geschäftsportfolios bedeuten, wobei gleichzeitig neue Geschäfte aus- oder aufgebaut werden. Ein gutes Beispiel hierfür bietet Nokia. Der finnische Konzern hat zwischen 1986 und 1995 sein Engagement in Geschäftsbereiche wie Schuhherstellung, Fernseher, Papierhygiene oder Chemie systematisch reduziert, der Umsatzanteil der Geschäfte außerhalb des Telekombereiches ging von 70 Prozent auf 30 Prozent zurück. Gleichzeitig entwickelte sich Nokia zu einem ernstzunehmenden „Global Player" im Telekommunikationsmarkt, mit Produktionsanlagen in 14, Mitarbeitern in 45 und einem Vertrieb in 120 Ländern. Der Umsatz im Bereich Telekommunikation stieg von 2 Mrd. auf 25,8 Mrd. FmK.

8   Wachstumsprozesse gezielt aufbauen und pflegen

Viele Unternehmen haben sich in den vergangenen Jahren auf „Re-engineering" und andere Maßnahmen zur Sicherung des Kerngeschäftes konzentriert. Produktivitätssteigerungen schienen als der entscheidende Hebel, um im zunehmenden Wettbewerb mitzuhalten; das Geschäftspotential neuer Produktinnovationen schien begrenzt. Alle von McKinsey un-

tersuchten Wachstums-Champions haben kontinuierlich die Leistungsfähigkeit ihres Kerngeschäftes ausgebaut, aber sie haben es nicht dabei
belassen; sie haben nicht darauf gewartet, daß neue Wachstumschancen
von selbst entstehen, sondern haben sie kreiert. Dazu haben sie eine Reihe spezieller Fähigkeiten erworben.

Expansive Einstellung zum Markt pflegen: Spitzenunternehmen akzeptieren scheinbare Grenzen ihrer Industrien nicht. Das Management hin-
terfragt kontinuierlich die traditionellen Definitionen der Industrie und
der Zielmärkte. Dabei werden alle Freiheitsgrade der Geschäftsentwicklung auf Wachstumspotential überprüft: von neuen Kunden, neuen Produkten und Dienstleistungen, neuen Vertriebswegen, der Verbesserung
der Industriestruktur, neuen geographischen Märkten bis hin zum Eintritt in neue Wettbewerbsarenen stehen alle Bereiche regelmäßig auf dem
Prüfstand. Attraktive Marktchancen, die Wettbewerber buchstäblich
übersehen, werden so frühzeitig erkannt. Die Betrachtung der Unterneh-
mensgeschichte von Gillette bietet ein deutliches Beispiel dafür, wie die
Definition der Märkte, in denen Gillette im Wettbewerb steht, kontinuierlich ausgedehnt wurde. Nachdem Gillette 60 Prozent Marktanteil bei
Rasierern erreicht hatte, diversifizierte das Unternehmen in Pflegepro-
dukte für Herren (Deo, Rasierschaum, Aftershave) und hält dort heute
20 Prozent Marktanteil. Inzwischen bietet Gillette neben den klassischen
Körperpflegeprodukten für Männer auch z.B. Oral-B-Zahnpflegepro-
dukte und Damenrasierer an. Mit nur 5 Prozent Marktanteil hat Gillette
hier noch genügend Wachstumsspielraum.

Die Entwicklung und Förderung neuer Geschäftsideen systematisieren:
Neue Geschäftsideen müssen im Unternehmen systematisch entwickelt
und gepflegt werden. Konventionelle Maßnahmen im Rahmen von Produktentwicklung , Geschäftsplanung oder Vorschlagswesen greifen vielfach zu kurz. Johnson & Johnson oder GE Capital verfügen über eigene
Organisationseinheiten, die im intensiven Dialog mit dem Linienmanage-
ment und dem Unternehmensumfeld (z.B. Investmentbanken, For-
schungseinrichtungen etc.) neue Geschäftsideen prüfen. Die Rolle dieser
„New Venture"-Einheiten kann darüber hinaus auch die Mittelbereitstellung für den Geschäftsfeldaufbau und die Koordination neuer Geschäfte bei der Zusammenarbeit mit bestehenden Geschäften in der
Aufbauphase umfassen.

**Bestehende Fähigkeiten und erkannte Chancen zu neuen Geschäften
kombinieren:** Auch Spitzenunternehmen haben beim Einstieg in ein neues Geschäftsfeld das langfristige Geschäftskonzept nur selten voll entwik-
kelt. Zunächst existiert in der Regel eine langfristige Anspruchshaltung
und eine konkrete Vorstellung, wie man die nächste Stufe durch Ver-

knüpfung bestehender Fähigkeiten mit der erkannten Vermarktungsmöglichkeit erreichen kann. Was die Spitzenunternehmen in dieser Phase auszeichnet, ist die Systematik und das Durchhaltevermögen, mit der sie schrittweise Stufe für Stufe ihr Geschäft ausbauen und sukzessive der langfristigen Zielsetzung näherkommen. Mit dem Erreichen jeder nächsten Stufe hat man wiederum neue Fähigkeiten erworben, und der Weg zum Ziel hat sich weiter konkretisiert.

9 Beispiel J & J-Acuvue

Mit diesem schrittweisen Vorgehen hat Johnson & Johnson sein Kontaktlinsengeschäft über zwölf Jahre vom Erwerb eines kleinen 50-Mio.-US$-Kontaktlinsen-Herstellers 1981 zu einem respektablen Geschäftsfeld mit 600 Mio. US$ Umsatz aufgebaut. 1982 kaufte J & J die Rechte an einem neuen Produktionsverfahren. 1983 wurde mit NYPRO, einem führenden Spritzgußhersteller, ein Kooperationsvertrag mit dem Ziel geschlossen, die Fertigungskosten weicher Kontaktlinsen um den Faktor zehn zu senken. 250 Mio US$ wurden in den folgenden fünf Jahren in die Verbesserung des Herstellungsprozesses investiert, bevor 1988 die schnelle Markteinführung zunächst in den USA gelang. 1992 war J & J-Acuvue in 45 Ländern und mit 225 Mio US$ Umsatz weltweit tätig. 1991 wurde die „2-Wochen"-Linse und 1994 die Einweglinse für den täglichen Gebrauch eingeführt.

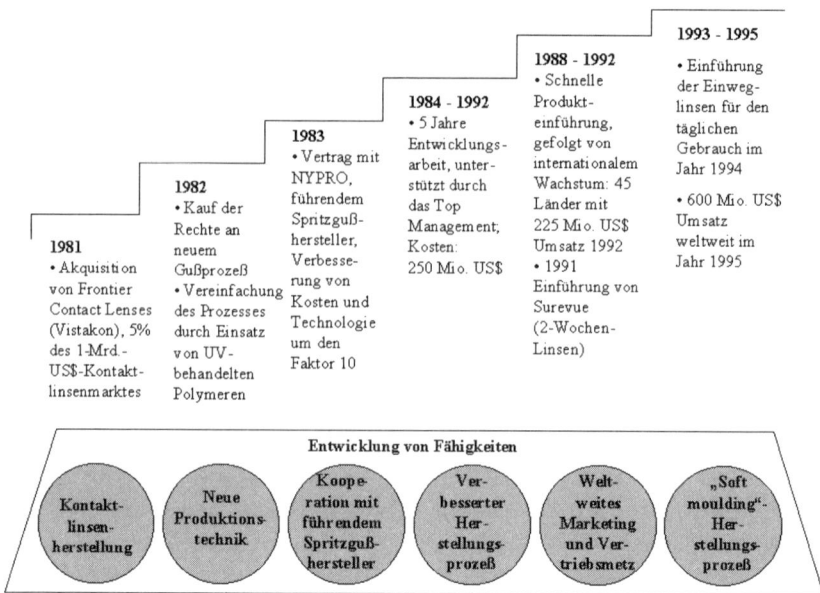

Abbildung 6:   Fähigkeitsaufbau bei Johnson Johnson am Beispiel des Geschäftsfeldes Kontaktlinsen (J&J-Acuvue)

10   Unternehmertum gezielt fördern

Die Spitzenunternehmen planen ihr Geschäft strategisch entlang der drei Horizonte und entwickeln und pflegen gezielt Prozesse für den Aufbau zukünftiger Geschäfte. Sie schaffen es darüber hinaus, Unternehmertum zu einem entscheidenden Merkmal der Unternehmenskultur zu machen. Drei Aspekte verdienen es, hervorgehoben zu werden:

Kleine Einheiten schaffen und vernetzen: Das Schaffen kleiner Einheiten ist seit Aufkommen der Holding- bzw. Profit-Center-Organisation in den 80er Jahren als Erfolgsmuster bekannt. Johnson & Johnson, CRH oder ConAgra sind aktuelle Beispiele für Spitzenunternehmen, die durch kleine, weitgehend unabhängig agierende Organisationseinheiten Unternehmertum schaffen. Es gibt aber auch andere Erfolgsmodelle: Thermo Elektron oder Acer gehen einen Schritt weiter und erlauben ihren Tochtergesellschaften beispielsweise, das Umfeld der Muttergesellschaft zu „replizieren" und fördern das Gründen weiterer Töchter. Unternehmen mit starkem Produktfokus oder hohen funktionalen Synergien – z.B. SAP, Frito-Lay oder Kyocera – setzten auf Teamarbeit, um auf Basis von

Produkten, Regionen oder Märkten kleine Einheiten zu schaffen. So entsteht eine Netzwerkorganisation, ohne daß die Vorteile größerer Einheiten (z.B. Ressourcenteilung) aufgegeben würden.

Für die Vernetzung gibt es über die Realisierung von Skalenvorteilen hinaus eine ganze Reihe weiterer Gründe. Erst durch Vernetzung wird die Identität und damit die institutionelle Grundlage des Unternehmens bei den kleinen Einheiten geschaffen. Vernetzung erlaubt das Übertragen von Best-Practice-Ansätzen zwischen operativen Einheiten, schafft Mitarbeitermobilität und Aufstiegsmöglichkeiten und erlaubt die Kombination von Fähigkeiten zwischen Einheiten.

Disney hat die Vernetzung seiner einzelnen Geschäfte wie z.B. Film, Konsumgüter und Vergnügungsparks zum Prinzip erhoben, um Synergien systematisch zu nutzen. Oder wie Michael Eisner, CEO von Disney, erläutert: *„Wir bei Disney sind davon überzeugt, daß in einem kreativitätsgetriebenen Unternehmen Synergien den bei weitem bedeutendsten Beitrag zum Ergebnis und zum Wachstum leisten ... Es geht einfach darum: Wenn da eine neue Idee, ein neues Geschäft, ein neues Produkt, ein neuer Film oder eine Fernsehshow oder etwas ähnliches geboren wird, dann muß man einfach dafür sorgen, daß jeder im Unternehmen früh genug davon weiß. Dann kann in jedem Winkel des Geschäfts, in jedem anderen möglichen Markt, Produkt oder Kontext das Potential dieser Idee propagiert und ausgeschöpft werden. Dieses Konzept der wechselseitigen Unterstützung und der Übersetzung populärer Produkte in neue Medien ist ein Motor unseres Wachstums. Sei es die Arbeit an einem neuen Video-Service gemeinsam mit Ameritech oder die Stärkung unserer beiden Marken gemeinsam mit McDonald's – Synergie geht bei uns Hand in Hand mit Kreativität ... damit auch mit Selektivität ... mit anderen Worten: Man muß eben immer am Ball bleiben."*

So trug der „König der Löwen" nicht nur als Kinofilm zum Unternehmenserfolg bei, Videoverkauf und Ausstrahlungsrechte im Fernsehen steigerten den Umsatz ebenso wie die Übernahme der Filmidee in die anderen Geschäftsfelder. So werden die Filmfiguren in den Disney Stores verkauft, ein Soundtrack erfolgreich vermarktet, entstand aus der Filmidee ein Musical. Auch in den Vergnügungsparks hat das Thema inzwischen einen festen Platz, die Schaffung eines ganz neuen Themenparks – „Animal Kingdom"– ist inzwischen geplant.

Entwickler neuer Geschäfte gezielt fördern: Der kritische Engpaß einer wachstumsorientierten Unternehmensführung sind die Entwickler neuer Geschäfte. Die Spitzenunternehmen haben diesen Engpaß erkannt und stellen die Förderung von Unternehmertalenten in den Vordergrund ihrer Personalentwicklung.

Ausgehend von der Einsicht, daß nicht Kapital, sondern erfahrene, motivierte Mitarbeiter der eigentliche Engpaß des Wachstums sind, hat beispielsweise Gillette seine Personalentwicklung konsequent auf die Förderung von Unternehmern ausgerichtet. Junge Führungskräfte erhalten schnell Verantwortung und wechseln alle zwei bis vier Jahre ihre Position. 50 Prozent der 40 Top-Manager haben in mindestens drei Ländern gearbeitet, und 80 Prozent hatten mindestens 12 Auslandsprojekte. Der CEO sieht sich als „Chief Personnel Officer" und überwacht persönlich die Entwicklung der TOP-800-Führungskräfte. Umfassende Trainingsprogramme für Führungskräfte runden das Bild eines mitarbeiterorientierten Unternehmens ab.

Ausgeglichenes Anreizsystem schaffen: Unter dem Stichwort Anreizsysteme sind zur Zeit Mitarbeiterbeteiligungsmodelle (Aktien, Bonussysteme etc.) zur Stärkung der Motivation von Mitarbeitern und Management in Mode gekommen. Hierbei besteht die Gefahr, daß eine pauschale Zusatzvergütung die klare Beziehung zur individuellen Leistung verwischt. Weiterhin kann eine übertriebene Erfolgskomponente das Management verleiten, zu sehr auf Risiko zu setzen und die Geschäftsinteressen ungewollt zu schädigen. Schließlich fehlen vielfach echte Risiken, für den Fall, daß vereinbarte Ziele nicht erreicht werden. Die motivierende Wirkung von Boni bleibt daher beschränkt. Spitzenunternehmen verstehen diese Zusammenhänge und setzten gezielt auf ein angemessenes Gleichgewicht von unternehmerischem Antrieb und Risikomanagement. Sie geben Führungskräften „eine zweite Chance", tolerieren aber keine dauerhaften Leistungsschwächen im Management. Hierbei ist gelebter „Peer Pressure" ebenso bedeutend wie eine „Grow or go"-Politik. Nur so läßt sich eine Leistungskultur schaffen und erhalten. Diese Verpflichtung zur Leistung ist es gerade, die das Unternehmen zum Nutzen der Mitarbeiter im Wettbewerb dauerhaft erfolgreich wachsen läßt.

11   Wachstumsprogramm an die jeweilige Unternehmenssituation anpassen

Die meisten Unternehmen sind von den Spitzenunternehmen und ihrer wachstumsorientierten Führungskultur noch ein gutes Stück entfernt. Viele werden die von den Besten vorgelebten, langfristig überdurchschnittlichen Leistungswerte von Umsatzwachstum und Unternehmenswertsteigerung nie erreichen. Nichtsdestotrotz kann das Erfolgsmuster der Spitzenunternehmen als Maßstab für das Management der meisten Unternehmen gelten. An der kurzfristigen Ergebnisverbesserung ausgerichtete Restrukturierungsmaßnahmen greifen zu kurz. Nur eine auf dauerhaft profitables Wachstum ausgelegte Unternehmensführung sichert langfristig den Unternehmenswert und damit die Beschäftigung und die Existenz des Unternehmens. Dies gilt um so mehr, als daß die Umfelddynamik zu einer Verschärfung der Wettbewerbsbedingungen in vielen Branchen schon jetzt geführt hat und noch führen wird. Die Spitzenunternehmen weisen hier den Weg.

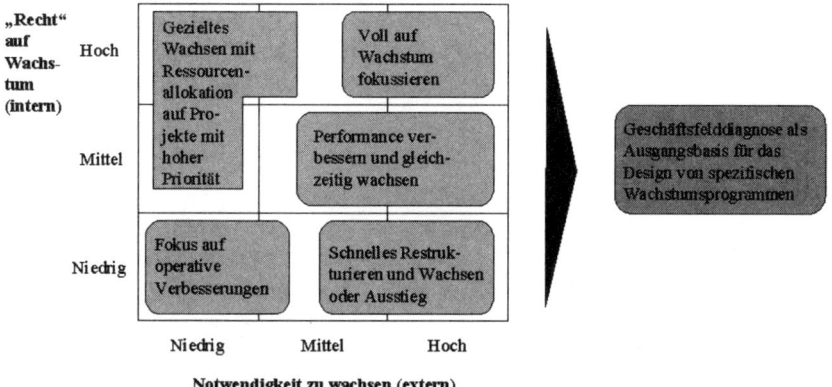

Abbildung 7:   Anpassung des Wachstumsprogramms an die jeweilige Unternehmenssituation

Je nach Unternehmenssituation müssen die Unternehmen sich hierbei ihr individuelles Wachstumsprogramm maßschneidern. Unternehmen in Branchen mit hohem Wachstumsdruck, beispielsweise aufgrund hoher Produktinnovation oder/und von Netzökonomien – z.B. Elektronik, Computer, Software –, müssen sich hierbei von vornherein auf Wachstum konzentrieren. Ihnen bleibt, wenn eine schnelle Restrukturierung und gleichzeitiges Wachsen nicht gelingt, nur noch der Ausstieg aus dem Geschäft. Ist der äußere Wachstumsdruck gering, bleibt Zeit, um gezielt die internen Ressourcen auf attraktive neue Wachstumsfelder zu konzentrieren. Das Anspruchsniveau für das Wachstumsprogramm wird hier nicht zuletzt durch den Willen des Managements und der Aktionäre zur Wertsteigerung und zur langfristigen Zukunftssicherung definiert.

KAPITEL 17

EFFIZIENTE UND FLEXIBLE GESTALTUNG VON INNOVATIONSPROZESSEN ZUR ERSCHLIESSUNG UND SICHERUNG NEUER MÄRKTE

Rainer Grohe

1   Einleitung

Dieser Beitrag wird das weite Thema Innovation bzw. Innovationsprozesse behandeln. Auch für einen Mischkonzern vom Zuschnitt der VIAG hat dieses Thema vitale Bedeutung. Wegen der weit auseinanderliegenden Geschäftsfelder bedeutet die Umsetzung in der Praxis natürlich eine erhebliche Herausforderung.

Dieser Beitrag hat zum Inhalt, wie wir das Thema Innovation in einzelnen Projekten und im täglichen Umsetzen behandeln, und daß und warum mir die Strukturen der VIAG gute Voraussetzungen zu bieten scheinen für Effizienz und Flexibilität bei der Gestaltung von Innovationsprozessen und bei ihrer Realisierung.

2   Was ist Innovation, und welche unternehmerischen Ziele werden damit verfolgt?

Innovation ist nach meinem Verständnis das Hervorbringen und Anwenden von neuem Wissen. Innovation bleibt damit nicht auf Produkte oder technische Entwicklungen begrenzt. Für uns bedeutet Innovation die Umsetzung neuen Wissens zum Erreichen unserer Unternehmensziele.

Die wichtigsten unternehmerischen Zielsetzungen – nicht nur für uns – lauten:

• Wachstum und Zukunftssicherung
  oder: Wachstum zur Sicherung der Zukunft

Wachstum läßt sich dabei auf zweierlei Art erreichen. Für die vorhandenen Produkte findet es, nachdem das Wachstum in den Industrieländern nicht sehr dynamisch verläuft, in erster Linie in neuen Regionen, außerhalb unserer angestammten Märkte, statt. Wir haben daher zunächst unsere gesamte Produktpalette kategorisiert. Wir haben untersucht, welches Produkt für welchen Markt in welcher Region geeignet erscheint. Als Ergebnis dieses Prüfprozesses haben wir eine Zuordnung unserer Produkte und Dienstleistungen in globale, internationale und regional einsetzbare Leistungen vorgenommen. Diese erste Abschätzung und Kategorisierung hat weitreichende Rückwirkungen auf unsere innovativen Ziele gehabt. Ich komme anhand eines praktischen Beispiels später darauf zurück.

Zukunftssicherung durch Wachstum streben wir natürlich auch mit neuen Produkten und neuen Lösungen an. Wir zielen dabei nicht immer auf ganz neue Märkte bzw. Kunden. Oft bieten wir neue Lösungen für bekannte Aufgaben. Als Beispiel möchte ich den Siegeszug des Werkstoffes PET in der Verpackungswelt erwähnen. Ein weiteres Beispiel ist der Einsatz eigentlich bekannter Produkte, angepaßt an die Bedürfnisse eines neuen Marktes.

Unsere Tochter SKW ist Weltmarktführer auf dem Gebiet Bauchemie. Ein Erfolgsprodukt ist der Fliesenkleber. Dieses Produkt wurde von einer deutschen Tochtergesellschaft entwickelt und natürlich nach den Bedingungen des deutschen Marktes ausgelegt. Deutschland ist ein ausgesprochenes Hochlohnland. Ein Hilfsmittel für die Bauhandwerker muß daher in erster Linie sofort funktionieren. Die Fliese muß kleben! Mit diesem Produkt haben wir in den „emerging markets" keine Chance. Hier sind die Löhne, aber auch die Einkommen, so niedrig, daß das „sophisticated" Produkt unserer Enkelgesellschaft keinen Markt finden würde. Wir haben es anzupassen an die Möglichkeiten dieser neuen Märkte.

Ein weiteres Beispiel aus der Lebensmittelchemie – auch auf diesem Gebiet ist die SKW Weltmarktführer. Die SKW – Tochter SBI (SKW Bio Industries) stellt unter anderem natürliche und chemische Geschmacks- und Geruchsstoffe für die Lebensmittelindustrie her. Wer sich in diesem Geschäft auskennt, weiß, daß z.B. bei einer Joghurt Geschmack und Geruch nicht alles ist. Das Produkt muß sich, wie auch die übrigen Nahrungsmittel, „mundsympathisch" anfühlen. Die Fachleute nennen dies „mouth feeling".

Dieser Effekt, der Sympathie oder Ablehnung für ein Nahrungsmittel bewirkt, wird ebenfalls mit naturbasierten oder chemischen Zusatzstoffen erreicht. Wenn es Ihnen also in Zukunft gut schmeckt, war es eine Innovation aus dem Hause VIAG!

In dieser Reihe möchte ich auch über einen Flop berichten, Innovation hat eben auch ihre Risiken:

Unsere Lebensmittelchemiker hatten vor einigen Jahren das cholesterinfreie Frühstücksei für den US Markt entwickelt. Sie wissen, wie gesundheitsbewußt die Amerikaner bzw. ein Teil der Amerikaner sich geben. Cholesterin, oder wie die Amerikaner sagen, Cholesterol, war **das** Thema für jeden Party-Talk. Wir haben uns einen amerikanischen Partner gesucht, der die Hühner für die Eier beistellen mußte, und starteten die Produktion optimistisch und hoffnungsfroh mit 15 Millionen Hühnern. Das Produkt war hervorragend, der Erfolg in den Testmärkten außerordentlich, nur unser Timing war eine Katastrophe. Als wir dieses Produkt marktreif hatten, hatte eine neue Idee das Streben nach „low cholesterol" verdrängt. Das neue Ziel war generell „low fat". Auf den Parties werden heute die Daten über den „body fat content" ausgetauscht. Unser Produkt war zwar gut, aber es kam schlicht zu spät. Wir mußten unser Investment abschreiben. Ich hoffe, daß wenigstens die Hühner einer sinnvollen Verwendung zugeführt worden sind.

3   Wie generiert man in einem Unternehmen ein innovationsfreundliches Klima, zumal in einem breit gefächerten Mischkonzern?

Um eine Innovation zu realisieren, braucht man Menschen, Ideen und Geld (d.h. auch wieder Menschen, die dieses Geld verdienen). Für diese Menschen muß ein Arbeitsumfeld geschaffen werden, das Ideen stimuliert. Daß man darüber hinaus das notwendige Geld zur Verfügung stellen muß, versteht sich von selbst.

Haben wir dieses Umfeld bei der VIAG geschaffen? Wir bedienen mit unseren fünf Kernbereichen und etwa 50 Geschäftsfeldern sehr unterschiedliche Märkte. Da die bedienten Märkte natürlich auch den Typus des Menschen im Unternehmen formen, findet man in unserem Konzern die unterschiedlichsten Charaktere.

- Der Energiebereich hat sich auf seine industriellen Sonderkunden, die Stadtwerke und auf Endverbraucher eingerichtet.
- Unsere Chemiegruppe bedient fast ausschließlich Weiterverarbeiter: in der Chemie selbst, im Lebensmittelbereich und beim Bauen.
- Die Verpackungsfirmen bedienen zwar unmittelbar die großen Lebensmittel-, Getränke- oder Pharmakonzerne, die Produkte in ihren Anforderungen werden jedoch mittelbar von den Endkunden dieser Verarbeiter bestimmt.
- Logistik und Distribution versteht sich als Dienstleister, der vom Groß- bis zum Kleinkunden zur Verfügung stehen muß.
- Und schließlich unsere neue Einheit, die Telekommunikation zielt auf industrielle Kunden, und zwar in Großindustrie und Mittelstand und auf den heftigst umworbenen Endverbraucher.

Für mich sagt dieses Bild: Nichts in der Kunden- und Marktstruktur ist identisch, aber vieles ist ähnlich. Wir werden oft mit der Frage konfrontiert, ob ein Mischkonzern unseres Zuschnitts überhaupt noch zeitgemäß ist. Die heutige „Mode" fordert und honoriert eng ausgerichtete, focussierte Unternehmen. Wenn man mich fragt, ob sich nicht auch die VIAG auf ihre Kernkompetenzen konzentrieren sollte, antworte ich, daß wir genau dieses tun.

Die VIAG ist als Holding gegründet worden. Das Führen eines Konglomerats aus einer Holding heraus ist die eigentliche Kernkompetenz der

VIAG. Trotzdem ist es nicht möglich, einen solchen Konzern beliebig breit aufzufächern. Wir trauen uns die Führung von Unternehmen nur dann zu, wenn wir die Logik des jeweiligen Geschäfts umfassend verstehen. Dies bedeutet folgerichtig eine Konzentration auf eine überschaubare Zahl von Geschäftsfeldern. Noch wichtiger aber ist eine angemessene Struktur.

Beim Beispiel VIAG beschränkt sich die Holding auf die vier Kernfunktionen: Strategie, Finanzallokationen, Besetzung von Schlüsselpositionen im Management und natürlich Controlling. Die gesamte operative Verantwortung liegt bei den Tochtergesellschaften.

Die Verbindung Holding – operative Gesellschaft erfolgt legal über die Aufsichtsräte. Der Aufsichtsratsvorsitz unserer operativen Töchter, die ja wieder in sich Teilkonzerne sind, wird von einem Mitglied des VIAG Vorstandes wahrgenommen. Darüber hinaus gibt es aber ein breit gefächertes informelles Netzwerk: Jeder Aufsichtsratsvorsitzende (d.h. ich selbst und meine Kollegen) spricht ganz regelmäßig mit dem Vorstandsvorsitzenden „seiner" Gesellschaft und dem Gesamtvorstand dieses Unternehmens. Daneben haben wir das Institut des Gruppenvorstandes gegründet. Einmal im Quartal trifft sich der VIAG Vorstand mit den Vorstandsvorsitzenden aller Beteiligungsgesellschaften. Schließlich gibt es eine Vielzahl von fachlich orientierten Beiräten und Arbeitsgremien. Dazu arbeiten wir gerne in Projekten, für die wir zeitlich befristet ein Team zusammenstellen. Als Resultat läßt sich sagen: Wir reden dauernd mit Führungskräften verschiedenster Ebenen in unseren Konzerngesellschaften.

Als wichtigstes Instrument sehe ich die jährlich zwischen der Holding und den Konzerngesellschaften stattfindenden Strategiegespräche. Diese Gespräche, die ganztägig sind und einschließlich vorzubereitender Diskussionen und Nacharbeit sicher eine komplette Woche in Anspruch nehmen, halte ich für ein Schlüsselelement für eine erfolgreiche Umsetzung unserer Ideen und Strategien in der Gruppe. Ein wesentlicher Gesprächspunkt ist dabei immer Innovation und ihr Management. Wir haben vor einiger Zeit in unseren Gesellschaften eine grundlegende Bestandsaufnahme durchgeführt und bei allen Gesellschaften folgende Parameter erhoben:

• Stellenwert der Innovation
• Innovationspotentiale
• Vorsprung oder Rückstand gegenüber dem jeweiligen Besten
• Innovationsfähigkeit

Zugleich wurde eine Liste mit den 100 Top-Projekten herausgefiltert. Die Antworten auf die oben skizzierten Fragen waren nicht überraschend. In allen Gesellschaften wurde die vitale Bedeutung der Innovation bestätigt.

Wir haben keinen gravierenden Technologierückstand unserer Gesellschaften feststellen können, aber leider auch keinen atemberaubenden Vorsprung zum jeweils Nächsten. Bei vielen Gesellschaften sind die Optimierung vorhandener Produkte und Produktionsprozesse sowie Kostensenkung und Qualitätssteigerung die wesentlichen Innovationsziele. Erst danach kommt die Entwicklung ganz neuer Produkte oder Dienstleistungen. Nicht genug betrachtet wurde zum damaligen Zeitpunkt das Thema der Umsetzungsgeschwindigkeit. Seit dieser Bestandsaufnahme versuchen wir, den Mangel sehr pragmatisch zu beheben. Wir veranstalten einmal jährlich je Führungsgesellschaft ein F & E Hearing. Bei diesen Gesprächen, die ebenfalls ganztägig sind, gehen wir alle wesentlichen Innovationsprojekte durch. Auch hier ersetzt wieder die Diskussion das Handbuch.

Ich komme damit zum wichtigsten Erfolgsfaktor zurück: **den Menschen.** Wir wollen für unsere Unternehmen natürlich – wie alle Wettbewerber – die Besten gewinnen. Wir müssen uns natürlich kritisch fragen, ob wir sie schon haben, bzw. ob wir überhaupt eine Chance haben, sie für uns zu gewinnen. Ich glaube schon, daß einiges auf Grund ihrer Struktur und „Philosophie" für die VIAG spricht. Zunächst unsere Beteiligungsphilosophie. VIAG beschränkt sich bei vielen Tochterunternehmen auf eine Mehrheitsbeteiligung von 50 + X%. Wir bringen immer wieder Gesellschaften an die Börse und reduzieren dabei unseren 100%-Anteil auf eine Mehrheitsposition. Dies hat neben anderen Gründen – Erhöhung der Finanzierungskraft, bessere Performance-Bewertung durch außenstehende Aktionäre – eine für mich entscheidende personalpolitische Komponente: Wir stellen fest, daß es uns immer mehr gelingt, erstklassige Manager für uns zu gewinnen. Es scheint offensichtlich reizvoller zu sein, im Vorstand einer börsennotierten Gesellschaft tätig zu sein, als in einer eventuell gleich großen und gleich erfolgreichen „Betriebsabteilung" eines Konzerns.

Ich habe eben ausgeführt, daß man zur Innovation drei Dinge braucht: Menschen, Ideen, Geld. Der Konzern hat heute über 90000 Mitarbeiter. Rein numerisch sollten wir also genügend Ideenträger finden können. Das Geld ist glücklicherweise nicht das Thema, wenn es um neue Ideen geht. Für mich heißt also die Aufgabe, in unserem Konzern die künftigen Ideengeber zu finden. Hierzu sollen die bei uns eingeführten Management-Development-Systeme (MDS) helfen. Mit unserem MDS wollen wir über Firmen- und Ländergrenzen hinweg Talente identifizieren, sie fördern und sie fordern.

Die Hauptinstrumente bei uns sind:

- Identifikation potentieller Leistungsträger
- Personenbezogene Leistungs- und Potentialeinschätzung
- Persönliche Entwicklungsplanung
- Systematischer Einsatz von Mitarbeitern und Führungskräften im Konzern (interner Stellenmarkt)
- Stellenbezogene Nachfolgeplanung.

In Zahlen: 1996 hat das Weiterbildungssystem der VIAG 25 800 Mitarbeiter in unterschiedlichen Ebenen und unterschiedlicher Intensität erfaßt. Wir aus der VIAG selbst beobachten unsere Talente bei drei organisierten Ereignissen:

- dem VIAG General Management Seminar
- dem VIAG International Seminar
- bei der Projektarbeit, wie weiter oben bereits erwähnt.

Das ist die personalpolitische Komponente im Innovationsprozeß. Natürlich reicht das nicht. Das komplementäre Element ist technischer Natur, das Produkt- und Leistungs- „screening".

Wie bereits erwähnt, haben wir unser gesamtes Produktportfolio kategorisiert. Wir haben unsere Produkte und Leistungen eingeordnet in globale, internationale oder regionale. Lassen Sie mich die Kategorien näher erläutern:

Globale Produkte müssen drei Kriterien erfüllen: Das Produkt muß sich weltweit verkaufen lassen, ein Design für den Weltmarkt. Ein Paradebeispiel dafür ist sicher die Getränkedose. Auch bestimmte Pharmazeutika und Kosmetika sind global vermarktbar. Andere Beispiele finden Sie in der High-Tech-Industrie, bei Computerchips, PCs, bis hin zum Verkehrsflugzeug.

Ein globales Produkt benötigt global kaufende Kunden. Von dieser Art gibt es relativ wenige. Diese verlangen aber, daß wir ihnen mit unseren Produkten auf dem jeweiligen Heimat- und Auslandsmarkt zur Verfügung stehen. Wir müssen unsere Produktinnovationen also global verfügbar machen. Auch hierzu das Beispiel aus der Verpackung: Die Coca Colas dieser Welt erwarten, daß wir „wall to wall" zu ihnen investieren, wenn sie einen neuen regionalen Markt erobern.

Das globale Produkt muß aus der globalen Präsenz einen Zusatznutzen ziehen. Uns genügen nicht addierte Umsätze mit addierten Erträgen.

Neben diesen wenigen globalen Produkten finden Sie in unserem Konzern viele **internationale**. Dazu gehören z.B. die Automobilkomponenten, Kosmetikverpackung, andere Verpackungsspezialitäten und viele Produkte der Chemie sowie ein großer Teil der Dienstleistungen, die wir in Handel und Distribution erbringen.

Regionale und lokale Produkte per definitionem sind natürlich in unserem Geschäft mit den leitungsgebundenen Energien zu finden sowie in der Verpackung beim klassischen Behälterglas.

Hier ein weiterer Hinweis: Alle globalen und internationalen Produkte benötigen Kaufkraft in den jeweiligen Märkten.

Versetzen Sie sich einmal in die Rolle eines „Innovationsbeauftragten", der angesichts dieser Kaufkraftverteilung eine strategische Fortentwicklung planen müßte. Er würde automatisch seine Produkte in den jeweiligen Entwicklungsstand einzuordnen versuchen. Im Segment der Luxusgüter dominiert dabei sicher die subtile Differenzierung zum Wettbewerb, z.B. das eingangs zitierte „Mouth Feeling", verbunden mit hoher Wertschöpfung. Die Menge ist dabei eher gering und nicht so bedeutend. Am anderen Ende der Skala, im untersten Segment mit riesigen Menschenmassen, kann nur das erschwingliche, aber gleichwohl attraktive Produkt, attraktiv in den Augen potentieller Kunden, ein Erfolg werden. Innovation muß insofern auch wirtschaftliche und gesellschaftliche Entwicklungen reflektieren. Es taucht dann natürlich die Frage auf, ob Innovation nicht vor Ort im Markt stattfinden muß. Müssen wir nicht mehr Einheimische mit dem Erfahrungshintergrund ihrer lokalen Märkte in die Innovationsprozesse mit einbeziehen? Fragen über Fragen, die sich uns täglich stellen und auf die wir redlich bemüht sind, die richtige Antwort zu finden.

Innovation in diesem Sinne ist ein ständiger Such- und Lernprozeß. Innovation ist damit, um es einmal politisch auszudrücken, ein typisches Produkt der Marktwirtschaft. Genau deshalb sind vermutlich auch große Organisationen und insbesondere Behörden weniger innovativ.

Die VIAG ist von außen betrachtet sicher eine große Organisation. Ich habe allerdings zu erläutern versucht, daß wir im Inneren unserer Strukturen sehr schlagkräftig, sehr flexibel agieren können. Bisher scheinen wir damit Erfolg zu haben. Als Beleg dafür zum Abschluß drei Fallbeispiele, die die Entwicklung der VIAG seit ihrer Privatisierung zeigen sollen.

4 Fallbeispiele

4.1 Leichtbau im Automobil

Es ist bekannt, daß der Verkehr eines der großen Probleme entwickelter Volkswirtschaften darstellt. Verkehr von Menschen und Waren ist unabdingbare Voraussetzung. Auf der anderen Seite ist er auch Ursache für Ressourcenverbrauch und Umweltbelastung. Aus diesem Grund heißt die Forderung Emissionsminderung und Verbrauchssenkung. Dies gilt insbesondere für den Individualverkehr und sein liebstes Kind, das Auto. Eine Antwort auf diese Forderung ist der Leichtbau, und die VIAG hat mit der VAW als Aluminiumproduzent für Leichtbau eine Kompetenz erworben, mit Walzprodukten und insbesondere mit dem Formguß. Die VAW hat sich im Geschäftsfeld Formguß für den sogenannten „Power Train" die Position als Nummer 1 der Automobilkonzern-unabhängigen Produzenten erarbeitet. Wir beliefern die Großen im Automobilgeschäft weltweit für ihre Weltmodelle und erhalten Kontrakte über 100% des Liefervolumens für die Lebensdauer eines Modells. Voraussetzung für diesen Erfolg sind hohe technologische Kompetenz beim Produkt und in der Entwicklung, effizienteste Produktionstechnik und Präsenz in der Nähe der Automobilfabriken. Wir müssen in der Regel für jeden neuen Auftrag in eine neue Gießerei investieren.

Auch das neue Smart-Auto läuft mit einem Motor, in diesem Fall einem Dreizylindermotor, bei dem die VAW den Motorblock und den Zylinderkopf gegossen hat. Hinter diesem Erfolg stehen natürlich wieder die Menschen mit Ideen und Fähigkeiten, Entwickler und Hersteller haben eng kooperiert. Auch der Innovationserfolg hat viele Väter. Wir hoffen, daß wir nicht die Einsamkeit des Mißerfolgs spüren müssen.

4.2   Verpackung

Unsere Gesellschaften Schmalbach-Lubeca und Gerresheim sind Hersteller von Ein- und Mehrwegflaschen und Getränkedosen. Jeder kennt die unendliche und unerquickliche Geschichte der Verpackungsverordnung in Deutschland, die dazugehörige Mehrwegquote und die Verteufelung der Einwegverpackung, insbesondere der Getränkedose. Dies ist heute nicht mein Thema, obwohl es mein Blut regelmäßig in Wallung versetzt. Wir haben auf die Vorgaben der Verpackungsverordnungen, aber auch auf ökonomische Fakten mit erheblichen Innovationsleistungen reagiert.

In den letzten 40 Jahren haben wir das Gewicht der Getränkedosen geviertelt, und wir werden über das jetzt Erreichte hinaus weitere Gewichtsreduzierungen umsetzen können. Vergleichbares ist beim Glas geschehen. Mit der von unserem Unternehmen Gerresheim entwickelten Leichtglasflasche, mit und ohne Kunststoffbeschichtung, haben wir 40% des Ausgangsgewichtes erreicht, und auch hier ist noch kein Ende abzusehen. Irgendwann werden wir dabei sicher an die physikalischen Grenzen stoßen. Bei der Getränkedose spätestens dann, wenn die Außenlackierung unmittelbar auf den Innenlack aufgebracht werden muß.

Oder nehmen Sie unseren neuesten Stolz, die PET-Verpackung. Hier stehen uns erhebliche Herausforderungen noch bevor. Einführung des Ma-

terials beim Mineralwasser, Heißabfüllungen für aseptisch zu ver-
packende Nahrungsmittel, Baby Food und die Anwendungen in der
Pharmazie.

4.3 Energie

Der Bayernwerk-Konzern ist der drittgrößte Stromerzeuger Deutschlands. Strom ist eine klassische „commodity", an der es relativ wenig zu
verbessern gibt. Die Kilowattstunde verrät nichts über ihren Hersteller.
Zentrales Erfolgskriterium sind zum einen der Preis und zum anderen die
kundengerechte Dienstleistung. Innovation tut also auch hier not, aber
sie findet in einer anderen Kategorie statt. Wir sind aufgefordert, um das
Produkt herum Veränderungen und Verbesserungen einzuführen. Der
einsetzende Wettbewerb durch die Liberalisierung der Energiemärkte tut
ein übriges, um die Geschwindigkeit des Wandels zu erhöhen.

Für die Elektrizitätsversorgungsunternehmen beginnt eine neue Epoche.
Die Kunden werden in Zukunft sehr genau vergleichen und entscheiden
können, welche Leistungen zu welchem Preis angeboten werden und von
wem sie in Zukunft beziehen wollen. Die kritische Frage wird daher sein,
wie ein in den Kategorien von Versorgungssicherheit aufgewachsenes
EVU mit diesem Paradigmenwechsel umgehen kann. Ein kritisches Kriterium ist dabei natürlich das Erlangen der Kostenführerschaft bei der
Produktion.

Der Bayernwerk-Konzern hat Kostensenkungsprogramme im Umfang
von insgesamt 700 Millionen D-Mark pro Jahr initiiert. Hinzu wird aber
eine strukturelle Veränderung treten. Der Strommarkt der Zukunft wird
durch den Handel mit Energie bestimmt. Der „Produzent" wird seine
Leistung europaweit anbieten. Gehandelt wird über das europäische
Hochspannungsnetz. Die Besetzung von Schlüsselpositionen in diesem
Netz wird über Erfolg oder Mißerfolg eines Unternehmens entscheiden.
Das Bayernwerk hat sich auf diesen Wettbewerb durch eine konsequente
Strukturreform, die Aufspaltung des homogenen Konzerns in eigenständige Gesellschaften und die Beteiligung an Übertragungsgesellschaften
vorbereitet. Auch dieses ist eine gewaltige innovative Leistung, für einen
rechten Energiewirtschaftler fast eine Revolution.

Ich hoffe, daß es mir gelungen ist, zu vermitteln, wie wir bei der VIAG
Innovation generieren und in Geschäftserfolg umsetzen wollen. Es gibt
sicher andere Modelle und Wege, vielleicht sogar noch erfolgreichere. Ich
habe den Eindruck, wir machen es zumindest nicht falsch, und ich kann
Ihnen als Initiierender und Betroffener nur sagen, daß es bisher sehr viel
Spaß macht.

AUTORENVERZEICHNIS

Brown, Peter G.,

Absolvent der United States Naval Academy und des Advanced Management Program der Harvard Business School

Über 18 Jahre beratend tätig für weltweit führende Unternehmen im Bereich Konsumgüterindustrie/Handel

Zuvor verantwortlich bei KSA USA für den Bereich „Konsumgüter" Nordamerika

Managing Director der Kurt Salmon Associates Europe, Düsseldorf

Echevarría, S. G., Prof. Dr.

Promotion an den Universitäten Köln und Madrid

Professor an der Comercial Universität von Deusto, an der Complutense Universität Madrid sowie an der Universität von Barcelona

Volkswirt der Banco de Bilbao und der Unión Española de Explosivos, Manager bei Demag Equipos Industriales in Madrid

Mitglied des Privatisierungskomitees der Spanischen Regierung

Autor vielbeachteter Publikationen aus den Bereichen Management, Organisation und Wirtschaftspolitik

Zahlreiche Auszeichnungen von Universitäten und Regierungen wie z.B. das Bundesverdienstkreuz Erster Klasse

Professor für Wirtschaftspolitik an der Alcalá de Heneres Universität

Encarnação, José L., Prof. Dr.

Studium der Elektrotechnik und Promotion an der Technischen Universität Berlin

Leiter des Fachgebiets Graphisch-Interaktive Systeme, Vorstandsvorsitzender des Zentrums für Graphische Datenverarbeitung e.V. in Darmstadt sowie Leiter des Fraunhofer Instituts für Graphische Datenverarbeitung

Autor verschiedener internationaler Veröffentlichungen sowie Autor und (Mit-)Herausgeber zahlreicher deutsch- und englischsprachiger Bücher, Fachzeitschriften und Tagungsbände

Institutsleiter des Fraunhofer-Instituts für Graphische Datenverarbeitung und Professor an der Technischen Universität Darmstadt

Gates, Steven, Dr.

Ehemaliger Lehrbeauftragter für globale Unternehmensstrategien an der Stern School of Business der New York University und an der Hautes Etudes Commerciales in Paris

Tätigkeit als internationaler Anlageberater für die Chase Manhattan Bank und die Crédit Agricole

Zahlreiche Veröffentlichungen im Bereich Globales Management, die weitreichende Beachtung in der nordamerikanischen und europäischen Presse fanden

Seniorpartner der Abteilung Human Resources / Organisational Effectiveness des The Conference Board Europe, Paris

Grohe, Rainer

Studium der Elektrotechnik an der Technischen Hochschule Aachen

Positionen u.a. bei Brown Boveri & Cie AG (BBC) als Geschäftsbereichsleiter sowie Mitglied des Vorstandes der Asea Brown Boveri AG (ABB)

Zahlreiche Aufsichtsratsmandate u.a. bei Thyssen Stahl AG, Duisburg und VAW Aluminium AG, Berlin / Bonn

Vorsitzender des Umweltausschusses des BDI

Seit 1991 Mitglied des Vorstandes der VIAG AG, München

Herman, David J.

Studium der Politologie, Wirtschaft und Recht in New York, London und Harvard mit Abschlüssen in Politologie und Rechtswissenschaft

Seit 1973 unterschiedliche Funktionen bei General Motors Corporation, unter anderem in der ehemaligen UdSSR, Spanien, Chile, Belgien, Schweden und Kolumbien

Seit 1992 Vorstandsvorsitzender der Adam Opel AG, Rüsselsheim sowie Vice President der General Motors Corporation, Detroit

Hess, Stephan M., Dr.

Studium der Volkswirtschaft, Mathematik und Philosophie sowie Promotion an der Johann Wolfgang von Goethe Universität in Frankfurt am Main

Teilhaber und Investor mit Expertise auf den Gebieten Immobilien, Werbung, Buchverlage und Telekommunikation

Tätigkeit im Investment-Banking-Geschäft

Seit 1990 Gründer und Managing Director der Hess & Co, New York City

Hurvitz, Eli

Studium der Betriebswirtschaftslehre an der Universität Tel-Aviv und Ehrendoktorwürden des Weizmann und des Technion Institute

Tätigkeit bei der TEVA Gruppe, vormals Assia Chemical Laboratories, seit 1953 in unterschiedlichen Positionen innerhalb des Unternehmens

Mitglied des Beratungskomitees der Bank of Israel und Vorstandsmitglied der Vishay Intertechnology Ltd.

Vorsitzender des Exekutivrates und des Exekutivausschusses des Weizman Institute of Science und Kopräsident der Israeli Task Force for Operation Independent

Seit 1976 Präsident und Geschäftsführer der TEVA Pharmaceutical Industries Ltd.

Kress, Dieter, Dr.

Studium des Maschinenbaus an der Universität Stuttgart sowie der Betriebswirtschaftslehre an der Ludwig-Maximilian-Universität München

Promotion zum Dr. Ing. an der Universität Stuttgart

Zahlreiche Ehrenämter bei VDMA, IHK u.a.

Seit 1973 Geschäftsführender Gesellschafter der MAPAL Präzisionswerkzeuge Dr. Kress KG, Aalen

Pelz, Bernd F., Dr.

Nach Promotion in technischer Mikrobiologie tätig bei Procter & Gamble

Geschäftsführer bei R.J. Reynolds Tobacco GmbH

Sprecher des Vorstands bei der Pelikan AG

1990 Mitglied des Vorstands der DLW AG

Seit 1991 Vorsitzender des Vorstands bei DLW Aktiengesellschaft, Bietigheim-Bissingen

Perlitz, Manfred, Prof. Dr.

Studium der Betriebswirtschaft an der Universität des Saarlandes sowie Promotion und Habilitation an der Ruhruniversität Bochum

Ehemals Professor der Betriebswirtschaftslehre an den Universitäten Bonn und Lüneburg

Mitherausgeber der USW-Schriftenreihe für Führungskräfte und des European Business Journals sowie Autor zahlreicher Veröffentlichungen

Gründer der Unternehmensberatung m^2c, Prof. Perlitz & Cie.

Seit 1991 Professor für Allgemeine Betriebswirtschaftslehre und Internationales Management an der Universität Mannheim

Reutner, Friedrich, Prof. Dr.

Diverse Ämter in Beirats- und Aufsichtsratsgremien im In- und Ausland

Erster Vizepräsident der Industrie- und Handelskammer Rhein-Neckar, Ehrenpräsident des Kunststoffrohrverbandes in Bonn

Honorarprofessor an der Technischen Hochschule Darmstadt, Fachgebiet Unternehmensführung, und Autor diverser Veröffentlichungen

1997 Verleihung der Ehrensenatorenwürde der Universität Heidelberg

Seit 1983 Alleinvorstand der FRIATEC AG, Mannheim

Schneidewind, Dieter, Prof. Dr.

Studium der Betriebswirtschaft und Promotion an der Universität Köln

8 Jahre Siemens AG im Rechnungswesen; 28 Jahre WELLA AG, davon 9 Jahre Geschäftsführer Japan und Direktor Asien, 13 Jahre Vorstand und 6 Jahre Aufsichtsrat

Chairman der BBT Japan und Firmenbeteiligungen in Japan und Indonesien

Vorstand Schmalenbachgesellschaft und Mitherausgeber der „Zeitschrift für Betriebswirtschaftslehre"

Honorarprofessor an den Universitäten Gießen und Bochum

Seit 1991 Geschäftsführender Gesellschafter der Amari Pacific Consultants, Zwingenberg

Schweiker, Konrad, Dr.

Studium der Wirtschaftswissenschaften und Forschungstätigkeiten an den Universitäten Mannheim, Köln, Berkeley (Calif.) und der Harvard Business School

Formation im Controlling, danach wechselnde Managementpositionen in Firmen und Joint Ventures der Henkel-Gruppe in drei Kontinenten, u.a. als Geschäftsführer, Vorstandsmitglied und COO

Seit 1989 Chief Information Manager der Henkel-Gruppe, Düsseldorf

Tank, Andrew

Ehemaliger Journalist für The Economist Group, Haymarket and Crain Communications

Autor zahlreicher Management-Bücher, wie z.B. „Building Flexible Companies" und „The BI 50 - Case Studies in Management Success"

Projektleiter des Europäischen Rates für Organisation und Management

Verantwortlich für die Leitung des „European Council network" und für die Veröffentlichung von Forschungsarbeiten des Conference Board

Direktor des The Conference Board Europe, Brüssel

Zimmermann, Walter. L., Prof. Dr.

Studium der Betriebswirtschaftslehre, Anglistik und Romanistik an der Universität München und Promotion an der Wirtschaftsuniversität Wien

Erhalt eines Fulbright Stipendiums für MBA an der University of Delaware, USA

Tätigkeit in einer Computerfirma

Ehemaliger akademischer Rat und Oberrat an der Fakultät für Betriebswirtschaftslehre der Universität Mannheim

Seit 1981 Professor für Kommunikationsinformatik, insbesondere Bürokommunikation, an der Fachhochschule Worms

REGISTER